当代经管实战案例精选丛书

高强 范玉玲 付伟 编著

审计学教学案例

Auditing Teaching Cases

东北财经大学出版社

Dongbei University of Finance & Economics Press

大连

图书在版编目（CIP）数据

审计学教学案例 / 高强，范玉玲，付伟编著. —大连：东北财经大学出版社，2025.1. —（当代经管实战案例精选丛书）. —ISBN 978-7-5654-5546-9

Ⅰ. F239.0-42

中国国家版本馆CIP数据核字第20252H9Z07号

审计学教学案例

SHENJI XUE JIAOXUE ANLI

东北财经大学出版社出版

（大连市黑石礁尖山街217号　邮政编码　116025）

网　　址：http://www.dufep.cn

读者信箱：dufep@dufe.edu.cn

大连天骄彩色印刷有限公司印刷　东北财经大学出版社发行

幅面尺寸：170 mm×240mm　字数：348千字　印张：18.5　插页：1

2025年1月第1版　　　　　　　　　　2025年1月第1次印刷

责任编辑：李　彬　吴　焕　　　　　　责任校对：那　欣

封面设计：张智波　　　　　　　　　　版式设计：原　皓

书号：ISBN 978-7-5654-5546-9　　　　定价：68.00元

前言

随着资本市场的快速发展与经济全球化的深入推进，审计作为经济监督体系的核心环节，在维护市场秩序、保障信息质量、防范系统性风险方面发挥着不可替代的作用。审计学作为一门理论与实践紧密结合的学科，亟须通过真实、动态的案例教学，帮助学习者深入理解审计原理、掌握实务技能并应对复杂挑战。为此，我们编写了《审计学教学案例》教材，旨在通过沉浸式、开放式的案例研习，搭建理论与实务的桥梁。

本教材以注册会计师审计准则与审计实践为基准，结合资本市场最新动态，系统构建了覆盖审计全流程的教学体系。全书共分15章，涵盖审计理论基础、组织形式、准则规范、职业道德、技术方法、循环审计及专项实务等内容，精选60个典型案例。每一个案例均基于真实事件或上市公司公开信息设计，聚焦审计核心问题，如康美药业（案例30）剖析资产虚增的审计应对，以獐子岛（案例32）揭示存货审计的难点与对策。案例内容注重时效性与典型性，反映当前资本市场中的热点问题与监管趋势。

为增强教学互动性与延展性，本教材与沈阳跃客教育科技公司全面合作，采用"立体化案例资源库"模式：

1.二维码链接视频资源：每个案例均附有专属二维码，扫码即可观看案例解析视频，通过情景再现的形式辅助理解复杂知识点。

2.开放式在线研讨平台：案例对应网址提供开放式讨论区，教师、学生与从业人员可实时参与案例延伸探讨，分享最新审计实践与监管政策变化。

3.动态案例更新机制：资本市场审计环境日新月异，教材出版后新增的典型案例（如重大财务舞弊事件、准则修订引发的审计争议等）将通过在线平台 www.vdc.pub/teachCase_index 持续补充，确保教学内容与实务发展同步。

本教材注重将思政教育融入教学内容。通过案例分析，本教材引导学生树立正确的价值观和职业道德观，培养学生的社会责任感和使命感。在案例选择上，注重

2   审计学教学案例

选取具有代表性和教育意义的案例，对这些案例进行分析，让学生了解审计工作中的职业道德和法律责任，培养学生的诚信意识和风险意识。同时，通过案例讨论和问题分析，引导学生树立正确的世界观、人生观和价值观，培养学生的创新精神和实践能力。

本教材适用于高校审计学、会计学及相关专业的课程学习，亦可供会计师事务所从业人员、企业内部审计人员及监管机构研究者参考。通过案例研读、问题分析与方案设计，学习者将逐步掌握审计证据收集、风险评估、内部控制测试、审计报告撰写等关键技能，同时深化对审计职业道德与法律责任的理解。

在教材编写过程中，我们严格遵循客观性原则，案例描述均基于公开信息或学术研究，未加入主观臆断。部分案例涉及上市公司历史事件，其背景与数据均来自权威公告及监管文件，并标注来源供读者查证。我们期待通过真实场景的再现，引导学习者形成批判性思维与职业判断力。

审计教育的生命力在于与实践同频共振。诚挚感谢提供案例素材的学术界与实务界同仁，并欢迎读者通过在线平台提出建议。希望本教材成为审计学习者探索职业道路的实用指南，助力培养恪守诚信、技术精湛、洞察风险的审计人才。

作　者

2024 年 11 月

目录

第五章　审计目标、审计证据与审计工作底稿 / 73

第六章　审计方法与审计程序 / 91

第七章　审计计划、审计重要性与审计风险 / 103

第八章　内部控制及其评价与审计 / 121

第九章　销售与收款循环审计 / 131

第十章　购货与付款循环审计 / 145

第十一章　生产与费用循环审计 / 163

第十二章　筹资与投资循环审计 / 189

第十三章　货币资金审计 / 211

第十四章　完成审计工作与审计报告 / 231

第十五章　会计咨询、会计服务业务 / 269

第一章

总论

案例 1

西周的财政监督与治理：
揭秘国家审计和内部审计起源与发展

【摘要】本案例通过讲述西周时期周穆王委派宰夫和司会对南征军费和王官财务进行审计的故事，引出国家审计和内部审计的起源、机构、发展历史。本案例阐述了国家审计和内部审计的产生原因、对象、机构设置等核心特征，以及其在监督经济活动、保障经济秩序和提升管理水平方面的重要作用。

【关键词】 国家审计　内部审计　宰夫　司会

案例正文

一、案例背景

西周周穆王执政时期，国家政治稳中向好，经济逐步繁荣。为强化国家财政管理与监督，周穆王对审计制度进行完善。《周礼》记载，宰夫和司会是当时关键审计官员，分别承担国家审计与内部审计职责，这标志着国家（官厅）审计和内部审计同时诞生。

宰夫主要考核监督各级官员经济责任，其职责包括处理全国军政事务、服务天子，检查各级政府治理公邑、采邑成绩及财政收支账目，兼具经济政绩、财政财务和财经法纪监督职能。宰夫的财政监督方式为年月旬定期复核，总核考计会计文书，最终将结果报请冢宰赏罚。

司会负责国家财政收支的会计核算与审计监督，依据国家六典、八法和八则政策，检查各级政府征收赋役情况，包括诸侯各国的九贡、郊野的九赋以及各种职业者的九功实物，同时监督各项费用支出是否遵循九式法令。司会掌握各级政府财政收支，有权检查官员财政收支情况，要求各级政府定期上报旬报、月报和年终会计报表，据此了解全国财政状况并上报王，为官员赏罚提供依据。

西周财政管理秉持"量入为出"理念，宰夫和司会的设置使财政监督既具监督检查职能，又承担一定管理职能，为国家财政的稳健运行提供了制度保障。

二、案例描述

1.南征军费审计（国家审计）

周穆王时期，为了扩大国家的领土和资源，周穆王决定南征荆楚之地。南征军费的筹集和使用成为国家财政的重要问题。宰夫受命对南征军费进行审计。在审计过程中，宰夫发现存在某些将领在军费报销中虚报冒领的情况，一些军需物资的采购价格明显高于市价，导致军费开支过大。宰夫将这些问题上报给冢宰和周穆王，周穆王下令对相关责任人进行调查和处理，同时要求宰夫加强对军费的审计监督，确保军费的合理使用。

2.王宫财务审计（内部审计）

周穆王时期，王宫的财务管理也非常重要。司会作为内部审计，负责对王宫的财务进行审计。在一次审计中，司会发现王宫的一些财物记录存在混乱现象，部分财物的出入库没有明确的记录，导致财物的流失。司会立即向冢宰报告了这一情况，并提出了改进财务管理的建议。冢宰采纳了司会的建议，对王宫的财务管理制度进行了改革，加强了对财物的管理和监督，确保了王宫财务的规范运作。

三、案例分析

1.国家审计和内部审计产生的原因

国家审计产生的原因：随着国家财政规模的扩大和财政管理的复杂化，需要对各级官员的经济责任进行监督和考核，以防止财政资金的滥用和浪费，确保国家财政的合理使用。

内部审计产生的原因：王宫作为国家的中心，其财务管理直接影响到国家的稳定和统治。为了确保王宫财务的规范运作，需要对王宫的财务进行内部审计，发现和纠正财务管理中的问题。

2.国家审计和内部审计的对象

国家审计对象：各级官员，特别是负责财政管理和使用的官员，如将领、地方官员等。

内部审计对象：王宫内部的财务管理人员和相关部门，如负责财物出入库的官员、会计人员等。

3.国家审计和内部审计的机构设置

国家审计机构:宰夫作为国家审计的主要负责人,隶属于天官冢宰,负责对各级官员的经济责任进行考核和监督。

内部审计机构:司会作为内部审计的主要负责人,隶属于冢宰,负责对王宫的财务进行审计和监督。

4.国家审计和内部审计的发展历史

(1)国家审计的发展历史

西周时期:国家审计的萌芽出现,设立了宰夫等官职,负责审查财用出入,具有审计性质。

秦汉时期:采用"上计制度",审查监督财务收支,评价官吏政绩,但无专职审计机构和官员。

隋唐时期:审计制度发展,设立比部作为独立审计机构,御史台成为最高审计机构,审计地位提高。

宋时期:财政财务审计机构趋于专门化、系统化,宋代设立审计司和审计院,标志着以"审计"一词命名的审计机构产生。

元明清时期:国家审计陷于中衰,未设专门审计机构。

近现代:20世纪初,随着民族工商业兴起,社会审计应运而生,政府颁布规章制度推动审计发展。中华人民共和国成立后,审计制度不断健全完善,中华人民共和国审计署于1983年正式成立,这标志着国家审计得到恢复和发展。

(2)内部审计的发展历史

西周时期:内部审计的雏形出现,司会负责国家财政的会计核算和审计监督。

春秋战国时期:各诸侯国设置审计官职,强化政治审计和经济审计。

秦汉时期:上计制度进一步发展,地方官员需向上级汇报本地财政收支情况,报告经严格审计。

隋唐时期:审计制度日臻完备,内部审计作为管理手段得到应用。

宋时期:内部审计在财政财务管理和监督中发挥重要作用。

元明清时期:内部审计发展相对停滞。

近现代:20世纪初,随着民族工商业兴起,内部审计逐渐得到恢复和发展,企业等组织设立内部审计机构,加强内部监督和管理。中华人民共和国成立后,内部审计制度不断健全完善,中国内部审计协会前身是于1987年4月成立的中国内部审计学会,2002年5月经民政部批准,更名为中国内部审计协会,推动内部审计的发展。

5.国家审计和内部审计的概念

(1)国家审计的概念

国家审计是指国家审计机关代表国家实施审计,依法对国务院各部门和地方各级人民政府及其各部门的财政收支、国有的金融机构和企业事业组织的财务收支,以及其他依法应当接受审计的财政收支、财务收支的真实、合法和效益，进行独立审计监督的活动。

（2）内部审计的概念

内部审计是指组织内部的一种独立客观的监督和评价活动，它通过审查和评价经营活动及内部控制的适当性、合法性和有效性来促进组织目标的实现。

四、案例总结

周穆王时期，国家审计和内部审计在国家财政管理和监督中发挥了重要作用。宰夫和司会通过其审计工作，发现财务管理中的问题，并提出改进措施。这些审计活动不仅提高了国家财政管理的效率，还为国家的稳定和发展提供了有力保障。从西周时期到现在，我国的国家审计和内部审计经历了漫长的发展历程，不断完善和发展，为国家和社会的经济管理提供了重要的监督和保障。

参考信息来源

［1］张其镇．论西周时期的审计制度及其历史贡献［J］．江西社会科学，2006（7）：128-131.

［2］马向荣．我国夏商周时期的财政监督制度及其效率研究［J］．财政监督，2008（11）：27-29.

案例使用说明

案例目标

○ 关键问题

国家审计、内部审计分别起源于哪里？国家审计、内部审计是如何发展成为现代经济监督的重要工具的？

○ 教学目标

通过案例讨论，学生应理解国家审计和内部审计的起源、发展历程、动因等，并认识到审计在现代经济秩序和管理水平提升中的关键作用。

案例背景

○ 理论背景

了解国家审计和内部审计的起源与发展历程，思考审计思想的演进过程。

○ **行业背景**

　　了解西周时期，社会经济繁荣，国家财政收支扩大，需要审计监督保障资金得到合理使用。宰夫、司会的设置使审计在国家治理中发挥重要作用，促进社会经济稳定发展，这对现代审计发展具有历史借鉴意义。

○ **制度背景**

　　理解西周时期监督机制与行政管理制度之间的互动。当时国家政治制度的完善为审计制度的建立提供了基础。宰夫和司会的设置，形成了较为系统的审计制度框架。宰夫和司会的监督机制与当时的行政管理制度紧密结合，体现了西周制度背景下审计与行政管理的协同性。

讨论问题

　　西周时期的审计制度对现代审计有哪些启示？

案例解析视频

开放式讨论区

案例2

古罗马的国家审计风云：监督官的使命

【摘要】本案例通过讲述罗马帝国的皇帝哈德良委派监督官卡西乌斯对城市公共建设项目和民间金融行业进行审计的故事，阐述了审计制度的重要性。引出罗马帝国的国家审计制度、审计人员及审计方法等国家审计的核心特征。罗马帝国的审计制度在维护国家财政秩序和经济稳定方面发挥重要作用，对现代立法国家审计模式产生深远影响。

【关键词】罗马帝国　国家审计　监督官

案例正文

一、案例背景

随着罗马帝国版图的不断扩张，经济活动日益频繁，城市规模逐渐扩大，公共事务也变得愈发复杂。为了维持罗马帝国的稳定与繁荣，对财政和经济活动的监督变得至关重要。哈德良和马可·奥勒留统治时期，一些城市在公共建设方面出现了严重的财政问题，引起了统治者的高度关注。同时，民间金融业的兴起也对国家财政产生了重要影响，如何加强对民间金融的监管，成为罗马帝国面临的一个重要课题。

二、案例描述

1.城市公共建设的审计风波

在罗马帝国的一个重要城市库莱，多年来大兴土木，建造了许多宏伟的公共建筑，如浴场、剧院和竞技场等。然而，这些公共建设的背后却隐藏着巨大的财政危机。城市的财政收入主要依赖税收和一些商业活动，但公共建设的开支却远远超出了城市的承受能力。

哈德良皇帝得知这一情况后，决定派遣一位经验丰富的监督官卡西乌斯前往库莱进行审计。卡西乌斯一到库莱，便开始了紧张的审计工作。他首先查阅了城市的会计账目，发现账目混乱不堪，许多开支没有明确的记录，甚至有些账目存在明显的篡改痕迹。卡西乌斯意识到，这背后可能隐藏着巨大的腐败问题。

为了查明真相，卡西乌斯决定对城市的公共设施进行实地调查。他走访了正在建设的浴场和剧院，发现这些项目的预算远远超出了实际需要。例如，浴场的建筑材料使用了大量的大理石和珍贵木材，而这些材料的采购价格远远高于市价。卡西乌斯怀疑，城市长官和一些承包商之间可能存在勾结，通过虚报材料价格来谋取私利。

在进一步的调查中，卡西乌斯发现了一些关键的证据。他发现城市长官的私人账目中有一笔巨额的资金来源不明，而这笔资金正好与公共建设项目的超支金额相符。同时，他还发现了一些承包商的账目记录，显示他们向城市长官支付了大量的回扣。

卡西乌斯将这些证据整理好后，立即上报哈德良皇帝。皇帝对此非常愤怒，下令对库莱的城市长官和相关承包商进行严厉惩处。城市长官被革职查办，承包商也被追究法律责任。同时，皇帝还撤销了库莱的自治权，将其归并于省政府管理，以加强对城市财政的监督。

2.民间金融业的审计挑战

随着罗马帝国经济的发展，民间金融业逐渐兴起，成为罗马帝国经济的重要组成部分。然而，民间金融业的繁荣也带来了一些问题，如偷税漏税、金融诈骗等。为了加强对民间金融的监管，哈德良皇帝下令将民间金融业纳入国家审计的范围。

监督官居里乌斯被任命负责对民间金融业开展审计工作。他首先要求所有私人金融企业向审计官员公开他们的会计账册，并呈交他们的"营业执照"。在审查这些账册的过程中，居里乌斯发现了一些可疑的情况。一些金融企业的账目记录不完整，存在明显的漏洞，而且他们的"营业执照"也存在伪造的嫌疑。

为了查明真相，居里乌斯决定对这些金融企业进行深入调查。他走访了他们的店铺，发现了一些隐藏的账目记录，这些记录显示他们通过非法手段获取了大量的财富。有的金融企业通过操纵利率，从中牟取暴利；有的金融企业则通过伪造票据，骗取他人钱财。

居里乌斯将这些证据整理好后，上报给了皇帝。皇帝下令宣布对相关的金融企业进行严厉打击，没收了其非法所得，并追究他们的法律责任。同时，皇帝还加强了对民间金融业的监管，要求所有金融企业必须遵守国家的法律法规，接受审计官员的监督。

三、案例分析

1.审计制度的重要性

从上述两个案例可以看出，罗马帝国的审计制度在维护国家财政秩序和经济稳定方面发挥了重要的作用。监督官通过对城市公共建设和民间金融业的审计，及时发现了存在的问题，并采取了有效的措施加以解决。这不仅保护了国家和人民的利益，而且维护了罗马帝国的稳定和繁荣。

2.审计官员的职责与权力

作为罗马帝国的审计官员，监督官承担着重要的职责并拥有权力。他们不仅要审查会计账目，还要进行实地调查，收集证据，以确保审计结果的准确性和公正性。同时，他们还拥有对违法者进行惩处的权力，这使得他们能够有效地维护国家的法律法规。

3.审计方法与技巧

在审计过程中，监督官运用多种审计方法和技巧。他们通过查阅会计账目，发现账目中的异常情况；通过实地调查，收集关键证据；通过分析账目记录，揭示隐藏的问题。这些方法和技巧的运用，使得监督官能够更加准确地发现问题，提高审计的效果。

4.对后世的影响

罗马帝国的审计制度对现代立法国家审计模式的形成产生了深远的影响。它为现代国家审计提供了宝贵的经验和借鉴，例如审计官员的职责与权力、审计方法与技巧等。同时，它也启示我们，审计制度是维护国家财政秩序和经济稳定的重要手段，必须不断完善和发展。

四、案例总结

罗马帝国的审计制度在维护国家财政秩序和经济稳定方面发挥了重要的作用。监督官通过对城市公共建设和民间金融业的审计，及时发现了存在的问题，并采取有效的措施加以解决。这不仅保护了国家和人民的利益，也维护了罗马帝国的稳定和繁荣。罗马帝国的审计制度为现代立法国家审计模式的形成提供了宝贵的经验和借鉴，从罗马广场羊皮账本到现代政府电子审计系统，变的是技术手段，不变的是对权力边界的追问与守护。

参考信息来源

文硕. 世界审计史 ［M］. 北京：企业管理出版社，1998.

案例使用说明

案例目标

○ 关键问题

罗马帝国的审计制度如何有效监督公共财政与民间金融，确保罗马帝国经济稳定运行？

○ 教学目标

通过案例讨论，学生应了解罗马帝国审计制度的基本框架和运作机制，理解公共财政和民间金融领域审计的应用。培养学生批判性思维和问题解决能力，增强学生对审计职业的责任感和使命感，认识到审计在维护国家经济秩序和社会公平中的重要作用。

案例背景

○ 理论背景

学生需要了解罗马帝国的国家审计是如何产生的，以及国家审计在罗马帝国经济社会中的重要地位。

○ 行业背景

在罗马帝国，随着经济的发展和城市化进程的加快，公共财政和民间金融活动日益频繁。审计在这一时期成为维护经济秩序的重要手段，对公共工程的审计和对金融企业的账目审查成为常态。

○ **制度背景**

了解罗马帝国的审计制度，罗马帝国的审计由元老院主导，监督官负责具体执行。监督官通过对城市账目和公共设施的审计，确保财政资金的合理使用；对民间金融的审计则通过要求金融企业公开账册和"营业执照"进行，预防和处理偷税漏税等行为。

讨论问题

在古罗马时期，审计官员如何平衡公共利益与私人利益？这种平衡对现代审计实践有何借鉴意义？

案例解析视频　　　　　　　　　　　　开放式讨论区

案例3

注册会计师审计的起源与
正则会计师事务所的发展历程及核心业务

【摘要】本案例介绍了注册会计师审计的起源、发展及其在现代经济社会中的重要性，以南海公司事件和谢霖创办的正则会计师事务所为例，阐述审计目标、审计业务范围及其作用。

【关键词】审计起源　鉴证业务　相关服务　审计目标　审计的作用　南海公司事件　正则会计师事务所

案例正文

一、案例背景

1.注册会计师审计的产生与发展

审计作为一种经济监督活动，其产生与发展与经济活动的复杂性和社会对经济监督的需求密切相关。审计的起源可以追溯到古代，但现代意义上的审计则起源于18世纪的英国，以对南海公司进行审查为标志。

1721年，南海公司事件震惊了整个英国社会。南海公司因经营不善而陷入困境，但为了维持股价，公司管理层虚构了一系列投资项目，并伪造了财务报表。这一事件被揭露后，引发了股市的大崩溃，众多投资者血本无归。为了应对这一危机，英国议会成立了专门的委员会对南海公司的财务报表进行审查，这标志着现代审计制度的诞生。

此后，审计逐渐发展成为一种独立的职业，并随着经济的发展而不断完善。在中国，审计的发展也经历了曲折的历程。20世纪初，随着民族工商业的兴起，注册会计师制度应运而生，为中国的审计事业奠定了基础。中华人民共和国成立后，注册会计师行业在国民经济恢复中发挥了积极作用，但随后因计划经济体制的实施而一度中断。改革开放后，注册会计师行业得以恢复重建，并在中国经济社会高质量发展中实现了行业的高质量发展。

2.谢霖与正则会计师事务所

谢霖是中国现代审计事业的先驱之一，他创办了正则会计师事务所，这是中国历史上第一家会计师事务所。谢霖早年留学日本，学习会计和审计知识，回国后积极投身于中国的审计事业。他深感当时中国审计制度的落后和不完善，于是决定创办一家会计师事务所，以推动中国审计事业的发展。

正则会计师事务所的成立，标志着中国现代审计事业的开端。谢霖和他的团队以诚信和专业为基石，为众多企业和政府机构提供了优质的审计服务。正则会计师事务所的成立和发展，不仅推动了中国审计制度的完善，也为中国注册会计师行业的发展树立了榜样。

二、案例描述

1.正则会计师事务所的发展历史

1918年：谢霖在北京创办了正则会计师事务所，这是中国历史上第一家会计师事务所。事务所成立之初，主要为企业提供财务报表审计服务，帮助企业在复杂的经济环境中保持财务透明和合规。

20世纪20年代至30年代：正则会计师事务所迅速扩展业务范围，分别在北京、天津、上海、南京、武汉、广州、济南、太原、重庆、乐山等23个城市设立了分支机构。这一时期，事务所的业务不仅限于企业审计，还扩展到了政府审计和咨询领域，为政府机构提供财务管理和政策建议。

1937年：抗日战争全面爆发后，事务所迁至四川成都。尽管战争对经济造成了巨大冲击，但正则会计师事务所依然坚持运营，为抗战时期的经济稳定作出了贡献。

20世纪50年代：中华人民共和国成立后，正则会计师事务所继续在国民经济恢复中发挥积极作用。随着计划经济体制的建立，注册会计师行业一度中断，事务所的业务也受到严重影响。

20世纪80年代：改革开放后，注册会计师制度得以恢复重建。1980年，四川省财政厅正式批准正则会计师事务所恢复执业，更名为四川正则会计师事务所。事务所重新焕发了活力，继续为中国的会计行业贡献力量。

20世纪90年代至今：随着市场经济的发展，正则会计师事务所不断调整和优化自身的业务结构和服务模式，以适应市场需求的变化。事务所积极引进和培养了一批高素质的专业人才，为事务所的持续发展提供了有力的人才保障。

正则会计师事务所自成立以来，经历了漫长而曲折的发展历程，它逐渐发展成为当时中国最具影响力的会计师事务所之一，业务范围广泛，涵盖了审计、验资、税务服务、管理咨询等多个领域。如今，正则会计师事务所已经发展成为一家拥有众多分支机构和合作伙伴的大型会计师事务所。它不仅在国内市场上占据了重要的地位，还积极拓展国际市场，为中国的企业"走出去"提供了有力的支持。

2.审计相关业务概述

会计师事务所的业务类型主要分为两类：鉴证业务和相关服务，其中鉴证业务根据不同的保证程度具体分为历史财务信息审计业务（简称审计业务）、历史财务信息审阅业务（简称审阅业务）和其他鉴证业务，其他鉴证业务包括审计或审阅以外的鉴证业务、预测性财务信息的审核。相关服务主要包括执行商定程序、代编财务信息和管理咨询、税务咨询等业务。

3.审计的目标

审计的目标包括以下两个方面：

（1）总体目标

注册会计师审计的总体目标是通过执行审计工作，对财务报表整体是否不存在舞弊或错误导致的重大错报获取合理保证，使得注册会计师能够对财务报表是否在所有重大方面按照适用的财务报告编制基础编制发表审计意见，并按照审计准则的规定，根据审计结果对财务报表出具审计报告，并与管理层和治理层沟通。

（2）具体目标

注册会计师审计的具体目标是审计总体目标的进一步具体化，包括一般审计目标和项目审计目标。一般审计目标是由被审计单位管理当局的认定推论得出的，实质上是对被审计单位认定的验证，适用于所有项目的审计，如总体合理性、真实性、完整性、所有权、估价、截止、准确性、披露等。项目审计目标则是按每个项目分别确定的目标，只适用于某一特定项目的审计。

4.审计的作用

审计的作用主要体现在保障经济秩序与提升管理水平。

审计的作用不仅限于发现和纠正财务问题，更重要的是，它能够促进经济有序、健康地运行，提升管理水平。

对于现代社会而言，审计在保障经济秩序方面的作用尤为重要。进行审计，可以有效预防和发现舞弊行为，确保财务信息的真实性和可靠性。同时，审计也能够帮助被审计单位识别管理中的薄弱环节，提出改进建议，从而提升其管理水平。

在企业管理中，审计可以帮助企业识别风险、优化资源配置、确保运营效率的提升。在公共部门，审计则能够确保政府资金的合法合规使用，促进廉政建设，防止公共资金的浪费和滥用。

三、案例分析

首先，从审计的产生与发展来看，审计是随着经济活动的复杂性和社会对经济监督的需求而逐渐发展起来的。对南海公司的审查标志着现代审计制度的诞生，而正则会计师事务所的成立则推动了中国现代审计事业的发展。

其次，通过正则会计师事务所的发展历史，我们可以看到审计行业在中国的曲折发展历程。从最初的兴起，到因计划经济体制而中断，再到改革开放后的恢复重建和不断发展壮大，审计行业始终与中国的经济社会发展紧密相连。

最后，通过对审计的目标与职能的阐述，我们可以更深入地理解审计的本质和重要性。审计作为一种经济监督活动，具有独立性、客观性和公正性等特征，其目标是确认被审计单位的财务报表的真实性、合法性和效益性，并提出改进意见和建议。审计在经济监督、经济评价和经济鉴证等方面发挥着重要作用，为政府、投资者、债权人等利益相关者提供决策依据，促进企业的规范管理和健康发展。

四、案例总结

本案例通过详细描述审计的产生与发展、谢霖与正则会计师事务所、正则会计师事务所发展历史以及审计的目标与作用等方面内容，展示了审计在现代经济社会中的重要地位和作用。审计作为一种独立、客观、公正的经济监督活动，不仅为政府、投资者、债权人等利益相关者提供决策依据，还促进企业的规范管理和健康发展。随着经济的快速发展和不断深入，审计的作用将越来越重要。因此，我们应该加强对审计行业的重视和支持，推动其持续健康发展，为全面建设社会主义现代化国家提供有力保障。

参考信息来源

[1] 中国注册会计师协会. 中国注册会计师行业发展大事记 [EB/OL]. [2008-11-17]. https：//www. cicpa. org. cn/ztzl1/zthf/qzzx20/hangyefazhan/200811/t20081117_42185.html.

[2] 中国注册会计师协会. 勇担神圣使命服务国家建设 [EB/OL]. [2024-09-24]. https://www.cicpa.org.cn/xxfb/news/202409/t20240924_65054.html.

[3] 刘明辉，祁渊，张婷婷. 审计 [M]. 9版. 大连：东北财经大学出版社，2024.

[4] 陈汉文，杨道广，董望. 审计 [M]. 5版. 北京：中国人民大学出版社，2022.

案例使用说明

案例目标

○ 关键问题

如何理解审计在现代经济社会中的重要地位和作用？审计独立、客观、公正的特征如何保证经济监督的有效性？

○ 教学目标

通过案例讨论，学生应深入理解审计的本质、特征、职能和作用，认识审计在维护市场经济秩序、促进企业规范管理中的关键作用，并培养学生的批判性思维和解决实际问题的能力。

案例背景

○ 理论背景

学生需要掌握审计的基本概念、特征、职能和作用，了解审计的产生与发展历程，以及审计在现代经济社会中的重要地位。

○ 行业背景

了解会计师事务所的运营模式、业务范围及行业发展趋势，熟悉注册会计师的职业操守和法律责任。

○ **制度背景**

了解我国审计制度的演变过程，熟悉现行审计法规体系，以及审计在经济社会高质量发展中的作用。

讨论问题

正则会计师事务所如何保持其审计的独立性、客观性和公正性？

案例解析视频   开放式讨论区

审计主体与审计分类

案例4

中国广核集团审计：三大审计主体的协同效应与治理提升

【摘要】本案例以中国广核集团为背景，介绍了其因业务扩展和财务管理压力增大而决定开展全面审计的过程。案例详细描述了政府审计机关、内部审计机构和民间审计机构三大主体的介入背景、作用与实施，以及审计结果对中广核集团的深远影响。

【关键词】审计主体　中广核集团　政府审计　内部审计　民间审计

案例正文

一、案例背景

1. 中广核集团简介

中国广核集团（以下简称"中广核"）是我国领先的能源企业之一，主营业务涵盖核电、风电、太阳能等领域。近年来，随着公司业务的不断扩展，财务管理和风险控制的压力逐渐加大。由于中广核集团管理层希望提升财务透明度，确保资金使用的合规性，同时进一步优化运营效率，他们决定开展一次全面的审计活动。

为了达到上述目标，中广核决定联合三大审计主体——政府审计机关、内部审计机构和民间审计机构。通过三大审计主体的共同努力，确保审计结果的全面性和公正性，并为公司未来的治理和运营提供改进建议。

2. 三大审计主体的介入背景

中广核的业务性质决定了其面临复杂多变的审计需求。由于集团的国有企业背景，政府审计机关将对其国有资产的保值增值和财政资金的使用情况进行监督。此外，集团内部也设有强大的内部审计团队，负责定期审查集团的财务活动和运营风险。与此同时，中广核还引入了专业的民间审计机构，主要是为确保财务报表的准确性和合规性，为投资者和公众提供真实可靠的财务信息。

此次审计的展开，标志着三大审计主体——政府审计机关、内部审计机构和民间审计机构，分别从不同角度对中广核进行全方位的审计评估，力求发现问题并提出切实可行的改进建议。

二、案例描述

（一）政府审计的作用与实践

1.政府审计的目标与范围

政府审计机关此次介入审计中广核，主要目的是确保公共资金的有效使用，监督国有资产保值增值情况。作为国有企业，中广核承担了大量政府投资的重大能源项目，这些项目的实施和资金使用情况需要接受政府审计机关的严格审查。政府审计的重点包括集团的财政资金流向、重大项目的执行情况，以及内部控制的有效性。

在此次审计中，审计署派遣了专门的小组，对中广核的多个核电项目和政府专项拨款项目进行了细致审查。审计组不仅对财务报表进行了分析，还实地走访了项目现场，核实项目进展与资金使用情况是否一致。审计组重点关注了项目资金的拨付流程是否合规，是否存在资金滞留或被挪用的情况。

2.政府审计的结果与影响

经过为期数月的审计，政府审计机关发现，中广核在某些政府资金管理项目中存在资金使用效率低下的问题。例如，某核电站项目的建设进度严重滞后，且部分资金长期未投入实际建设中。审计报告指出，这种问题的出现与项目管理的决策流程复杂以及缺乏有效的内部控制机制有直接关系。

在审计结果公布后，政府要求中广核进行整改。首先，集团必须优化项目管理流程，加快工程进度，确保资金及时到位并投入使用。其次，审计报告还建议中广核进一步加强对国有资产的保值增值，避免因管理不善而导致国有资产流失。

（二）内部审计机构的作用与实践

1.内部审计的目标与作用

内部审计机构是中广核集团管理层的"耳目"，其主要职责是协助公司识别和评估经营中的风险，并提出改进建议。与政府审计侧重资金的合法合规不同，内部审计更关注集团日常经营中的内部控制、风险管理及管理效率。

中广核内部审计团队定期审查公司各个部门的财务报告和管理制度，并通过风险评估模型对集团的重大决策进行监督。在此次审计中，内部审计团队不仅对公司整体的财务健康状况进行了评估，还特别关注了各业务板块的运营效率，力求找出潜在的管理漏洞和资源浪费。

2. 内部审计的发现与整改建议

通过此次内部审计，内部审计团队发现，尽管集团在项目资金的使用上总体合规，但在某些业务板块中，资源调配不均的问题较为严重。例如，在核电站的运营过程中，一些部门的资金使用效率明显低于其他部门，这不仅影响了项目的整体进度，还可能带来潜在的财务风险。

内部审计团队建议集团优化资源配置机制，重新评估各部门资金需求，并对项目管理进行精细化分工。内部审计团队还建议加强对高风险业务的监管，确保公司能够及时发现并应对潜在问题。这些整改建议直接影响了中广核未来的管理决策，使集团的内部管理得到了明显改善。

（三）注册会计师审计机构的作用与实施

1. 注册会计师审计的目标与重要性

注册会计师审计机构（外部审计）是此次审计活动中的第三方，主要负责对中广核的财务报表进行独立审计，以确保中广核财务报告的真实性和公允性。中广核作为一家涉及公众利益的国有企业，其财务报告的透明性和可靠性不仅关乎企业自身的信用，还影响到投资者、监管机构以及社会公众。

中广核聘请了一家国内知名的会计师事务所作为其民间审计机构，负责对公司2023年度财务报表进行全面审计。审计工作严格按照国际财务报告准则（IFRS）进行，民间审计机构通过审查集团的财务报告、资产负债情况以及相关合同，核实集团的财务信息是否准确反映了其实际经营状况。

2. 注册会计师审计的结果与审计意见

民间注册会计师审计机构在审计过程中，发现了部分财务报表中的不一致情况，主要集中在资产折旧和负债的核算上。由于中广核的项目规模庞大，其设备和资产的折旧核算标准直接影响公司的利润表现。审计机构经过审查，建议集团调整其折旧计算方法，以更好地反映资产的实际使用状况。

此外，注册会计师民间审计机构还对中广核的财务风险提出了警示，特别是在债务管理方面。由于中广核近年来的快速扩张，其负债规模不断攀升。民间审计机构建议公司优化债务结构，降低短期债务比重，并通过多元化融资手段，减轻未来的财务压力。

审计结束后，注册会计师审计机构出具了一份无保留意见的审计报告，表明中广核的财务报表整体上真实、公允地反映了公司财务状况。这为集团在资本市场上赢得了公众的信任，也为未来的融资和投资打下了较好基础。

三、案例分析

1.多层次的审计监督体系

中广核的审计展示了三大审计主体在大型国有企业中的不同作用和协同效果。政府审计机关通过审查国有资产的管理情况和资金使用合规性，为公共资金保驾护航；内部审计机构通过深入分析集团的管理流程和业务运营，提出了有针对性的整改建议；民间审计机构则通过对财务报告的独立审计，确保了公司财务信息的透明性和准确性。

三种审计形式相互补充，形成了对中广核的全方位监督体系，既提高了公司内部的管理水平，也增强了其在公众和投资者中的信誉。

2.对中广核集团的深远影响

通过三大审计主体的共同努力，中广核不仅发现并纠正了多个管理和财务方面的潜在问题，还在审计报告的推动下，完善了企业的管理制度和风险控制体系。审计活动结束后，集团管理层进一步加强了内部控制，通过整改提升了公司的运营效率和资金使用效率。

更为重要的是，三大审计主体的介入使中广核的管理透明度和治理水平得到了提升，增强了企业的合规性和社会责任感。这为中广核在未来的发展中打下了更坚实的基础，同时也为其他国有企业提供了借鉴。

四、案例总结

1.不同审计主体的审计在企业中的重要性

此次中广核的审计案例生动地展示了三大审计主体——政府审计机关、内部审计机构和民间审计机构——在企业管理中的重要作用。通过不同角度的审计监督，中广核的财务和管理问题得以暴露，并通过各方的合作得到了有效整改。这一案例充分说明，审计不仅是财务检查工具，更是企业风险防控和提升管理水平的重要手段。

2.对审计学课程的启示

通过中广核的审计案例，学生可以更好地理解三大审计主体的不同功能和作用。本案例为学生提供了一个真实的企业情景，使学生能够更直观地理解政府审计、内部审计和民间审计的理论与实践。同时，本案例还展示了审计在提升企业管理和促进企业合规性方面的价值，为学生学习审计理论提供了有力的实践参考。

参考信息来源

中广核集团官方网站．http://www.cgnpc.com.cn.

案例使用说明

案例目标

○ 关键问题

如何通过三大审计主体的协同作用，提升中广核集团的财务透明度和风险管理水平？

○ 教学目标

通过案例讨论，学生应理解政府审计、内部审计和民间审计的不同功能与作用，以及它们如何共同促进企业财务管理和治理水平的提升。

案例背景

○ 理论背景

学生应掌握审计的基本概念、类型（政府审计、内部审计、民间审计），以及三大审计主体各自的目标和作用。

○ 行业背景

了解能源行业的财务状况、资金流动特点，以及国有企业在财务管理和风险控制方面的特殊要求。

○ 制度背景

熟悉我国审计法律法规，了解政府审计机关、内部审计机构和民间审计机构的职责和权限。

讨论问题

中广核为何选择同时引入政府审计、内部审计和注册会计师审计？

案例解析视频　　　　　　　　　　　　　　　　　开放式讨论区

案例5

不同审计主体的审计职责与实践探讨

【摘要】本案例深入剖析了中国审计体系的三大组成部分：政府审计、内部审计和民间审计。中华人民共和国审计署的职责实践、首创集团的内部审计案例以及中喜会计师事务所的职业道德问题，揭示了我国审计监督体系的功能和面临的挑战。案例总结强调了审计各主体的职责遵守和行业自律的重要性，为审计实践提供了宝贵的经验和深刻的教训。

【关键词】审计分类　审计主体　政府审计　内部审计　民间审计　注册会计师

案例正文

一、案例背景

随着我国经济的快速发展，审计作为经济监督的重要手段，在维护国家财经秩序、促进廉政建设、保障国民经济健康发展等方面发挥着越来越重要的作用。审计按照审计主体分类，可以分为政府审计、内部审计和民间审计，它们共同构成了我国审计监督体系。本案例将结合中华人民共和国审计署（以下简称审计署）的职责、首创集团的内部审计实践以及一起注册会计师违反职业道德的案例，深入探讨我国各审计主体的职责、职业道德与法律责任。

二、案例描述

1.审计署的职责与政府审计实践

审计署依法对中央预算执行情况进行审计，并向国务院总理提出年度中央预算执行和其他财政收支情况的审计结果报告。审计署还负责按规定对省部级党政主要领导干部及其他单位主要负责人实施经济责任审计和自然资源资产离任审计，对领导干部履行经济责任情况进行评价和监督。

2.内部审计机构与首创集团的实践

首创集团审计部负责集团内部财务收支、经济活动、内部控制等方面的审计，确保集团经济活动的合规性和效益性。集团审计部还积极参与集团战略规划、风险管理等工作，为集团决策提供重要依据。

3.注册会计师审计机构与注册会计师的职业道德问题

中喜会计师事务所作为一家注册会计师审计机构，在为北京北方亚事工程咨询有限公司出具2022年度审计报告时，出现了严重的职业道德问题。签字注册会计师王某某同时担任被审计单位的法定代表人、股东、执行董事，严重违反了《会计师事务所执业许可和监督管理办法》和《中国注册会计师职业道德守则》的相关规定。财政部组织检查组对中喜所执业质量进行检查，发现王某某同时担任被审计单位的关键职务，影响了审计报告的独立性和客观性。财政部依法对王某某给予警告的行政处罚，并告知其享有行政复议和行政诉讼的权利。

三、案例分析

（一）审计分类

1.按审计主体分类

按主体分类可分为政府审计、内部审计和注册会计师审计。

政府审计，是由国家审计机关依法独立检查被审计单位的会计凭证、会计账簿、财务会计报告以及其他与财政收支、财务收支有关的资料和资产，监督财政收支、财务收支真实、合法和效益的行为。政府审计的特殊之处体现在它具有强制性。

内部审计，是一种独立、客观的确认和咨询活动，它通过运用系统、规范的方法，审查和评价组织的业务活动、内部控制和风险管理的适当性和有效性，促进组织完善治理、增加价值和实现目标。本质上，内部审计是一项为了改善组织自身的经营与管理而在组织内部执行的独立性监督活动。

民间审计，又称社会审计、独立审计和注册会计师审计，是一种由民间审计组织（会计师事务所这类非官方的审计机构）接受委托而实施的审计。民间审计最大的特点在于由外部的独立审计人员执行并服务于作为第三方的财务报表使用者。

本案例重点聚焦按照审计主体区分的审计分类。

2.按审计内容分类

按内容分类可分为财务报表审计、合规性审计、经营审计。

财务报表审计是审计人员确定财务报表整体是否按适用标准进行编制并对此发

表意见。它主要是对被审计单位的财务报表与会计资料进行审计。

合规性审计是指审计人员确定被审计单位在执行业务的过程中是否遵循了特定的法律法规、程序或规则，或者是否遵守经营合同或财务报告的要求。

经营审计也被称为管理审计或绩效审计，是审计人员为了评价被审计单位经营活动的效果和效率，而对其经营程序和方法进行的审计。

本案例主要针对财务报表审计。

3.按财务报表审计的技术方法分类

按财务报表审计的技术方法可以分为账项导向审计、内部控制审计、风险导向审计。

账项导向审计是最早的财务报表审计方法，也称作详细审计。审计人员主要关注会计凭证和会计账簿的详细检查。其审计对象是会计账簿，审计目的是以查错防弊、保护企业资产的安全和完整为主。

内部控制审计是伴随内部控制理论的发展、抽样审计的完善应运而生的。审计人员发现内部控制制度与会计信息质量息息相关，即企业的内部控制制度越健全有效，财务报表发生错报和舞弊的可能性就越低，需要实施审计测试的范围就越小。

风险导向审计是由于内部控制的固有局限性，致使审计人员应该从更全面的视角识别与评估被审计单位的重大错报风险而产生的。在风险导向审计的模式下，先评估被审计单位的重大错报风险，这里不仅包括对财务报表及其生成过程的控制，还包括其他因素，例如被审计单位的战略、经营、治理等自身状况和被审计单位所处行业、地区的环境状况等。然后根据重大错报风险的评估结果确定拟执行的审计工作计划，从而将审计风险控制在审计人员可接受的水平。

现阶段，我们对财务报表的审计方法采用的是风险导向审计。

（二）政府审计机关的职责

审计署作为国务院组成部门，主管全国审计工作，对公共资金、国有资产、国有资源和领导干部履行经济责任情况实行审计全覆盖。审计署不仅负责起草审计法律法规草案，还直接审计中央预算执行情况、中央和国家机关各部门预算执行情况等，并依法向社会公布审计结果。近年来，审计署在推动国家重大政策措施贯彻落实、揭示财政财务收支和经济管理中存在的问题、促进整改落实等方面取得了显著成效。

（三）内部审计机构的设置与职责

首创集团作为一家大型国有企业，高度重视内部审计工作，设立了专门的审计部，履行内部审计专门职责，对集团党委、董事会负责并报告工作。首创集团审计部依据《北京市内部审计规定》和集团制度，通过统派结合方式统一管理集团系统内部审计工作，对集团所属企业的内部审计工作进行指导、监督和管理。

（四）民间审计机构的职业道德与法律责任

民间审计机构作为中介机构，其职业道德和法律责任至关重要。注册会计师在执业过程中应严格遵守相关法律法规和职业道德规范，保持独立性和客观性。然而，本案中王某某同时担任被审计单位的关键职务，严重违反了职业道德规范，导致审计报告失去公信力。财政部依法对其给予行政处罚，体现了对民间审计机构职业道德和法律责任的高度重视。

四、案例总结

本案例通过审计署的职责、首创集团的内部审计实践以及一起注册会计师违反职业道德的案例，深入探讨了我国不同审计主体各自的职责、职业道德与法律责任。从中我们可以得出以下结论：

（1）政府审计、内部审计和民间审计共同构成了我国审计监督体系，各自发挥着重要作用。

（2）审计署作为政府审计机关，在维护国家财经秩序、促进廉政建设等方面具有不可替代的地位和作用。

（3）内部审计机构在企业合规经营、提高经济效益等方面发挥着重要作用，同时也是企业战略规划、风险管理等工作的重要参与者。

（4）民间审计机构作为中介机构，其职业道德和法律责任至关重要。注册会计师在执业过程中应严格遵守相关法律法规和职业道德规范，保持独立性和客观性，以确保审计报告的公信力和准确性。

（5）对于违反法律法规和职业道德的行为，相关部门应依法给予相应处罚，以儆效尤。同时，也应加强行业自律和监管，提高民间审计机构的整体素质和水平。

通过上述案例的分析和总结，我们可以更加深入地理解我国不同审计主体各自的职责、职业道德与法律责任等方面的内容。同时，本案例也提醒我们在实际工作中要严格遵守相关法律法规和职业道德规范，确保审计工作的独立性和客观性，为维护国家财经秩序和促进经济健康发展贡献力量。

参考信息来源

［1］中华人民共和国审计署．审计署简介［EB/OL］．（2024-12-31）．https：//www.audit.gov.cn/n10/n14/index.html.

［2］首创集团．首创概况［EB/OL］．（2024-12-31）．https：//www.bjcapital.com/html1/folder/2112/66-1.htm.

［3］中华人民共和国财政部．财政部行政处罚决定书［EB/OL］．［2024-03-29］．https://www.mof.gov.cn/gp/xxgkml/jdjcj/202409/t20240906_3943381.htm.

[4] 陈汉文，杨道广，董望. 审计 [M]. 5版. 北京：中国人民大学出版社，2022.

案例使用说明

案例目标

○ 关键问题

如何理解我国不同的审计主体及其各自职责？注册会计师在执业中应如何坚守职业道德并承担法律责任？

○ 教学目标

通过案例讨论，学生应深入理解我国审计体系构成，明确政府审计、内部审计、民间审计的职责与差异，以及注册会计师法律责任和职业道德的重要性。

案例背景

○ 理论背景

学生需要掌握审计的基本概念、审计类型（政府审计、内部审计、民间审计）及其特点，了解注册会计师法律责任和职业道德的相关规定。

○ 行业背景

了解我国审计行业的发展现状，包括政府审计机关、内部审计机构、民间审计机构的设置与运作方式，以及注册会计师在执业中面临的挑战。

○ 制度背景

熟悉我国审计法律法规体系，包括《中华人民共和国审计法》《会计师事务所执业许可和监督管理办法》《中国注册会计师职业道德守则》等，了解审计机关与机构的职责划分。

讨论问题

如何确保民间审计机构在执业过程中保持独立性和客观性？

案例解析视频

开放式讨论区

审计标准与审计准则

案例 6

跨国公司审计准则冲突

【摘要】本案例以 AlphaTech 集团为例,探讨了跨国公司在全球化背景下,因不同国家审计准则和审计标准的差异而面临的审计冲突问题,以及如何通过协调与调整解决这些问题,确保财务信息的透明和一致性。

【关键词】审计标准 审计准则 AlphaTech 集团 跨国公司审计

案例正文

一、案例背景

在全球化背景下,跨国公司的经营活动遍及多个国家和地区,它们不仅要遵守各国的法律法规,还必须根据不同国家的会计准则进行财务报表的编制以及审计准则对财务报表进行审计。然而,不同国家要求的编制财务报表的基础存在差异,不同国家的审计准则也存在差异。这些差异会导致审计工作中出现冲突和问题。为了更好地理解审计准则和审计标准在审计工作中的重要性,我们通过一个跨国公司的案例,展示不同国家审计准则之间的冲突与调整。

二、案例描述

案例公司是一家总部位于美国的跨国科技公司——AlphaTech 集团,其业务遍布全球 30 多个国家和地区。由于其业务的全球化布局,它必须按照不同国家和地区的审计准则提交财务报告。在某一年,AlphaTech 集团在中国、美国和欧洲的审计报告中,遇到了审计准则之间的显著冲突,尤其是在收入确认、资产计量和合规性审查方面。

　　审计准则是审计人员在执行审计业务时必须遵循的专业标准和规定，它为审计行为提供了明确的操作指引。审计准则的制定通常由国家或国际审计标准制定机构负责，如中国的审计准则、美国的公认审计准则（GAAS）、国际审计准则（ISA）等。

　　AlphaTech集团在多个国家和地区开展业务运营，它必须遵循不同国家和地区的审计准则。在美国，审计师依据美国的公认审计准则执行审计，而在中国，审计师则需要依据中国的审计准则。尽管这些准则在审计的基本原则上相似，但在具体操作细节上存在差异。例如，美国的公认审计准则要求严格的审计独立性，中国的审计准则在一些特定行业的审计过程中可能允许审计师有更多的裁量权。这些差异在跨国公司的审计中往往成为问题的根源。

　　1.审计准则的差异

　　审计准则的差异体现在多个方面。在AlphaTech集团某一年的年度审计过程中，美国和中国的审计师就收入确认时点的选择发生了分歧。美国审计准则倾向采用收入在实际交付时确认的标准，而中国审计准则允许在特定条件下，根据合同签订或阶段性成果确认收入。这一差异导致同一业务在不同国家和地区的财务报表中出现了收入确认时间的不一致。

　　这种差异不仅影响了公司整体财务状况的呈现，也引发了监管机构和投资者的质疑，监管机构和投资者要求公司提供更加透明和一致的财务信息。

　　2.调整与协调

　　为了应对审计准则的差异，AlphaTech集团聘请了一家国际会计师事务所，帮助其协调不同国家的审计准则。这家会计师事务所结合国际审计准则（ISA），提出了一种跨国审计协调方案，即在全球财务报表编制中，采用国际准则作为基础，辅以当地的审计准则调整，确保各个国家和地区的财务报表能够符合当地法规，同时保持一定程度上的一致性。

　　通过这个调整方案，AlphaTech集团成功解决了审计准则冲突的问题，确保了其财务信息的透明度和一致性。这一过程不仅需要公司管理层对审计准则的深入理解，也需要审计师在具体执行审计的过程中对准则的灵活运用。

三、案例分析

（一）审计标准的定义和重要性

　　审计标准是指审计人员在进行审计工作时依赖的政策、法律、规章和标准。审计标准为审计的合法性、合理性和规范性提供了理论和法律支持。审计标准的选择直接影响审计结果的公允性和准确性。

　　在AlphaTech集团的案例中，审计标准的差异同样是引发审计准则冲突的重要原因之一。在美国，审计标准主要是美国证券交易委员会法规和公认会计准则，而在中国，审计标准主要是《中华人民共和国会计法》和相关的中国会计准则。这些法规和准则在具体财务处理上有所不同。例如，固定资产折旧的计算方法、无形资产摊销的处理等，不同国家和地区的会计准则都存在明显差异。

1.审计标准在不同国家和地区的差异

以 AlphaTech 集团的资产计量为例。美国的审计标准是美国的会计准则，准则规定，固定资产的计量应基于公允价值，并允许在特定情况下进行资产减值测试。而中国的审计标准是中国的会计准则，准则规定，企业必须严格按照历史成本计量固定资产，并且资产减值的确认需要满足更为严格的条件。

在一次跨国审计中，AlphaTech 集团的美国审计师建议对部分固定资产进行减值处理，认为这些资产的市场价值已经显著下降。然而，中国审计师则坚持按照历史成本进行计量，并认为没有充分的依据进行减值。这一冲突使得 AlphaTech 在同一年度的中国和美国财务报表中，对同一资产的计量存在显著差异。

2.依据差异的调整与应对

为了协调这些差异，AlphaTech 集团决定在财务报表附注中对不同国家和地区的会计准则进行详细说明。公司管理层意识到，仅仅依赖单一国家（或地区）的会计准则编制财务报表不足以满足全球投资者的需求。因此，AlphaTech 在编制全球财务报表时，采用了多元化的会计准则，即在确保遵守各个国家和地区的法律法规的同时，尽量使用国际上通行的会计和审计标准作为基础，辅以必要的本地调整。

这一做法得到了审计师和监管机构的认可，既满足了美国和中国等主要市场的审计要求，也提高了财务报表的透明度和一致性。通过在审计标准上的调整与解释，AlphaTech 集团成功应对了审计准则和审计标准上的冲突，为全球投资者提供了更加清晰和一致的财务信息。

（二）审计准则

审计准则旨在规范和指导注册会计师对财务报表整体是否不存在重大错报获取合理保证，要求注册会计师在整个审计过程中运用职业判断和保持职业怀疑。为了实现注册会计师的整体目标，在计划和实施审计工作时，注册会计师应当运用相关审计准则规定的目标。在使用规定的目标时，注册会计师应当认真考虑各项审计准则之间的相互关系，可以采取下列措施：第一，为了实现审计准则规定的目标，确定是否有必要实施除审计准则规定以外的其他审计程序；第二，评价是否已获取充分适当的审计证据。

除非存在下列情况，注册会计师应当遵守每一审计准则的各项要求：第一，某项审计准则的全部内容与具体审计工作不相关；第二，由于审计准则的某项要求存在适用条件，而该条件并不存在，这导致该项要求不适用。

在极特殊的情况下，注册会计师可能认为有必要偏离某项审计准则的相关要求。在这种情况下，注册会计师应当实施替代审计程序以实现相关要求的目标。

在本案例中，适用于中国的审计准则是指《中国注册会计师审计准则》，而适用于美国的审计准则是一般公认审计准则（GAAS）和美国会计总署（GAO）审计准则。

（三）审计准则与审计标准的协同作用

通过 AlphaTech 集团的案例，我们可以看到，审计准则和审计标准密不可分。审计准则为审计工作提供了专业规范，而审计标准则为审计的合法性和合规性提供了保障。两者相辅相成，共同确保审计结果的公正、客观和可靠。

在跨国审计中，审计师必须具备多国法律法规和审计准则的知识，并能够在全球和本地准则之间进行有效调整。AlphaTech 集团的跨国审计冲突解决过程，展示了审计准则和审计标准如何通过协调与调整，确保跨国公司财务信息的准确性和一致性。

四、案例总结

通过 AlphaTech 集团的跨国审计案例，我们可以清楚地看到，不同国家和地区的审计准则和审计标准可能会发生冲突，尤其是在收入确认、资产计量和合规性等方面。然而，通过合理的协调与调整，跨国公司可以在全球化背景下有效应对这些挑战，确保其财务信息的透明和一致性。理解和掌握审计准则和审计标准之间的关系，对于跨国公司及其审计师来说至关重要。

参考信息来源

［1］AlphaTech 集团．http://alphatech.technology.
［2］陈汉文，杨道广，董望．审计［M］．5版．北京：中国人民大学出版社，2022.

案例使用说明

案例目标

○ 关键问题

跨国公司在面对不同国家和地区的审计准则和审计标准的差异时，如何有效协调与调整，以确保财务信息的准确性和一致性？

○ 教学目标

通过案例讨论，学生应理解审计准则和审计标准的概念，掌握不同国家和地区的审计准则的差异及其影响，学会如何在全球化背景下协调审计准则冲突，提升对跨国公司财务管理和审计的认识。

案例背景

○ **理论背景**

学生应掌握审计准则和审计标准的基本概念，了解不同国家和地区的审计准则的差异及其原因，熟悉跨国公司审计的特点和挑战。

○ **行业背景**

了解科技行业的财务状况、业务模式及全球化趋势，特别是跨国公司在财务管理和审计方面面临的特殊问题。

○ **制度背景**

熟悉主要国家和地区（如美国、中国）的审计法规、会计准则及国际审计准则（ISA），了解跨国公司如何在全球范围内遵守这些规定。

讨论问题

跨国公司如何协调不同国家审计准则和审计标准的冲突？

案例解析视频   开放式讨论区

案例7

审计准则在实践中的应用：准油股份年报审计案例分析

【摘要】本案例以新疆准东石油技术股份有限公司年报审查为背景，详细描述了深圳证券交易所对准油股份2023年年报的审查过程及重点，展示了审计准则和审计标准在审计工作中的应用及其重要性。

【关键词】审计准则 审计标准 新疆准东石油技术股份有限公司
深圳证券交易所问询函

案例正文

一、案例背景

近年来，随着资本市场的快速发展，上市公司年报的真实性和准确性日益受到投资者和监管机构的关注。深圳证券交易所作为重要的资本市场监管机构，对上市公司年报进行严格审查，以确保信息的透明度和可靠性。在此过程中，审计标准作为审计工作的重要的组成要素，审计准则作为审计工作的核心指导，对于保障审计质量具有至关重要的作用。

二、案例描述

（一）案例基本情况

新疆准东石油技术股份有限公司（以下简称"准油股份"）是一家在深圳证券交易所（以下简称深交所）上市的公司，主要从事石油技术服务业务。2024年5月，深圳证券交易所对准油股份2023年年报进行了详细审查，并下发了问询函，要求公司就年报中的多个事项进行说明和解释。

（二）年报审查重点及回复

1.持续经营能力

深交所关注到准油股份年审会计师将持续经营能力识别为关键审计事项。准油股份在回复中详细说明了对未来盈利能力的评估过程和现金流预测过程，并结合营运资金需求、可自由支配的货币资金、融资能力与计划、债务情况等因素，分析了持续经营能力是否存在重大不确定性。年审会计师通过核查相关数据和资料，认为公司持续经营能力在所有重大方面不存在重大不确定性。

2.营业收入与净利润变动

深交所要求准油股份说明营业收入逐年增长但净利润持续下滑且近两年净利润为负的原因，以及经营性现金流与净利润变动存在差异的原因及合理性。准油股份回复称，营业收入增长主要得益于市场拓展和项目中标，而净利润下滑则主要受非经常性收益减少、部分服务项目结算价格维持较低水平以及固定成本较高等因素影响。经营性现金流与净利润变动存在差异主要由于票据结算比例减少、供应商款项支付增加等因素所致。年审会计师通过核查相关财务数据和业务流程，认为公司的解释具有合理性。

3.客户集中度与应收票据

深交所注意到准油股份对前五客户的销售额占年度销售总额的比例极高，且应收票据余额大幅增长。准油股份回复称，客户集中度高符合行业特点，与同行业相比不存在重大差异；应收票据增长主要由于客户调整结算方式所致，且不存在放宽信用政策刺激销售或提前确认收入的情形。年审会计师通过核查应收票据的交易背景、出票人信用情况等，认为应收票据的增长具有合理性，且公司未存在放宽信用政策的行为。

4.短期借款与流动性风险

深交所要求准油股份补充列示报告期内短期借款的详细情况，并分析是否存在流动性风险。准油股份回复称，短期借款增长主要用于补充流动资金，与营业收入增长相匹配，且公司不存在逾期借款情况。结合货币资金及现金流情况、有息债务规模等因素，公司认为不存在流动性风险。年审会计师通过核查短期借款合同、还款计划等资料，认同公司的风险评估结果。

三、案例分析

1.中国注册会计师执业准则的基本体系

现行中国注册会计师执业准则体系由注册会计师职业道德规范和中国注册会计师执业准则构成。而中国注册会计师执业准则主要由两大类准则构成（包括基本准则和具体业务准则），即由会计师事务所质量控制准则和中国注册会计师业务准则构成。前者指导会计师事务所如何管控审计质量，后者指引注册会计师如何执行业务。具体如图3-1和图3-2所示。

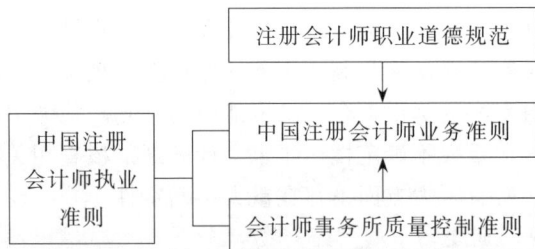

图3-1 中国注册会计师执业准则体系

2.审计准则和审计标准的应用

在本案例中，年审会计师在审计过程中严格遵循了《中国注册会计师审计准则》及相关法律法规的要求，通过与既定的标准（《中华人民共和国会计法》和相关的中国会计准则）进行对比，对准油股份的年报进行了全面、细致的审查。通过核查相关数据和资料、与客户及管理层沟通等方式，年审会计师对年报中的关键事项进行了深入分析和判断，确保了审计结论的准确性和可靠性。

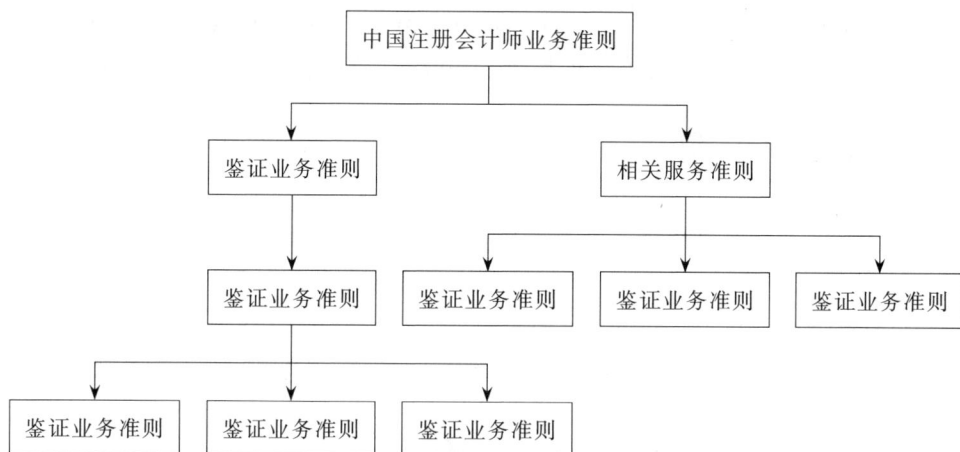

图 3-2　中国注册会计师业务准则体系

3.审计准则体系的重要性

审计准则体系是审计工作的重要指导和规范，它确保了审计工作的标准化和规范化。在本案例中，年审会计师正是依据审计准则体系的要求，对准油股份的年报进行了系统、全面的审计。通过遵循审计准则体系，年审会计师能够保持审计工作的独立性和客观性，提高审计质量，降低审计风险。

四、案例总结

本案例展示了审计准则和审计标准在上市公司年报审计中的重要作用。通过遵循审计准则体系的要求，年审会计师能够确保审计工作的标准化和规范化，提高审计质量，降低审计风险。同时，本案例也提醒上市公司应加强对年报编制和披露工作的管理，确保年报信息的真实、准确和完整，以维护资本市场的健康稳定发展。

以上详细描述了准油股份年报审查的过程和结果，展示了审计准则和审计标准在审计工作中的应用及其重要性。通过本案例的学习，读者可以更加深入地理解审计工作的基本原理和操作方法。

参考信息来源

［1］深圳证券交易所.深圳证券交易所关于对新疆准东石油技术股份有限公司2023年年报的问询函［EB/OL］.［2024-05-29］.https://reportdocs.static.szse.cn/UpFiles/zqjghj/sup_jghj_000190333B88573FEDCEB41B97EB773F.pdf.

［2］新疆准东石油技术股份有限公司.新疆准东石油技术股份有限公司关于深

圳证券交易所年报问询函的回复公告［EB/OL］.［2024-06-20］. https：//reportdocs. static.szse.cn/UpFiles/zqjghj/sup_jgdxhh_000190333B87753FE3FF030C4733A03F.pdf.

［3］刘明辉，祁渊，张婷婷. 审计［M］. 9版. 大连：东北财经大学出版社，2024.

案例使用说明

案例目标

○ 关键问题

如何理解审计准则和审计标准在上市公司年报审计中的作用？

○ 教学目标

通过案例讨论，学生应深入理解审计准则和审计标准的重要性，掌握其在上市公司年报审计中的具体应用，并理解其对保障审计质量、降低审计风险的作用。

案例背景

○ 理论背景

学生需要掌握审计的基本概念、审计准则和审计标准的内容及其重要性，了解审计工作的基本流程和操作方法。

○ 行业背景

了解我国资本市场的现状和发展趋势，熟悉上市公司年报编制和披露的相关规定，以及监管机构对年报的审查要求。

○ 制度背景

熟悉我国审计法律法规体系，包括《中国注册会计师审计准则》等，了解审计准则和审计依据在审计工作中的应用和约束作用。

讨论问题

审计准则和审计标准如何确保上市公司年报的真实性和准确性？

案例解析视频

开放式讨论区

注册会计师职业道德和法律责任

案例8

审计判断与法律责任边界

【摘要】本案例通过注册会计师李某对辉煌集团的年度财务报表审计过程，探讨了注册会计师在复杂审计环境中如何平衡职业道德与法律责任，合理把握审计判断尺度，并有效防范法律风险。

【关键词】注册会计师职业道德　审计判断　法律责任　辉煌集团　独立性
专业胜任能力

案例正文

一、案例背景

注册会计师在审计工作中不仅要遵守职业道德，还必须对审计结果负法律责任。注册会计师的职业道德包括独立性、客观性、谨慎性等原则，而法律责任则涉及审计报告中的疏漏或不当结论可能导致的法律后果。在复杂的审计环境中，注册会计师必须平衡职业道德和法律责任，确保审计判断的合理性和准确性。

在某一年，注册会计师李某接手了一家大型制造企业——辉煌集团的年度财务报表审计工作。辉煌集团是一家上市公司，涉及多个复杂的财务交易和业务环节。李某团队面临着一系列的审计难题：某些收入确认的时点模糊，部分资产减值的判断标准不明确，并且公司高层对某些审计结论有不同的意见。李某意识到，在这样复杂的环境中，他不仅要依据职业道德作出独立、公正的审计判断，还要确保这些判断在法律上是可辩护的，避免未来可能引发的法律诉讼。

这个案例展示了注册会计师在复杂审计环境下如何遵循职业道德，合理把握审计判断尺度，并避免法律风险。

二、案例描述

注册会计师的职业道德规范是审计工作的基石，保证了注册会计师能够独立、客观地进行审计工作，确保财务信息的公正性和真实性。注册会计师职业道德的核心原则包括独立性、专业胜任能力与谨慎性、保密性和诚实守信等。

1.独立性和审计判断

独立性是注册会计师职业道德中的首要原则，要求注册会计师在执行审计时，必须不受被审计单位的任何影响，保持客观、公正的立场。在辉煌集团的审计过程中，李某的独立性面临了一些挑战。公司管理层希望尽快通过年度审计，并且对于某些收入的提前确认提出了建议。虽然这些调整能够让公司业绩更为亮眼，但李某认为，这些收入的确认标准并不符合会计准则的要求，存在一定的提前确认嫌疑。

此时，李某的独立性受到考验。他需要在坚持职业道德与满足客户需求之间作出平衡。经过与团队的讨论以及详细的审计证据收集，李某最终决定拒绝管理层的建议，保持审计工作的独立性，确保审计报告的准确性。这一判断不仅体现了李某对职业道德的坚持，也反映出独立性在复杂审计判断中的重要作用。

2.专业胜任能力与谨慎性

专业胜任能力与谨慎性要求注册会计师在执行审计工作时，具备相应的专业知识，并对审计对象的各类风险作出合理的职业判断。在辉煌集团的审计过程中，李某团队面临的另一个难题是某些资产减值的确认问题。辉煌集团的几处生产线由于市场需求下降，存在减值迹象。然而，管理层在财务报表中未对这些资产进行减值处理，认为市场情况可能会在短期内改善，不需要计提减值准备。

李某团队通过市场调查和专家咨询，得出结论：这些资产的市场价值已显著下降，减值风险较大。根据职业道德中的谨慎性原则，李某认为应对这些资产进行减值处理。尽管公司管理层对此提出异议，李某团队仍然坚持自己的专业判断，并在审计报告中对此作出披露。这一做法不仅展示了李某的专业胜任能力，还体现了谨慎性原则在审计中的重要性，避免了未来可能由于资产高估而引发的法律问题。

三、案例分析

（一）法律责任的范围

注册会计师的法律责任主要体现在由于审计报告中存在重大错报或遗漏，导致相关利益方蒙受损失时，注册会计师可能面临法律诉讼和处罚。法律责任通常包括民事责任、行政责任和刑事责任等。注册会计师在执行审计工作时，必须谨慎对待每一个审计判断，以确保不会因为职业疏忽或判断失误而引发法律后果。

在辉煌集团的审计过程中，李某意识到某些判断一旦出现偏差，就可能引发严重的法律后果。例如，关于收入确认时点的选择，如果提前确认了不应确认的收入，可能导致投资者对公司业绩的误判，进而引发法律纠纷。李某不仅要考虑到职业道德上的要求，还必须清楚地认识到法律责任的边界，避免作出过度或不足的审计判断。

1. 民事责任

在民事责任中，审计师可能因为未能尽到应有的注意义务，导致财务报表中存在虚假陈述或重大遗漏，而被利益相关方追究责任。在辉煌集团的审计案例中，李某深知，若在资产减值或收入确认问题上出现重大错报，将直接影响投资者对公司未来盈利能力的判断。一旦投资者因此蒙受损失，李某及其所在的会计师事务所可能面临诉讼。

为了规避这种风险，李某在审计过程中加大了对关键财务数据的审查力度，并确保所有审计判断都建立在充分的证据的基础上。同时，他在审计报告中对可能存在的不确定性作出详细披露，以此减轻未来可能产生的法律风险。

2. 刑事责任与行政责任

注册会计师在审计中若存在严重过失或故意舞弊，可能面临刑事责任。《中华人民共和国审计法》规定，审计人员滥用职权、徇私舞弊、玩忽职守或者泄露、向他人非法提供所知悉的国家秘密、工作秘密、商业秘密、个人隐私和个人信息的，依法给予处分；构成犯罪的，依法追究刑事责任。

李某在辉煌集团的审计过程中，始终警惕审计判断的潜在法律风险，尤其是在面对公司管理层提出的某些不合理审计要求时。他不断提醒自己必须遵守国家法律法规、审计准则和职业道德规范，确保自己的审计行为符合法律法规的要求。在审计的关键环节，如收入确认、资产减值等敏感领域，李某特别注意避免审计报告中出现虚假或误导性信息，减轻法律风险。

此外，李某还需要考虑到行政责任。注册会计师的行政责任主要体现在审计质量控制和执业行为规范上。如果审计工作不符合行业规范或执业标准，审计师可能受到行政处罚，如被吊销执业证书、被处罚金等。为此，李某在审计过程中遵循严格的审计程序，确保每一步骤都符合行业标准，并且对可能出现的问题及时进行专业评估和报告。

（二）审计判断的尺度与法律风险防范

在复杂的审计环境中，合理把握审计判断的尺度是注册会计师的核心挑战之一。过度审计可能导致不必要的审计成本增加和客户不满，而审计不足则可能引发法律风险。李某在辉煌集团的审计过程中，始终谨慎把握这一尺度。

1. 过度审计与审计不足的风险

过度审计是指审计师在执行审计任务时，采取了超出合理范围的审计程序，导致审计成本和时间的过度消耗。在辉煌集团的审计案例中，李某团队在某些资产审计中，如果盲目扩展审计程序，可能会导致不必要的时间和人力浪费，影响审计效率。为了避免这一问题，李某在每一个审计环节都根据风险评估结果，合理设计审计程序，确保审计覆盖面足够广但不过度。

相反，审计不足则可能导致重大错报被忽视，进而引发法律风险。在资产减值的判断上，李某避免简单依赖管理层的乐观预期，而是根据市场调查和独立评估，作出谨慎的职业判断，确保审计工作足够全面。通过这种方式，李某成功避免了因审计不足而带来的潜在法律风险。

2.防范法律风险的策略

为了有效防范审计过程中的法律风险，李某采取了以下策略：

（1）证据充分性：在每一个关键判断上，确保审计证据的充分性和适当性。李某不仅通过外部证据验证公司财务数据，还在重要环节进行反复核实，以确保审计结论的可靠性。

（2）审计程序合规性：严格遵守审计准则和执业规范。李某团队在每一个审计步骤中，严格执行行业规定的审计程序，确保审计的合法性和合规性。同时，李某始终保持与行业标准的一致性，避免因程序不当导致的法律纠纷。

（3）风险披露：对可能存在的财务风险进行充分披露。在辉煌集团的审计过程中，李某团队发现某些资产减值和收入确认的风险较大，因此在审计报告中对这些不确定性作出详细说明，以确保未来的投资者能够全面了解公司可能面临的财务风险。这种披露不仅是对审计对象负责，也是防范未来可能法律诉讼的有效手段。

（4）与法律专家合作：在复杂的审计过程中，李某团队还聘请了法律顾问，对某些具有法律风险的审计判断进行咨询。这种跨专业的合作帮助李某在作出审计判断时，能够更加全面地考虑到法律后果，从而有效规避潜在的法律风险。

四、案例总结

通过李某在辉煌集团的审计案例，我们可以看到，注册会计师在复杂的审计环境中，如何在遵守法律法规和职业道德的前提下，合理把握审计判断的尺度，并有效防范法律风险。独立性和专业胜任能力确保了注册会计师能够作出客观、公正的审计判断，而对法律责任的清晰认识则帮助注册会计师避免了因审计不足或过度审计而带来的法律纠纷。

这一案例不仅展示了注册会计师如何在实践中遵守职业道德并承担法律责任，也提醒审计师在复杂业务环境下，必须时刻警惕审计判断的潜在风险，确保审计结果的准确性和合法性。理解和把握审计判断与法律责任的边界，对每一位注册会计师来说，都是至关重要的职业要求。

案例使用说明

案例目标

○ 关键问题

在复杂的审计环境中，注册会计师如何遵守职业道德并承担法律责任，确保审计判断的合理性和准确性，并有效防范法律风险？

○ 教学目标

通过案例讨论，学生应理解注册会计师的职业道德和法律责任，掌握审计判断的原则和方法，学会在复杂环境中合理把握审计尺度，提高法律风险防范意识。

案例背景

○ 理论背景

学生应掌握注册会计师的职业道德规范，包括独立性、专业胜任能力与谨慎性、保密性和诚实守信等原则。同时，了解注册会计师的法律责任范围，包括民事责任、行政责任和刑事责任。

○ 行业背景

了解审计行业的执业环境，特别是上市公司财务报表审计的复杂性和挑战性。熟悉审计过程中可能遇到的各类财务问题，如收入确认、资产减值等。

○ 制度背景

熟悉国家相关法律法规对注册会计师审计工作的要求，了解审计准则和执业规范的具体内容。

讨论问题

注册会计师在审计过程中如何遵守职业道德并承担法律责任，如何把握审计尺度？

案例解析视频   开放式讨论区

案例 9

瑞华会计师事务所审计失败案例：
对职业道德与法律责任的探讨

【摘要】本案例以中国证监会处罚瑞华会计师事务所为背景，探讨了注册会计师在审计康得新复合材料集团股份有限公司时未勤勉尽责导致的审计失败问题，涉及职业道德、法律责任及审计失败原因的分析。
【关键词】注册会计师　审计失败　职业道德　法律责任　瑞华会计师事务所康得新

案例正文

一、案例背景

随着市场经济的不断发展，企业财务报表的真实性和准确性对于投资者、债权人以及其他利益相关者的决策至关重要。为了确保财务报表的质量，注册会计师作为独立的第三方审计者，承担着重要的审计责任。然而，在实践中，部分会计师事务所可能因未勤勉尽责而导致审计失败，这不仅损害了审计行业的声誉，也严重影响了市场的公平与透明。本案例以中国证监会行政处罚决定书（瑞华所及相关责任人员）〔2024〕1号为基础，探讨注册会计师职业道德和法律责任，旨在为审计课程提供一个生动的教学案例。

二、案例描述

（一）案例主体

瑞华会计师事务所（特殊普通合伙）：一家提供审计服务的会计师事务所，住所位于北京市海淀区。

康得新复合材料集团股份有限公司（以下简称康得新）：被审计单位，存在财务造假行为。

签字注册会计师：江某、邱某某、郑某某，分别为康得新2015年度、2016年度及2017年度财务报表审计报告的签字注册会计师。

（二）案情概述

经中国证监会立案调查、审理，查明瑞华所在为康得新2015年至2017年年度财务报表提供审计服务过程中，未勤勉尽责，出具的审计报告存在虚假记载。康得新在上述年度内存在虚增营业收入、利润总额等虚假记载行为，而瑞华所未能发现并纠正这些问题。

（三）具体违法事实

1. 穿行测试问题

瑞华所在对康得新光电、康得菲尔、北京功能三家公司的销售与收款流程穿行测试中，对控制责任人认定错误，且多个关键检查点无证据支持。例如，康得新光电销售与收款穿行测试程序中对控制责任人认定错误，实际应为"分管总经理"，但瑞华所认定为"销售管理部经理王某泉"。

穿行测试中未获取充分的审计证据，如销售订单、销售合同审批信息、客户信用额度审批信息、已审批的销售审批单和销售通知单、装运单、成品发运跟踪表等关键资料缺失，导致无法得出"内部控制得到执行"的审计结论。

2. 控制测试问题

瑞华所在控制测试过程中，未发现康得新光电、康得菲尔等公司在客户管理控制环节和销售发货环节存在的问题。例如，康得新光电"客户管理控制环节"中，部分新增客户的信用额度未经审批；在"销售发货环节"，出货单关键信息部分空白，有关人员签字明显不同。

3. 营业收入实质性程序问题

瑞华所在营业收入实质性程序中，未发现康得新光电等多家公司的出货单存在关键信息填列不全、客户签收人签字明显不同等问题。这些虚假销售客户的出货单不仅未填列送货地址和联系方式，部分出货单上的客户签收人签字也明显不一致。

4. 应收账款实质性程序问题

瑞华所在应收账款实质性程序中，未发现康得菲尔等公司对虚假销售客户的应收账款余额远大于信用额度的情况。同时，对部分海外客户的函证地址异常情况未予关注，也未对未回函的应收账款实施替代性审计程序。

（四）处罚决定

中国证监会依据2005年修订的《中华人民共和国证券法》的相关规定，对瑞华所及相关责任人员作出了行政处罚决定：

责令瑞华会计师事务所改正，没收业务收入 5 943 396 元，并处以罚款 11 886 792 元；

给予江某、邱某某警告，并分别处以 10 万元罚款；

给予郑某某警告，并处以 6 万元罚款。

三、案例分析

（一）注册会计师职业道德缺失

1.独立性受损

注册会计师在审计过程中应保持独立性，不受被审计单位或其他利益相关者的不当影响。然而，在本案例中，瑞华所可能因多种原因（如经济利益、客户关系等）未能保持独立性，导致未能客观、公正地执行审计程序。

2.专业胜任能力不足

注册会计师应具备足够的专业知识和技能，以胜任所承担的审计任务。在本案例中，瑞华所在穿行测试、控制测试、营业收入和应收账款实质性程序等多个环节均未能发现康得新的财务造假行为，反映出其专业胜任能力不足的问题。

3.违反保密原则

注册会计师应对在审计过程中获取的被审计单位的商业秘密等敏感信息予以保密。虽然在本案例中未直接提及违反保密原则的情况，但瑞华所未能发现并及时披露康得新的财务造假行为，也可能间接损害了其他利益相关者的利益。

（二）法律责任分析

1.行政责任

中国证监会作为证券市场的监管机构，有权对违反证券法律法规的行为进行行政处罚。在本案例中，瑞华所及相关责任人员因未勤勉尽责而被中国证监会处以罚款等行政处罚。

2.民事责任

如果因注册会计师的过错导致投资者等利益相关者遭受损失，受害者有权向法院提起民事诉讼，要求注册会计师及其所在事务所承担赔偿责任。在本案例中，虽然未直接提及民事赔偿问题，但理论上存在这种可能性。

3.刑事责任

在某些情况下，如果注册会计师的违法行为构成犯罪（如提供虚假证明文件罪等），他们还可能被追究刑事责任。在本案例中未提及刑事责任问题，但这一问题应引起注册会计师的警惕。

（三）审计失败原因分析

1.审计程序执行不到位

瑞华所在审计过程中未严格按照审计准则的要求执行审计程序，导致未能发现康得新的财务造假行为。例如，在穿行测试和控制测试过程中未获取充分的审计证据；在营业收入和应收账款实质性程序中未对异常情况进行深入调查等。

2.职业怀疑态度缺失

注册会计师在审计过程中应保持职业怀疑态度，对可能存在舞弊风险的领域予以特别关注。在本案例中，瑞华所未能保持应有的职业怀疑态度，未能发现康得新的财务造假行为。

3.审计资源分配不合理

瑞华所在审计过程中可能未能合理分配审计资源，导致对高风险领域的审计不足。例如，康得新的五家造假实体中，注册会计师仅对部分公司执行了全面的审计程序，而对其他公司执行了有限范围或特定范围的审计程序。

四、案例总结

（一）教学意义

本案例为审计课程提供了生动的教学素材，有助于学生深入理解注册会计师职业道德和法律责任的重要性。通过案例分析，学生可以了解审计失败的原因、后果以及防范措施，提高防范审计风险意识和职业判断能力。

（二）职业道德启示

1.强化独立性

注册会计师应时刻保持独立性，不受任何不当影响地执行审计任务。在审计过程中，注册会计师应严格遵守独立审计准则和职业道德规范的要求。

2.提升专业胜任能力

注册会计师应不断学习和提升自己的专业知识和技能水平，以胜任所承担的审计任务。同时，注册会计师应关注行业动态和最新审计准则的变化情况，及时更新自己的知识体系。

3.严守保密原则

注册会计师应对在审计过程中获取的被审计单位的敏感信息予以严格保密，在未经授权的情况下，不得向任何第三方披露相关信息。

（三）法律责任警示

1.增强法律意识

注册会计师应增强法律意识，严格遵守相关法律法规和审计准则的要求。在审计过程中，注册会计师应时刻保持警惕和谨慎态度，决不能触犯法律红线。

2.防范法律风险

会计师事务所应建立健全内部质量控制制度和风险管理机制，加大对注册会计师的培训和监督力度，同时，应关注法律动态和政策变化情况，及时调整审计策略和方法以防范法律风险。

3.积极应对法律纠纷

一旦发生法律纠纷或受到行政处罚等情况，会计师事务所和注册会计师应积极应对并妥善处理相关事宜，通过合法途径维护自身权益和声誉的同时也要认真反思并吸取教训以改进未来的审计工作。

（四）审计实践建议

1.优化审计程序

会计师事务所应根据被审计单位的实际情况和行业特点等因素优化审计程序和方法以提高审计效率和准确性。例如，在穿行测试和控制测试过程中应注重获取充分的审计证据；在营业收入和应收账款实质性程序中应对异常情况进行深入调查等。

2.强化职业怀疑态度

注册会计师在审计过程中应始终保持职业怀疑态度，对可能存在舞弊风险的领域予以特别关注并及时采取措施予以应对。例如，在发现被审计单位存在异常交易或财务指标等情况时，注册会计师应进一步核实并查明原因以确保审计结论的准确性和可靠性。

3.合理分配审计资源

会计师事务所应根据被审计单位的规模和复杂性等因素合理分配审计资源以确保对高风险领域的充分审计。例如，在对大型企业集团进行审计时应重点关注其关键子公司和业务部门以确保审计工作的全面性和深入性。

案例使用说明

案例目标

○ 关键问题

瑞华会计师事务所在审计康得新的过程中为何未能发现财务造假行为，导致审计失败？

○ 教学目标

通过案例讨论，学生应深入理解注册会计师的职业道德和法律责任，了解审计失败的原因及后果，提高学生防范审计风险意识和职业判断能力。

案例背景

○ 理论背景

学生应掌握审计的基本程序、注册会计师的职业道德规范、法律责任类型（行政责任、民事责任、刑事责任）等理论知识。

◯ **行业背景**

了解会计师事务所的运作模式、审计行业的竞争状况以及企业财务报表造假的常见手段和危害。

◯ **制度背景**

熟悉中国证监会对于会计师事务所和注册会计师的监管制度，以及相关的法律法规（如《中华人民共和国证券法》）。

讨论问题

瑞华会计师事务所在审计康得新的过程中存在哪些主要问题导致了审计失败？

案例解析视频　　　　　　　　　　　开放式讨论区

案例10

普华永道审计恒大地产失败案例分析及启示

【摘要】本案例以中国证监会行政处罚决定书为基础，涉及普华永道中天会计师事务所对恒大地产集团有限公司2019年、2020年年报审计失败，普华永道未勤勉尽责导致审计报告存在虚假记载，被证监会处罚。案例分析了注册会计师职业道德缺失、法律责任及审计失败原因。

【关键词】注册会计师　职业道德　法律责任　审计失败　普华永道　恒大地产　勤勉尽责　虚假记载

案例正文

一、案例背景

在资本市场中，注册会计师作为独立的第三方审计者，其出具的审计报告对于投资者决策、市场信心维护以及证券市场的健康发展具有至关重要的作用。然而，近年来部分会计师事务所因未勤勉尽责而导致审计失败的案例频发，严重损害了审计行业的公信力和投资者的利益。本案例以中国证监会行政处罚决定书（普华永道、汤某某、朱某某、蔡某某）〔2024〕98号为基础，聚焦注册会计师职业道德和法律责任问题，旨在为审计课程提供一个深刻的教学案例。

二、案例描述

（一）案例主体

普华永道中天会计师事务所（特殊普通合伙）（以下简称普华永道）：一家国际知名的会计师事务所，住所位于上海市浦东新区。

恒大地产集团有限公司（以下简称恒大地产）：被审计单位，存在财务造假行为。

签字注册会计师：汤某某、朱某某、蔡某某，为恒大地产2019年、2020年年审报告的签字注册会计师。

（二）案情概述

经中国证监会立案调查、审理，查明普华永道在为恒大地产2019年、2020年年报及债券发行提供审计服务过程中，未勤勉尽责，出具的审计报告及《会计师事务所声明》存在虚假记载。恒大地产在上述年度内存在虚增收入、利润等财务造假行为，而普华永道未能发现并纠正这些问题，导致投资者和公众受到误导。

（三）具体违法事实

1.审计报告及债券发行文件虚假记载

普华永道对恒大地产2019年、2020年年报均出具了标准无保留意见审计报告，但经查明，恒大地产在这两年中存在虚增收入、利润等虚假记载行为。普华永道未能发现并纠正这些问题，导致审计报告存在虚假记载。

在恒大地产发行20恒大02、20恒大03、20恒大04、20恒大05、21恒大01等五只债券过程中，普华永道为债券募集说明书及其摘要出具了《会计师事务所声明》，确认募集说明书及其摘要中引用的有关经审计的财务报表内容与普华永道出具的审计报告内容无矛盾之处。然而，由于审计报告本身存在虚假记载，因此这些《会计师事务所声明》也存在虚假记载。

2.审计工作中未勤勉尽责

未保持应有的职业怀疑：普华永道在收入风险评估审计程序中，主要依据当年确认收入占前两年预售金额比率较低得出当年提前确认收入舞弊风险较低的审计结论，但未列示审计证据证明该比率与提前确认收入舞弊风险存在关联性。实际上，普华永道选取的样本中存在大量提前确认收入情形。

未合理评估舞弊风险：在恒大地产协商替换审计样本时，普华永道未对替换行为保持合理的职业怀疑，未识别和评估存在的重大舞弊风险因素。被替换掉的样本中存在大量虚假收入项目。

底稿记录与实际执行情况不一致：2019年审计工作底稿记录的执行情况与实际执行情况存在大量不一致情形，工作底稿可靠性存疑。

审计范围严重受限时未采取进一步措施：2020年审计范围严重受限的情况下，普华永道直接接受新样本执行现场观察程序，未采取相关措施消除限制，亦未对被替换掉的样本执行替代程序。

现场观察程序失效：普华永道对恒大地产项目执行的现场观察程序未获得充分适当的审计证据，审计程序执行明显不到位。大部分观察项目实际未竣工交付，但普华永道未如实记录实际观察结果。

复核程序完全失效：2019年现场观察程序复核工作流于形式，未执行实质性复核程序。

收入确认的文件检查程序执行失效：普华永道抽取的已交楼样本核验均无异常，但实际上存在大量业主签字确认日期晚于资产负债表日的情况。

（四）处罚决定

中国证监会依据《中华人民共和国证券法》的相关规定，对普华永道及相关责任人员作出了行政处罚决定：

责令普华永道改正，没收业务收入 27 775 589.06 元，并处以 297 738 840.60 元罚款；

对汤某某给予警告，并处以 4 400 000.00 元罚款，同时采取 7 年证券市场禁入措施；

对朱某某给予警告，并处以 1 120 000.00 元罚款；

对蔡某某给予警告，并处以 600 000.00 元罚款。

三、案例分析

（一）注册会计师职业道德缺失

1.独立性受损

在本案例中，普华永道可能因长期与恒大地产合作、经济利益关联等原因，导致在审计过程中独立性受损。这种独立性受损可能使得普华永道在审计过程中难以保持客观、公正的态度，从而未能发现恒大地产的财务造假行为。

2.专业胜任能力不足

普华永道作为国际知名的会计师事务所，应具备足够的专业知识和技能以胜任大型企业的审计任务。然而，在本案例中，普华永道在多个审计环节均未能发现恒大地产的财务造假行为，反映出其专业胜任能力不足的问题。这可能与审计人员的经验不足、培训不够或审计程序执行不到位等因素有关。

3.违反保密原则

注册会计师应对在审计过程中获取的被审计单位的商业秘密等敏感信息予以保密。虽然在本案例中未直接提及违反保密原则的情况，但普华永道未能及时披露恒大地产的财务造假行为，导致投资者和公众受到误导，可能间接损害了其他利益相关者的利益。这种行为在一定程度上违背了保密原则的精神。

（二）法律责任分析

1.行政责任

中国证监会作为证券市场的监管机构，有权对违反证券法律法规的行为进行行政处罚。在本案例中，普华永道及相关责任人员因未勤勉尽责而被中国证监会处以没收业务收入、罚款以及证券市场禁入等行政处罚。这些处罚措施体现了监管机构对违法行为的严厉打击态度。

2.民事责任

如果因注册会计师的过错导致投资者等利益相关者遭受损失，受害者有权向法院提起民事诉讼，要求注册会计师及其所在事务所承担赔偿责任。在本案例中虽然未直接提及民事赔偿问题，但理论上存在这种可能性。如果投资者能够证明普华永道的审计失败行为与其损失之间存在因果关系，那么普华永道可能面临民事赔偿的责任。

3.刑事责任

在某些情况下，如果注册会计师的违法行为构成犯罪（如提供虚假证明文件罪等），注册会计师还将被追究刑事责任。在本案例中未提及刑事责任问题，但这一问题应引起注册会计师和会计师事务所的警惕。

（三）审计失败原因分析

1.审计程序执行不到位

普华永道在审计过程中未严格按照审计准则的要求执行审计程序，导致未能发现恒大地产的财务造假行为。例如，在收入风险评估审计程序中未保持应有的职业怀疑；在现场观察程序中未获得充分适当的审计证据；在复核程序中未执行实质性复核程序等。

2.职业怀疑态度缺失

注册会计师在审计过程中应保持职业怀疑态度，对可能存在舞弊风险的领域予以特别关注。然而，在本案例中普华永道未能保持足够的职业怀疑态度，未能发现恒大地产的财务造假行为。这可能与审计人员的风险意识不足、对舞弊手段的了解不够等因素有关。

3.审计资源分配不合理

普华永道在审计过程中可能未能合理分配审计资源，导致对高风险领域的审计不足。例如，在恒大地产协商替换审计样本时未对替换行为保持合理的职业怀疑；在审计范围严重受限的情况下未采取进一步措施消除影响等。

4.内部质量控制失效

会计师事务所应建立健全内部质量控制制度以确保审计工作的质量和效率。然而，在本案例中普华永道的内部质量控制制度显然未能发挥应有的作用。例如，复核程序完全失效、底稿记录与实际执行情况不一致等问题均反映出普华永道内部质量控制制度的不足。

四、案例总结

（一）教学意义

本案例为审计课程提供了生动而深刻的教学素材，有助于学生深入理解注册会计师职业道德和法律责任的重要性。通过案例分析，学生可以了解审计失败的原因、后果以及防范措施，提高防范审计风险意识和职业判断能力。同时，本案例还可以引导学生思考如何在审计实践中保持独立性、提升专业胜任能力以及加强会计师事务所内部质量控制等问题。

（二）职业道德启示

1.强化独立性意识

注册会计师应时刻保持独立性，不受任何不当影响地执行审计任务。在审计过程中应严格遵守独立审计准则和职业道德规范的要求，确保审计工作的客观性和公正性。

2.提升专业胜任能力

注册会计师应不断学习和提升自己的专业知识和技能水平以胜任所承担的审计任务。同时应关注行业动态和最新审计准则的变化情况，及时更新自己的知识体系。此外还应积极参加培训和学习交流活动不断提升自己的专业素养和综合能力。

3.严守保密原则

注册会计师应对在审计过程中获取的被审计单位的敏感信息予以严格保密。在未经授权的情况下不得向任何第三方披露相关信息以确保被审计单位的商业秘密得到妥善保护。

（三）法律责任警示

1.增强法律意识

注册会计师应增强法律意识，严格遵守相关法律法规和审计准则的要求。在审计过程中，注册会计师应时刻保持警惕和谨慎态度，决不能触犯法律红线。对于可能涉及的法律问题，注册会计师应及时咨询专业人士并寻求合法合规的解决方案。

2.防范法律风险

会计师事务所应建立健全内部质量控制制度和风险管理机制，加大对注册会计师的培训和监督力度，同时应关注法律动态和政策变化情况及时调整审计策略和方法以防范法律风险。对于可能存在的审计失败风险，会计师事务所应及时采取补救措施并积极配合监管机构的调查和处罚工作。

3.积极应对法律纠纷

一旦发生法律纠纷或受到行政处罚等情况，会计师事务所和注册会计师应积极应对并妥善处理相关事宜，通过合法途径维护自身权益和声誉的同时也要认真反思并吸取教训以改进未来的审计工作。此外，会计师事务所和注册会计师还应加强与监管机构、投资者以及社会公众的沟通与交流，建立良好的社会形象和信誉。

（四）审计实践建议

1.优化审计程序

会计师事务所应根据被审计单位的实际情况和行业特点等因素优化审计程序和方法以提高审计效率和准确性。例如，可以采用风险导向审计方法重点关注可能存在舞弊风险的领域；可以加强对关键审计事项和重大错报风险的评估和应对等。

2.强化职业怀疑态度

注册会计师在审计过程中应始终保持职业怀疑态度，对可能存在舞弊风险的领域予以特别关注并及时采取措施予以应对。例如，注册会计师可以通过询问、观察、检查等多种方式获取充分适当的审计证据；可以对异常交易或财务指标等情况进行进一步核实和查明原因等。

3.合理分配审计资源

会计师事务所应根据被审计单位的规模和复杂性等因素合理分配审计资源以确保对高风险领域的充分审计。例如，会计师事务所可以加大对大型企业集团或跨国公司的审计力度；可以增加对高风险业务或领域的审计投入等。

4.加强内部质量控制

会计师事务所应建立健全内部质量控制制度，加强对审计工作的监督和指导。例如，会计师事务所可以设立专门的质量控制部门对审计项目进行定期检查和评估；可以加大对审计人员的培训和考核力度，提高其专业素养和综合能力等。加强内部质量控制制度的建设和执行，可以确保审计工作的质量和效率，提高会计师事务所的公信力和市场竞争力。

案例使用说明

案例目标

○ 关键问题
普华永道在审计恒大地产过程中为何未能勤勉尽责，导致审计失败？

○ 教学目标
通过案例讨论，学生应深入理解注册会计师职业道德和法律责任的重要性，了解审计失败的原因、后果及防范措施，提高审计风险防范意识和职业判断能力。

案例背景

○ 理论背景
学生应掌握审计基本原则、审计程序、注册会计师职业道德规范及法律责任等理论知识，了解审计失败的可能原因及后果。

○ 行业背景
学生应了解会计师事务所的运作模式、审计行业的竞争状况及行业规范，以及房地产行业的基本特点和一些大型房地产企业的财务状况。

○ 制度背景
学生应熟悉中国证监会的相关监管规定、对会计师事务所及注册会计师的处罚制度，以及证券法等相关法律法规。

讨论问题

普华永道在审计恒大地产时存在哪些具体问题导致审计失败？

案例解析视频

开放式讨论区

案例 11

中汇会计师事务所审计失败案例分析及启示

【摘要】本案例以中汇会计师事务所审计深圳大通实业股份有限公司财务报表失败为例，分析了审计失败的原因、过程和后果，旨在提高学生对审计风险的认识及培养审计职业判断能力和风险防范意识。

【关键词】审计失败　中汇会计师事务所　深大通　审计风险　职业判断能力　风险防范意识

案例正文

一、案例背景

随着资本市场的发展，审计作为财务信息质量的重要保障，其重要性日益凸显。然而，审计失败事件时有发生，这不仅损害了投资者的利益，也影响了资本市场的健康发展。本案例以中国证监会行政处罚决定书（中汇会计师事务所、王某某、章某某）为基础，设计了一套审计课程案例，旨在通过分析审计失败的原因、过程和后果，提高学生对审计风险的认识，培养其审计职业判断能力和风险防范意识。

二、案例描述

（一）案例主体介绍

1.中汇会计师事务所

中汇会计师事务所（以下简称中汇所），一家位于浙江省杭州市的会计师事务所，为深圳大通实业股份有限公司（以下简称深大通）2016年度和2017年度的财务报表审计机构。

2.注册会计师

王某某、章某某，中汇会计师事务所的注册会计师，担任深大通2016年度和2017年度审计报告的签字注册会计师。

（二）案例事件概述

1.事件起因

深大通与浙江视科文化传播有限公司（以下简称视科传媒）的股东签订了《发行股份及支付现金购买资产协议》等相关协议，约定深大通以发行股份及支付现金方式购买视科传媒100%的股份，并承诺视科传媒2015年至2017年净利润分别达到一定金额。深大通自2016年1月31日起将视科传媒纳入合并报表范围。

2.审计过程

中汇所接受深大通的委托，对深大通2016年和2017年的年度财务报表进行审计。在审计过程中，中汇所未能勤勉尽责，存在虚假记载、风险识别与评估程序不当、控制测试程序缺陷、函证程序缺陷以及对审计证据中的异常情况未保持职业怀疑等问题。

3.事件结果

中国证监会对中汇所、王某某、章某某进行了行政处罚，责令中汇所改正并没收其审计业务收入，同时处以罚款；对签字注册会计师王某某、章某某给予警告并分别处以罚款。

（三）关键细节描述

1.审计报告存在虚假记载

经中国证监会查明，视科传媒及其子公司虚构广告业务，导致深大通2016年和2017年的年度财务报告存在虚假记载。然而，中汇所在审计过程中未能发现这一问题，仍然出具了标准无保留意见的审计报告。

2.风险识别与评估程序不当

中汇所在进行风险识别与评估时，未能正确评价视科传媒存在的舞弊风险因素。尽管内部发出了风险提示，但注册会计师在实际审计中仍认为视科传媒不存在管理层为满足第三方预期或要求而承受过度压力等舞弊风险因素，这与视科传媒存在业绩承诺和业绩补偿承诺等客观情况不符。

3.控制测试程序缺陷

在销售与收款循环的控制测试程序中，中汇所选取的样本存在合同双方未盖章的情况，但中汇所仍然得出了"销售合同经过适当审批和签署"的控制测试结论。这一行为明显违反了审计准则的规定。

4.函证程序缺陷

在对部分客户进行函证时，中汇所使用了截至2016年9月30日的函证，而未对截至资产负债表日（2016年12月31日）的应收账款余额执行进一步程序。这一行为导致无法确认应收账款金额的准确性，存在重大缺陷。

5.未对审计证据中的异常情况保持职业怀疑

在审计过程中，中汇所未对客户成立时间晚于合同签署和合同执行时间、访谈中的异常情况以及大额合同等异常情况保持职业怀疑。这些异常情况本应是引起审计师高度关注的风险点，但中汇所却未能及时发现和处理。

三、案例分析

（一）审计失败的原因分析

1.审计师未能勤勉尽责

中汇所及签字注册会计师在审计过程中未能严格遵循审计准则和职业道德规范，未能勤勉尽责地履行审计职责。这是导致审计失败的主要原因。

2.审计程序执行不到位

中汇所在执行审计程序时存在多处缺陷，如风险识别与评估程序不当、控制测试程序缺陷、函证程序缺陷等。这些缺陷使得审计师无法获取充分适当的审计证据来支持其审计结论。

3.对异常情况缺乏职业怀疑

审计师在审计过程中未能对异常情况保持应有的职业怀疑态度，未能及时发现和处理潜在的风险点。这一行为进一步加剧了审计失败的风险。

（二）审计失败的影响分析

1.损害投资者利益

审计失败导致深大通的财务报表存在虚假记载，误导了投资者的投资决策，损害了投资者的利益。

2.影响资本市场健康发展

审计失败事件违反了资本市场的公平、公正和透明原则，影响了资本市场的健康发展。这一事件可能引发投资者对审计行业的信任危机，降低资本市场的整体信誉度。

3.对会计师事务所和审计师的影响

审计失败事件对中汇会计师事务所和签字注册会计师的声誉造成了严重影响。中汇所被责令改正并没收审计业务收入，同时被处以罚款；签字注册会计师也受到警告和罚款的处罚。这些处罚将对中汇所和签字注册会计师的未来发展产生不利影响。

（三）审计失败的防范措施

1.加强审计师的职业道德教育和专业培训

通过加强职业道德教育和专业培训，审计师的职业素养和业务能力得以提高，从而能够更好地履行审计职责。

2.完善审计程序和方法

针对审计过程中存在的缺陷和不足，完善审计程序和方法，提高审计工作的质量和效率。例如，加强对风险因素的识别和评估、加强对控制测试的执行和监督、完善函证程序等。

3.建立严格的内部质量控制制度

会计师事务所应建立严格的内部质量控制制度，对审计工作进行全过程的质量控制和监督，通过内部审核、复核等方式确保审计工作的准确性和可靠性。

4.加强对异常情况的关注和处理

审计师在审计过程中应始终保持应有的职业怀疑态度，对异常情况给予足够的关注和处理。对于发现的异常情况，审计师应及时进行深入调查和核实，确保审计结论的准确性和可靠性。

四、案例总结

本案例以中国证监会行政处罚决定书为基础，通过对中汇会计师事务所在审计深大通财务报表过程中存在的虚假记载、风险识别与评估程序不当、控制测试程序缺陷、函证程序缺陷以及对审计证据中的异常情况未保持职业怀疑等问题进行深入分析，我们得出了以下结论：

1.审计失败的原因

审计失败的原因主要在于审计师未能勤勉尽责、审计程序执行不到位以及对异常情况缺乏职业怀疑。这些因素共同作用导致了审计失败的发生。

2.采取有效措施防范审计失败的发生

审计失败对投资者、资本市场以及会计师事务所和审计师本人都产生了严重的影响。因此，我们必须高度重视审计工作的质量和准确性，采取有效措施防范审计失败的发生。

3.采取有效措施提高审计工作的质量和效率

为了防范审计失败的发生，我们需要加强审计师的职业道德教育和专业培训、完善审计程序和方法、建立严格的会计师事务所内部质量控制制度以及加强对异常情况的关注和处理。通过这些措施的实施，我们可以提高审计工作的质量和效率，保障资本市场的健康发展。

本案例的教学意义在于，通过深入分析审计失败的原因、过程和后果，学生应该能够深刻认识到审计风险的重要性和复杂性，培养其审计职业判断能力和风险防范意识。同时，通过本案例的学习，学生还可以了解到审计准则和职业道德规范在审计工作中的重要性，以及如何在实际工作中遵循这些规范和准则来提高审计工作的质量和准确性。

案例使用说明

案例目标

○ 关键问题
中汇会计师事务所在审计深大通财务报表过程中为何会出现失败？

○ 教学目标
通过案例讨论，学生应深入理解审计失败的原因，认识到审计风险的重要性和复杂性，培养其审计职业判断能力和风险防范意识，同时了解审计准则和职业道德规范在审计工作中的重要性。

案例背景

○ 理论背景
学生应掌握审计的基本概念、审计程序、审计风险及防范措施等理论知识，了解审计准则和职业道德规范的要求。

○ 行业背景
学生应了解注册会计师行业的特点、审计市场的竞争状况以及会计师事务所的运营模式。

○ 制度背景
学生应熟悉中国证监会对会计师事务所的监管制度，包括行政处罚的相关规定，以及会计师事务所内部质量控制制度的要求。

讨论问题

中汇会计师事务所在审计过程中存在哪些具体问题导致了审计失败？

案例解析视频

开放式讨论区

案例 12

信永中和审计乐视网失败案例分析及启示

【摘要】本案例以信永中和会计师事务所审计乐视网财务报表失败为例，深入分析了审计失败的原因、过程和后果，旨在提高学生对审计风险的认识，培养其审计职业判断能力和风险防范意识。

【关键词】审计失败　信永中和会计师事务所　乐视网　审计风险　职业判断能力风险防范意识

案例正文

一、案例背景

随着资本市场的日益复杂化和规模化，审计作为合理保证企业财务信息真实、准确、完整的重要环节，其重要性愈发凸显。然而，审计失败事件却时有发生，不仅损害了投资者的利益，也影响了资本市场的公信力。本案例以中国证监会行政处罚决定书（信永中和会计师事务所、常某某、白某某）为基础，设计了一套审计课程案例，旨在通过深入分析审计失败的原因、过程和后果，提高学生对审计风险的认识，培养其审计职业判断能力和风险防范意识。

二、案例描述

（一）案例主体介绍

1.信永中和会计师事务所

信永中和会计师事务所是一家位于北京市东城区的知名会计师事务所，为乐视网信息技术（北京）股份有限公司（以下简称乐视网）2015年、2016年的年度财务报表提供审计服务。

2.注册会计师

常某某、白某某：信永中和会计师事务所的注册会计师，担任乐视网2015年、2016年年度审计报告的签字注册会计师。

（二）案例事件概述

1.事件起因

乐视网在2007年至2016年期间连续十年虚增业绩，其中2015年、2016年分别虚增利润总额38 295.18万元、43 276.33万元。信永中和作为乐视网的审计机构，未能勤勉尽责地履行审计职责，导致其出具的审计报告存在虚假记载。

2.审计过程

信永中和在接受乐视网的审计委托后，对乐视网2015年、2016年的年度财务报表进行了审计。然而，在审计过程中，信永中和未能严格执行审计准则和程序，未能发现乐视网财务报表中的虚假记载，最终出具了无保留意见及带强调事项无保留意见的审计报告（强调事项与销售收入及利润无关）。

3.事件结果

中国证监会对信永中和、常某某、白某某进行了行政处罚，责令信永中和改正违法行为，没收其业务收入，并处以罚款；对签字注册会计师常某某、白某某给予警告，并分别处以罚款。

（三）关键细节描述

1.审计服务情况

信永中和为乐视网2015年、2016年年度财务报表提供审计服务，各年度审计服务费均为754 717元，共计收取1 509 434元。审计报告的签字注册会计师均为常某某、白某某。

2.注册会计师未勤勉尽责导致未能发现财务报表中的虚假记载

在对乐视网2015年度财务报表进行审计时，信永中和未对广告业务"销售与收款循环"内部控制中的重要环节进行穿行测试，未执行控制测试，IT审计测试——方舟系统的审计结论缺少证据支持，未对广告业务收入设计有针对性的审计程序，且未有效执行应收账款函证替代程序。这些行为导致信永中和未能发现乐视网2015年年度财务报表中的虚假记载。

在对乐视网2016年度财务报表进行审计时，信永中和对乐视网内部控制缺陷的判断存在错误，未获取充分、适当的审计证据证明内部生成信息的可靠性、完整性与准确性，在营业收入实质性测试程序中对于发现的异常情况未采取进一步审计程序，且部分测试样本计算的广告实际投放收入与订单金额存在重大差异却未采取进一步审计程序。这些行为同样导致信永中和未能发现乐视网2016年年度财务报表中的虚假记载。

3.具体审计程序缺陷

在穿行测试和控制测试方面，信永中和未对乐视网广告业务内部控制流程中的重要环节进行充分测试，导致未能发现内部控制的缺陷和漏洞。

在IT审计测试方面，信永中和对方舟系统的审计结论缺少充分的证据支持，未能确保系统数据的可靠性和准确性。

在函证程序方面，信永中和未对全部未回函的客户进行替代测试，且替代测试程序执行不到位，导致无法确认应收账款金额的准确性。

4.对异常情况缺乏应有的职业怀疑

在审计过程中，信永中和未能对乐视网财务报表中存在的异常情况保持应有的职业怀疑态度。例如，对于广告业务收入的异常增长、客户回款情况的异常等，信永中和未能给予足够的关注和深入的调查核实，导致未能及时发现和处理潜在的风险点。

三、案例分析

（一）审计失败的原因分析

1.审计师专业能力不足

信永中和及签字注册会计师在审计过程中未能充分展示其专业能力。他们未能对乐视网的业务模式、内部控制和财务报表进行深入的分析和评估，导致未能发现乐视网财务报表中的虚假记载。

2.审计程序执行不到位

信永中和在执行审计程序时存在多处缺陷和不足。例如，未对广告业务内部控制流程中的重要环节进行充分测试、IT审计测试结论缺少证据支持、函证程序执行不到位等。这些缺陷和不足使得审计师无法获取充分适当的审计证据来支持其审计结论。

3.对异常情况缺乏应有的职业怀疑

审计师在审计过程中未能对异常情况保持应有的职业怀疑态度。他们未能对乐视网财务报表中存在的异常情况给予足够的关注和深入的调查核实，导致未能及时发现和处理潜在的风险点。这种缺乏职业怀疑的态度进一步加剧了审计失败的风险。

4.会计师事务所内部质量控制失效

信永中和作为知名的会计师事务所，其内部质量控制体系应该能够有效保障审计工作的质量和准确性。然而，在本案例中，信永中和的内部质量控制体系却未能发挥应有的作用。这可能是内部质量控制流程不完善、执行不到位或审计师对内部质量控制要求的理解和执行存在偏差等原因导致的。

（二）审计失败的影响分析

1.损害投资者利益

审计失败导致未能发现乐视网的财务报表存在虚假记载，误导了投资者的投资决策。投资者基于虚假的财务信息进行投资，最终可能遭受重大的经济损失。

2.影响资本市场的公信力

审计失败破坏了资本市场的公信力。投资者对审计机构的信任度降低，可能导致资本市场的融资效率下降、资本成本上升等问题。同时，审计失败还可能引发监管机构的进一步调查和处罚，对资本市场的稳定运行产生不利影响。

3.对会计师事务所和审计师的影响

审计失败对信永中和会计师事务所和签字注册会计师的声誉造成了严重影响。信永中和被责令改正违法行为并被没收业务收入、被处以罚款；签字注册会计师也受到警告和罚款的处罚。这些处罚将对信永中和和签字注册会计师的未来发展产生不利影响，可能导致客户流失、市场份额下降等问题。

（三）审计失败的防范措施

1.提高审计师的专业能力

会计师事务所应加强对审计师的专业培训和教育，提高审计师的业务能力和专业素养。审计师应不断学习和掌握新的审计技术和方法，提高对复杂业务模式和财务报表的审计能力。

2.严格执行审计程序

审计师在执行审计程序时应严格按照审计准则和程序进行，确保审计工作的质量和准确性。例如，对内部控制流程进行充分测试、获取充分适当的审计证据来支持审计结论等。

3.保持应有的职业怀疑态度

审计师在审计过程中应始终保持应有的职业怀疑态度，对异常情况给予足够的关注和深入的调查核实。对于发现的潜在风险点应及时采取进一步的审计程序来确认和评估其影响。

4.加强内部质量控制

会计师事务所应建立完善的内部质量控制体系，对审计工作进行全过程的质量控制和监督，通过内部审核、复核等方式确保审计工作的准确性和可靠性。同时，会计师事务所还应加强对审计师执行内部质量控制要求情况的监督和检查，确保内部质量控制制度得到有效执行。

5.加大监管和处罚力度

监管机构应加大对会计师事务所和审计师的监管力度，对审计失败进行严肃调查和处罚，通过提高违规成本来遏制审计失败事件的发生，保障资本市场的健康稳定发展。

四、案例总结

本案例以中国证监会行政处罚决定书为基础，通过对信永中和会计师事务所在审计乐视网财务报表过程中存在的专业能力不足、审计程序执行不到位、对异常情况缺乏应有的职业怀疑以及会计师事务所内部质量控制失效等问题进行深入分析，我们得出了以下结论：

1.审计失败的原因

审计失败的原因主要在于审计师专业能力不足、审计程序执行不到位、对异常情况缺乏应有的职业怀疑以及会计师事务所内部质量控制失效。这些因素共同作用导致了审计失败的发生。

2.采取有效措施防范审计失败的发生

审计失败对投资者、资本市场以及会计师事务所和审计师本人都产生了严重的影响。审计失败损害了投资者的利益、影响了资本市场的公信力、对会计师事务所和审计师的声誉造成了严重影响。因此，我们必须高度重视审计工作的质量和准确性，采取有效措施防范审计失败的发生。

3.采取有效措施提高审计工作的质量和效率

为了防范审计失败的发生，我们需要提高审计师的专业能力、严格执行审计程序、保持应有的职业怀疑态度、加强会计师事务所内部质量控制以及加大监管和处罚力度。通过这些措施的实施，我们可以提高审计工作的质量和效率，保障资本市场的健康稳定发展。

本案例的教学意义在于，通过深入分析审计失败的原因、过程和后果，学生应能够深刻认识到审计风险的重要性和复杂性。同时，通过本案例的学习，学生还可以了解到审计准则、职业道德规范以及会计师事务所内部质量控制体系在审计工作中的重要性，以及如何在实际工作中遵循这些规范和准则来提高审计工作的质量和准确性。此外，本案例还可以培养学生的审计职业判断能力和风险防范意识，为其未来的审计工作打下坚实的基础。

案例使用说明

案例目标

○ 关键问题
信永中和会计师事务所在审计乐视网财务报表过程中为何会出现失败？

○ 教学目标
通过案例讨论，学生应深入理解审计失败的原因，认识到审计风险的重要性和复杂性，培养其审计职业判断能力和风险防范意识，同时了解审计准则、职业道德规范及会计师事务所内部质量控制体系在审计工作中的重要性。

案例背景

○ **理论背景**

学生应掌握审计的基本概念、审计程序、审计风险及防范措施等理论知识，了解审计准则和职业道德规范的要求，以及会计师事务所内部质量控制体系的基本原理。

○ **行业背景**

学生应了解注册会计师行业的特点、审计市场的竞争状况，以及会计师事务所与上市公司的合作关系。

○ **制度背景**

学生应熟悉中国证监会对会计师事务所的监管制度，包括行政处罚的相关规定，以及会计师事务所内部质量控制制度的要求和执行情况。

讨论问题

信永中和会计师事务所在审计乐视网时存在哪些具体问题导致了审计失败？

案例解析视频

开放式讨论区

案例13

瑞幸咖啡财务造假事件与安永审计失败案例分析

【摘要】本案例分析了瑞幸咖啡财务造假事件及安永会计师事务所的审计责任。探讨了审计失败的原因、影响及教训，强调了审计程序执行、风险评估、持续监督和会计师事务所内部质量控制的重要性。

【关键词】瑞幸咖啡　安永会计师事务所　财务造假　审计失败　审计程序　风险评估　持续监督　内部质量控制

案例正文

一、案例背景

1.瑞幸咖啡公司简介

瑞幸咖啡成立于 2017 年，总部位于中国厦门，是中国领先的连锁现磨咖啡品牌。瑞幸咖啡采用线上线下结合的经营模式，通过移动应用提供咖啡预订、配送和外送服务，结合线下门店的快速取货服务，以满足消费者个性化的需求。凭借其独特的商业模式和创新的营销策略，瑞幸咖啡在短时间内实现了门店数量的快速增长和市值的飙升。然而，2020 年瑞幸咖啡被曝出财务造假丑闻，这一事件对瑞幸咖啡、审计机构安永以及整个审计行业都产生了深远的影响。

2.安永会计师事务所简介

安永会计师事务所（Ernst & Young LLP）（以下简称安永）是全球四大会计师事务所之一，总部位于英国伦敦。安永在全球范围内提供审计、税务、交易和咨询服务，拥有超过 31.2 万名专业人员，在 150 多个国家和地区设有分支机构。在中国，安永也拥有丰富的 IPO（首次公开发行股票）审计经验，为众多上市公司和金融机构提供高质量的审计服务。然而，在瑞幸咖啡审计失败事件中，安永的审计能力受到了广泛的质疑。

3.瑞幸咖啡财务造假事件背景

2020 年 2 月，知名做空机构浑水公司发布了一份长达 89 页的匿名做空报告，指控瑞幸咖啡财务造假。该报告指出，瑞幸咖啡在 2019 年虚增了约 22 亿元人民币的交易额。这份报告导致瑞幸咖啡的股价暴跌。随后，瑞幸咖啡自曝财务造假，承认在 2019 年第二季度至第四季度期间伪造了交易额。这一事件引发了市场的广泛关注，并对瑞幸咖啡和安永的声誉造成了严重的损害。

二、案例描述

1.瑞幸咖啡财务造假事件时间线

（1）2019 年 4 月：瑞幸咖啡开始系统性伪造交易，虚增收入和成本费用。

（2）2020 年 1 月 31 日：浑水公司发布匿名做空报告，指控瑞幸咖啡财务造假。

（3）2020 年 2 月 3 日：瑞幸咖啡否认浑水报告中的所有指控。

（4）2020 年 4 月 2 日：瑞幸咖啡自曝财务造假，承认虚增交易额。

（5）2020 年 4 月 7 日：瑞幸咖啡停牌。

（6）2020 年 6 月 29 日：瑞幸咖啡从纳斯达克退市。

（7）2020 年 12 月 16 日：瑞幸咖啡同意支付 1.8 亿美元的和解金，与美国证券交易委员会（SEC）达成和解。

2.安永在瑞幸咖啡审计中的责任

（1）IPO阶段审计责任

① 前期准备：安永需要了解瑞幸咖啡的业务环境、内部控制和会计政策，评估重大错报风险。

② 审计计划：安永制订详细的审计计划，包括审计范围、时间安排和方法。

③ 数据收集与分析：安永收集并分析瑞幸咖啡的财务数据，验证其真实性和准确性。

④ 测试和核查：安永通过实地核查、抽样检查等方式，合理保证瑞幸咖啡的财务信息的准确性。

⑤ 审计报告：安永出具审计报告，记录审计过程、发现的问题及结论。然而，尽管瑞幸咖啡的财务报表存在明显的问题，安永仍出具了无保留意见的审计报告。

（2）后续经营阶段审计责任

① 持续监督：安永需要持续对瑞幸咖啡的财务报表进行监督和审计，确保其真实、准确、完整地反映了公司的财务状况、经营成果和现金流量。

② 反馈与改进：安永需要及时向瑞幸咖啡反馈审计发现的问题，并提出改进建议。然而，在瑞幸咖啡财务造假事件中，安永未能及时发现和纠正其财务造假行为。

三、案例分析

1.审计失败的原因分析

（1）IPO阶段审计失败原因

① 审计程序执行不严格：安永在审计过程中未能充分执行审计程序，导致未能发现瑞幸咖啡的财务造假行为。例如，安永未能对瑞幸咖啡的虚构交易和夸大业绩的行为进行充分核查。

② 风险评估不足：安永在评估瑞幸咖啡的重大错报风险时未能充分考虑其业务模式的特殊性和潜在风险。这导致安永未能对瑞幸咖啡的财务报表进行充分的审计抽样和收集足够的审计证据。

③ 对新兴商业模式的理解不足：瑞幸咖啡采用的是线上线下结合的新零售模式，这种模式的复杂性和特殊性给审计工作带来了很大的挑战。安永可能对这种新兴商业模式的理解不够深入，导致未能准确评估其审计风险。

（2）后续经营阶段审计失败原因

① 持续监督不力：安永在瑞幸咖啡后续经营阶段未能持续对其财务报表进行充分的监督和审计。这导致瑞幸咖啡的财务造假行为得以持续存在并不断扩大。

② 内部质量控制失效：安永的内部质量控制体系在此次事件中未能发挥有效作用。审计师在审计过程中未能保持应有的职业怀疑态度，对异常情况未能给予足

够的关注和深入的调查核实。

③ 对外部信息的依赖：安永在审计过程中可能过于依赖瑞幸咖啡提供的信息和数据，而忽视了外部信息的获取和分析。这导致安永未能及时发现瑞幸咖啡的财务造假行为。

2.审计失败的影响分析

（1）对瑞幸咖啡的影响

① 经济损失：瑞幸咖啡因财务造假丑闻而遭受了巨大的经济损失。其股价暴跌，市值大幅缩水，品牌形象受损。

② 法律后果：瑞幸咖啡面临着监管机构的处罚和投资者的诉讼等风险。这些法律后果可能进一步加剧瑞幸咖啡的经济损失。

（2）对安永的影响

① 声誉损害：安永因审计失败而遭受了严重的声誉损害。其审计质量和专业能力受到质疑，客户信任度降低。

② 业务损失：安永可能因审计失败而失去一些重要客户，导致业务收入下降。

③ 法律责任：安永可能面临着监管机构的处罚和投资者的诉讼等风险。这些法律责任可能给安永带来巨大的经济压力。

（3）对投资者的影响

① 经济损失：投资者因瑞幸咖啡财务造假丑闻而遭受了巨大的经济损失。他们基于虚假的财务信息进行了投资决策，从而遭受了股价暴跌和市值缩水的损失。

② 信任危机：投资者对审计机构的信任度降低，对资本市场的信心受到打击。

（4）对审计行业的影响

① 行业监管加强：瑞幸咖啡审计失败事件促使监管机构加大对审计行业的监管力度，提高审计质量和专业能力水平。

② 行业自律提升：审计行业也加强了自律要求，提高审计师的职业素养和道德水平。

四、案例总结

1.审计失败的主要原因

审计程序执行不严格：安永在审计过程中未能充分执行审计程序，导致未能发现瑞幸咖啡的财务造假行为。

风险评估不足：安永在评估瑞幸咖啡的重大错报风险时未能充分考虑其业务模式的特殊性和潜在风险。

持续监督不力：安永在瑞幸咖啡后续经营阶段未能持续对其财务报表进行充分的监督和审计。

内部质量控制失效：安永的内部质量控制体系在此次事件中未能发挥有效

作用。

2.审计失败的影响与教训

对瑞幸咖啡的影响：瑞幸咖啡因财务造假丑闻而遭受了巨大的经济损失和声誉损害。这一事件提醒企业要加强内部控制和财务管理，确保财务信息的真实性和准确性。

对安永的影响：安永因审计失败而遭受了声誉损害和业务损失。这一事件提醒审计机构要加强审计程序执行、风险评估和持续监督等方面的工作，确保高水平的审计质量和专业能力。

对投资者的影响：投资者因瑞幸咖啡财务造假丑闻而遭受了巨大的经济损失。这一事件提醒投资者要谨慎投资，关注企业的财务信息和经营状况。

对审计行业的影响：瑞幸咖啡审计失败事件促使审计行业加强了对跨国企业审计的监管和自律要求，提高了审计质量和专业能力水平。这一事件也提醒审计行业要加强国际合作与交流，共同应对跨国企业审计中的挑战和问题。

3.审计责任的履行与防范

加强审计程序执行：审计师应严格按照审计准则和程序进行审计，确保审计工作的高质量和准确性。

提高风险评估能力：审计师应充分了解被审计单位的业务环境和内部控制情况，准确评估其重大错报风险。

加强持续监督：审计师应持续对被审计单位的财务报表进行监督和审计，确保其真实、准确、完整地反映了公司的财务状况、经营成果和现金流量。

完善内部质量控制体系：会计师事务所应建立健全其内部质量控制体系，加大对审计师工作的复核和检查力度，确保审计工作的高质量和准确性。

4.教学意义与启示

本案例通过深入分析安永对瑞幸咖啡审计失败事件的原因、过程和后果，使学生深刻认识到跨国企业审计的复杂性和挑战性。同时，本案例还强调了审计程序执行、风险评估、持续监督和会计师事务所内部质量控制等方面的重要性，并提供了相应的防范措施和启示。这对于提高学生的审计职业判断能力和风险防范意识具有重要意义，为其未来的审计工作提供了有益的借鉴和参考。

案例使用说明

案例目标

○ 关键问题

安永会计师事务所在瑞幸咖啡审计中为何会失败，以及如何防范类似事件再次发生?

○ **教学目标**

通过案例讨论,学生应深入理解审计程序执行、风险评估、持续监督和会计师事务所内部质量控制的重要性,提高学生的审计职业判断能力和风险防范意识,为未来的审计工作提供借鉴和参考。

案例背景

○ **理论背景**

学生应掌握审计基本理论,包括审计程序、风险评估、审计报告等;了解审计准则和审计师的职业责任。

○ **行业背景**

学生应了解咖啡行业的市场状况、竞争格局及瑞幸咖啡的经营模式;理解新零售模式对审计工作带来的挑战。

○ **制度背景**

学生应熟悉中国及美国的证券监管制度,了解上市公司财务报表的披露要求和审计机构的法律责任。

讨论问题

安永在瑞幸咖啡审计过程中存在哪些主要问题,导致了审计失败?

案例解析视频

开放式讨论区

审计目标、审计证据与
审计工作底稿

案例14

审计师的关键证据失误

【摘要】审计师李某对华光科技进行审计时，因审计证据收集不足及工作底稿不规范，导致出具错误审计报告，引发严重后果。本案例强调了审计证据和工作底稿的重要性。

【关键词】审计证据　华光科技　充分性与适当性　工作底稿　审计失误

案例正文

一、案例背景

在北方的一座繁华城市中，有一家名为华光科技的中型企业，它主要从事电子元件的生产与销售。该公司的财务绩效一直表现优异，年收入稳步增长，市场占有率也在逐年提升。然而，最近几年，由于电子行业的快速变化和原材料价格波动，华光科技的利润出现了大幅波动，财务数据的可靠性开始受到外界质疑。

为了确保财务报表的准确性，华光科技聘请了审计公司"正信会计师事务所"，由审计师李某担任审计项目负责人。李某拥有多年的审计经验，曾负责多家企业的审计工作，声誉良好。然而，在对华光科技的审计中，李某团队因为对审计证据的收集不足，最终出具了一份错误的审计报告，导致了严重的后果。本案例讲述了李某团队因审计证据不足导致的失误，并强调审计证据和审计工作底稿在整个审计过程中的关键性。

二、案例描述

审计证据是审计师对审计对象进行判断和形成审计意见的基础。在每次审计工作中，审计师都需要通过充分、适当的审计证据来支持其对财务报表各项内容的意见。然而，审计证据的获取并不是一项简单的工作，它涉及审计师的专业判断、执行的程序以及企业提供的信息是否可靠。

1.初步审计证据的不足

在审计华光科技的初期，李某团队首先对公司主要财务报表项目进行了分析性程序。通过将华光科技的收入、成本和毛利率与往年数据和行业平均水平进行对比，李某发现公司近年来的毛利率波动较大，这可能意味着财务报表中的收入或成本确认存在问题。

然而，在初步的审计证据收集过程中，李某过分依赖了企业管理层提供的解释和支持性文件。华光科技的财务总监解释称，毛利率波动主要是由于市场原材料价格波动引起的，并提交了一些相关的合同和报价单。李某团队没有对这些证据进行深入的核实，便将其作为支持审计意见的主要依据，忽略了进一步获取更多独立的证据。

2.关键证据的遗漏

在后续的审计工作中，李某团队未能及时对公司原材料采购和成本结算进行深入检查。特别是在对某些大额采购合同的审查过程中，团队并未按照审计准则要求对合同条款和实际交付情况进行核实。这使得一些虚假交易的存在未被发现，而这些虚假交易直接影响了华光科技的成本核算和利润确认。

李某团队也未对企业的供应商进行独立询证，仅依赖企业内部提供的文件作为审计证据。由于缺乏外部独立证据的支持，审计结论的可靠性大打折扣。随着审计的深入，李某忽略了对审计证据质量的严格把控，认为初步证据已足够支持审计报告，未能采取进一步的核查程序。

三、案例分析

1.审计证据的充分性和适当性

审计证据应具备充分性和适当性两个基本特征。

（1）充分性

审计证据的充分性是对审计证据数量的衡量。注册会计师获取审计证据的数量受其对重大错报风险评估的影响，并受审计证据质量的影响。审计人员只有通过不同的渠道和方法取得其认为足够的审计证据时，才可以发表审计意见。

（2）适当性

审计证据的适当性，是对审计证据质量的衡量，具体包括相关性和可靠性。

①相关性

相关性是指用作审计证据的信息与审计程序的目的和所考虑的相关认定之间的

逻辑关系。需要结合具体的审计目标来考虑。

②可靠性

可靠性是指审计证据本身以及用作审计证据的信息是否值得信赖。审计证据的可靠性受到以下因素的影响：第一，从被审计单位外部独立来源获取的审计证据比从其他来源获取的审计证据更可靠。第二，相关控制有效时内部生成的证据比控制薄弱时内部生成的证据更可靠。第三，直接获取的审计证据比间接获取或推论得出的审计证据更可靠。第四，以文件记录形式存在的审计证据比口头形式的审计证据更可靠。第五，从原件获取的审计证据比从复印、传真或通过拍摄、数字化等方式获取的审计证据更可靠。第六，在通常情况下，注册会计师以函证方式直接从被询证者获取的审计证据，比被审计单位内部生成的审计证据更可靠。

（3）充分性和适当性的关系

注册会计师判断审计证据是否充分、适当，应当主要考虑下列因素：第一，审计风险。错报风险越大，需要的审计证据可能就越多。第二，具体审计项目的重要性。越是重要的审计项目，注册会计师就越需要获取充分的审计证据以支持其审计结论或意见。第三，注册会计师及其业务人员的审计经验。第四，审计过程中是否发现错误或舞弊。第五，审计证据的质量。审计证据质量越高，需要的审计证据可能越少。

通过华光科技的案例，我们可以清楚地看到审计证据在审计工作中的核心作用。审计师不能仅依赖企业内部提供的证据，还需要通过外部独立来源获取更多的信息来核实财务数据的真实性。例如，在对采购和销售进行审计时，李某团队如果能够通过向供应商和客户直接发函询证，核实交易的真实性，或通过检查银行流水来确认现金流动是否与交易匹配，就可以避免最终的失误。

此外，审计证据不仅要充分，还要适当。这意味着审计师应确保所获取的证据能够合理支持审计结论，并具有足够的可靠性。对于不同类型的交易和账户，审计师应根据其固有风险和控制风险的高低，采取不同的审计程序来获取审计证据。例如，对于高风险领域，如收入确认和成本核算，审计师应采取更加详细的实质性测试。

2.审计工作底稿的定义与功能

审计工作底稿是审计师在审计过程中记录审计证据、程序、结论以及审计师专业判断的文件，是确保审计工作质量的基础。完整、清晰的审计工作底稿不仅是后期审计复核的依据，也是防范审计法律责任的重要防线。

（1）底稿编制的疏忽

在华光科技的审计过程中，李某团队对于审计工作底稿的编制存在严重的疏忽。第一，团队在记录审计证据时，过于简单化，许多证据未能记录其来源和获取过程。特别是对于一些关键的采购合同和供应商信息，工作底稿中仅记录了"已核实"，而未附上具体的询证函或其他支持性文件。

第二，李某团队在审计程序的记录上不够详尽。尽管进行了多项审计程序，但部分程序的执行细节并未在工作底稿中详细说明，特别是在分析性程序和控制测试的实施过程中，底稿的记录显得草率。这使得在事后复核时，审计复核人员无法清楚了解团队的审计思路和判断依据。

（2）不完整底稿的后果

由于审计工作底稿的不完整，李某团队最终出具了一份"无保留意见"的审计报告，确认华光科技的财务报表在所有重大方面公允反映了企业的财务状况。然而，不久之后，一位竞争对手企业的举报引发了监管机构的调查，调查人员发现华光科技存在大量虚假交易和收入确认问题。

在监管机构的审查中，李某团队的工作底稿成为调查的重点之一。由于底稿中缺乏足够的证据支持，无法清楚展示李某团队在审计过程中如何执行了关键程序以及如何得出审计结论，导致李某和他的团队被指控审计失职。审计报告中的错误不仅让正信会计师事务所的声誉受到严重损害，也导致华光科技的股价暴跌，投资者蒙受了巨大损失。

3.审计工作底稿的规范化

工作底稿不仅是审计过程中每一步骤的详细记录，也是在出现争议或法律问题时的重要防御工具。李某团队在编制工作底稿时的疏忽，导致了在后期调查中无法自证清白。规范的工作底稿应当详细记录每一项审计程序的执行过程、获取的证据以及审计师的专业判断。

对于审计师而言，编制详细、规范的工作底稿是一项重要的职业技能。底稿的记录不仅要涵盖审计的程序和证据，还应清晰展示审计师的判断依据及其得出审计结论的思路。在重大判断领域，如收入确认、资产减值测试等，审计师应记录更多的背景信息和分析过程，以支持其审计意见的合理性。

4.信息技术的运用

现代审计越来越多地依赖信息技术工具的支持。通过数据分析工具，审计师可以更高效地识别异常交易，并快速获取与财务报表相关的数据。李某团队如果能够运用信息技术手段对大额交易进行筛选和分析，或利用电子询证系统来提高证据获取的效率，就能够显著降低审计失误的可能性。

四、案例总结

华光科技的审计案例揭示了审计师因证据收集不充分、工作底稿不规范而导致审计报告错误的严重后果。作为审计师，必须深刻理解审计证据和审计工作底稿的重要性。审计证据是审计结论的基础，而审计工作底稿则是记录和展示审计师专业判断过程的关键工具。

对于学生而言，这一案例强调了审计证据的充分性和适当性的重要性，展示了工作底稿在实际审计工作中的不可替代性。通过本案例的学习，学生们能够更好地理解如何在实际工作中获取并记录有效的审计证据，避免因证据不足或底稿不完整而导致的审计风险。

参考信息来源

刘明辉，祁渊，张婷婷. 审计［M］. 9版. 大连：东北财经大学出版社，2024.

案例使用说明

案例目标

○ 关键问题
审计师如何确保审计证据的充分性和适当性，以及工作底稿的规范性，以避免审计失误？

○ 教学目标
通过案例讨论，学生应深刻理解审计证据和工作底稿在审计过程中的重要性，掌握获取和记录有效审计证据的方法，以及如何编制规范的工作底稿，以防范审计风险。

案例背景

○ 理论背景
学生应掌握审计证据的定义、类型及获取方法，了解审计工作底稿的编制要求和规范。

○ 行业背景
了解电子元件生产行业的财务特点、常见风险及审计重点，如原材料价格波动对成本的影响、收入确认的复杂性等。

○ 制度背景
学生应熟悉相关会计准则和审计准则，了解审计师在执业过程中应遵循的规范和标准，以及审计失职可能面临的法律责任。

讨论问题

如何避免审计师在审计过程中因证据不足或底稿不规范导致的审计失误？

案例解析视频　　　　　　　　　　　　　　　开放式讨论区

案例15

审计案例启示：保障审计证据充分与维护审计独立性

【摘要】 本案例通过上海监管局和北京监管局对两所会计师事务所的行政处罚，探讨了审计目标与审计证据之间的关系、审计证据和审计工作底稿的重要性及审计独立性的维护，警示审计师应确保审计证据的充分性、适当性和保持审计独立性。

【关键词】 审计目标　审计证据　审计工作底稿　会计师事务所　错报管理层认定

案例正文

一、案例背景

在资本市场的运作中，上市公司年报的真实性和准确性是保障投资者权益、维护市场秩序的重要基石。会计师事务所作为独立的第三方审计机构，其出具的审计报告对于评估上市公司的财务状况、经营成果和现金流量至关重要。然而，在实际审计过程中，部分会计师事务所未能勤勉尽责，导致出具的审计报告存在虚假记载，严重损害了资本市场的公信力和投资者的利益。本案例将结合中国证券监督管理委员会上海监管局和北京监管局发布的两起行政处罚决定书，探讨审计证据和审计工作底稿的重要性，以及审计师在执业过程中应如何确保审计证据的充分性和适当性。

二、案例描述

（一）上海监管局行政处罚案例（沪〔2023〕1号）

1.案例事实描述

大信会计师事务所（特殊普通合伙，以下简称"大信所"）为天海融合防务装备技术股份有限公司（以下简称"天海防务"）2017年年度财务报表提供了审计服务，并出具了标准无保留意见的审计报告。然而，经查明，天海防务的全资子公司泰州市金海运船用设备有限责任公司（以下简称"金海运"）虚构了相关游乐设施贸易业务，导致天海防务2017年年度财务报告存在虚增营业收入、营业成本、利润总额的虚假记载。大信所在审计过程中，未能保持应有的职业怀疑，未能充分关注到金海运的舞弊风险，也未对获取的明显异常的审计证据执行进一步审计程序，导致出具的审计报告存在虚假记载。

2.关键信息

审计证据不充分：大信所未能关注到金海运将游乐设施业务收入计为海空装备产品收入的原因和合理性，也未对明显异常的送货及验收回执单执行进一步审计程序。

审计工作底稿不完整：审计工作底稿中未见大信所针对金海运开展相关内部控制测试程序的证据，也未见对异常交易进行深入分析和记录的证据。

（二）北京监管局行政处罚案例

1.案例事实描述

北京中天华茂会计师事务所（普通合伙，以下简称"中天华茂"）为东方网力科技股份有限公司（以下简称"东方网力"）2020年年度财务报表提供了审计服务，并出具了带持续经营能力重大不确定性段落的无保留意见审计报告。然而，经查明，东方网力2020年年度财务报告存在虚增固定资产、通过无商业实质的资金循环消除保留意见等虚假记载情形。中天华茂在审计过程中，独立性缺失，未能保持应有的职业怀疑，未能对固定资产入账的异常情况给予充分关注，也未对上年度保留意见所涉事项执行恰当的审计程序。

2.关键信息

审计独立性缺失：中天华茂与东方网力就定向增发相关审计服务签订了合同，且存在以出具无保留意见的审计报告为付款条件的或有收费，违反了审计独立性要求。

审计证据不充分：中天华茂未能充分关注东方网力固定资产入账无发票、规格型号不一致等异常情况，也未对上年度保留意见所涉事项的预付账款、贷款、投资及转让等获取充分、适当的审计证据。

三、案例分析

（一）审计目标

审计目标分为总体目标和具体目标。总体目标，是指注册会计师完成整体审计工作而要达到的预期目的，是最终目标；具体目标，是指注册会计师通过实施审计程序以确定管理层在财务报表中确认的各类交易、事项、账户余额、披露层次认定是否恰当，是达成总体目标的基础。

1.总体目标

《中国注册会计师审计准则第1101号——注册会计师的总体目标和审计工作的基本要求》第二十五条规定，在执行财务报表审计工作时，注册会计师的总体目标是：对财务报表整体是否不存在由于舞弊或错误导致的重大错报获取合理保证，使得注册会计师能够对财务报表是否在所有重大方面按照适用的财务报告编制基础编制发表审计意见；按照审计准则的规定，根据审计结果对财务报表出具审计报告，并与管理层和治理层沟通。这里的重要关注点有：注册会计师、财务报表、适用的财务报表编制基础、错报、合理保证、审计准则、审计意见以及管理层和治理层。以下针对几个关键词的概念进行介绍：

（1）适用的财务报告编制基础

适用的财务报告编制基础，是指法律法规要求采用的财务报告编制基础；或者管理层和治理层（如适用）在编制财务报表时，就被审计单位性质和财务报表目标而言，采用的可接受的财务报告编制基础。

财务报告编制基础分为通用目的编制基础和特殊目的编制基础。通用目的编制基础，是指旨在满足广大财务报表使用者共同的财务信息需求的财务报告编制基础，主要是指会计准则和会计制度。特殊目的编制基础，是指旨在满足财务报表特定使用者财务信息需求的财务报告编制基础，包括计税核算基础、监管机构的要求和合同约定等。

（2）错报

错报，是指某一财务报表项目的金额、分类或列报，与按照适用的财务报告编制基础应当列示的金额、分类或列报之间存在的差异。错报可能是由于错误或舞弊导致的。当注册会计师对财务报表是否在所有重大方面按照适用的财务报告编制基础编制并实现公允反映发表审计意见时，错报还包括根据注册会计师的判断，为使财务报表在所有重大方面实现公允反映，需要对金额、分类或列报作出的必要调整。

财务报表的错报可能是由于舞弊或错误导致的。舞弊和错误的区别在于，导致财务报表发生错报的行为是故意行为还是非故意行为。舞弊是一个宽泛的法律概念，但审计准则要求注册会计师关注导致财务报表发生重大错报的舞弊。与财务报表审计相关的两类故意错报，包括编制虚假财务报告导致的错报和侵占资产导致的错报。

在评价财务报表是否不存在由舞弊或错误导致的重大错报时，注册会计师应当考虑：第一，选择和运用的会计政策是否符合适用的会计准则和相关会计制度，并适合被审计单位的具体情况；第二，管理层作出的会计估计是否合理；第三，财务报表反映的信息是否具有相关性、可靠性、可比性和可理解性；第四，财务报表是否作出充分披露，使财务报表使用者能够理解重大交易和事项对被审计单位财务状况、经营成果和现金流量的影响。

（3）合理保证

合理保证，是指注册会计师在财务报表审计中提供的一种高度但并非绝对的保证水平。注册会计师应当按照审计准则的规定，对财务报表整体是否不存在由于舞弊或错误导致的重大错报获取合理保证，以作为发表审计意见的基础。

合理保证是一种高度保证。当注册会计师获取充分、适当的审计证据将审计风险降至可接受的低水平时，就获取了合理保证。由于审计存在固有限制，注册会计师据以得出结论和形成审计意见的大多数审计证据是说服性的而非结论性的。因此，审计只能提供合理保证，不能提供绝对保证。

（4）管理层和治理层

管理层，是指对被审计单位经营活动的执行负有管理责任的人员。在某些被审计单位，管理层包括部分或全部的治理层成员，如治理层中负有经营管理责任的人员，或参与日常经营管理的业主（以下简称业主兼经理）。

治理层，是指对被审计单位战略方向以及管理层履行经营管理责任负有监督责任的人员或组织。治理层的责任包括监督财务报告过程。在某些被审计单位，治理层可能包括管理层，如治理层中负有经营管理责任的人员，或业主兼经理。

按照审计准则和相关法律法规的规定，注册会计师还可能就审计中出现的事项，负有与管理层、治理层和其他财务报表使用者进行沟通和向其报告的责任。

2.具体目标

具体审计目标是审计目的、注册会计师总体目标的具体化，并受到总体目标的制约。

具体审计目标必须根据被审计单位管理层的认定和注册会计师的总体目标来确定。为了实现注册会计师的总体目标，注册会计师首先要明确审计工作的起点。这一起点通常是被审计单位的财务报表。财务报表是由被审计单位管理层编制完成的，由管理层对财务报表上所有数字、披露等的全部声明构成，即由管理层关于各类交易、账户余额和列报的认定构成。注册会计师通过获取适当、充分的审计证据支持管理层认定，从而形成审计意见，实现总体目标。总而言之，注册会计师审计的主要工作就是确定管理层认定是否恰当。

在通常情况下，注册会计师应以财务报表审计的总体目标为指导，以管理层的认定为基础，明确适合各类交易、账户余额和列报的一般审计目标，然后根据被审计单位的具体情况确定各类交易、账户余额和列报的具体审计目标。

3.管理层认定

（1）管理层认定的含义

认定，是指管理层在财务报表中作出的明确或隐含的表达，注册会计师将其用于考虑可能发生的不同类型的潜在错报。当管理层声明财务报表已按照适用的财务报告编制基础进行编制，在所有重大方面作出公允反映时，就意味着管理层对财务报表各组成要素的确认、计量、列报以及相关的披露作出了认定。管理层在财务报表上的认定，有些是明确的，有些则是隐含的。

（2）管理层认定的三个层次

①与各类交易和事项相关的认定

发生：记录的交易和事项已发生且与被审计单位有关。

完整性：所有应当记录的交易和事项均已记录。

准确性：与交易和事项有关的金额及其他数据已恰当记录。

截止：交易和事项已记录于正确的会计期间。

分类：交易和事项已记录于恰当的账户。

②与期末账户余额相关的认定

账户余额主要与资产负债表有关。注册会计师将管理层的认定运用于账户余额，就可以形成账户余额的一般审计目标。账户余额的一般审计目标通常包括：

存在：记录的资产、负债和所有者权益是存在的。

权利和义务：记录的资产由被审计单位拥有或控制，记录的负债是被审计单位应当履行偿还义务的。

完整性：所有应当记录的资产、负债和所有者权益均已记录。

计价和分摊：资产、负债和所有者权益以恰当的金额包括在财务报表中，与之相关的计价或分摊调整已恰当记录。

③与列报相关的认定

发生及权利和义务：披露的交易、事项和其他情况已发生，且与被审计单位有关。

完整性：所有应当包括在财务报表中的披露均已包括。

分类和可理解性：财务信息已被恰当地列报和描述，且披露内容表述清楚。

准确性和计价：财务信息和其他信息已被公允披露，且金额恰当。

（二）审计目标与审计证据

审计证据作为审计师形成审计意见的基础，其充分性和适当性直接关系到审计报告的质量。审计证据的相关性与审计目标的关系主要表现在如下方面：

（1）特定的审计程序可能只为某些认定提供相关的审计证据，而与其他认定无关。

（2）针对同一项认定可以从不同来源获取审计证据或获取不同性质的审计证据。

（3）只与特定认定相关的审计证据并不能替代与其他认定相关的审计证据。

在本案例中，大信所和中天华茂均因审计证据不充分而受到处罚。审计师在执业过程中，应保持应有的职业怀疑态度，对获取的审计证据进行深入分析和评估，确保其能够支持审计结论。对于异常或可疑的交易，审计师应执行进一步的审计程序，以获取更多的审计证据来消除疑虑。

（三）审计工作底稿的规范性

审计工作底稿是审计师执行审计工作的记录，也是评价审计师工作质量和责任的重要依据。在本案例中，大信所的审计工作底稿不完整，未见针对重要审计事项执行相关程序的证据，这直接影响了审计报告的可靠性和公信力。审计师应严格按照审计准则和相关法律法规的要求，规范编制审计工作底稿，确保审计工作的可追溯性和可验证性。

（四）审计独立性的维护

审计独立性是审计工作的灵魂，是确保审计报告客观公正的前提。在本案例中，中天华茂因独立性缺失而受到处罚。审计师在执业过程中，应严格遵守职业道德守则和审计准则的要求，保持与审计客户的独立关系，避免受到任何可能影响其客观公正判断的因素的影响。

四、案例总结

本案例通过两起真实的行政处罚案例，深刻揭示了审计目标与审计证据的关系，审计证据和审计工作底稿在审计工作中的重要性，以及审计师在执业过程中应如何确保审计证据的充分性和适当性、维护审计独立性。对于会计师事务所和审计师而言，他们应从中吸取教训，加强会计师事务所内部质量控制和风险管理，提高审计人员的专业素质和职业道德水平，确保出具的审计报告真实、准确、完整，为资本市场的健康发展提供有力保障。

参考信息来源

［1］中国证券监督管理委员会．中国证券监督管理委员会上海监管局行政处罚决定书沪〔2023〕1号［EB/OL］．［2023-04-03］．http：//www.csrc.gov.cn/shanghai/c103864/c7401046/content.shtml.

［2］中国证券监督管理委员会．中国证券监督管理委员会北京监管局行政处罚决定书（北京中天华茂会计师事务所（普通合伙）、邱文星、谢晓丽、杨明）［EB/OL］．［2024-01-02］．http：//www.csrc.gov.cn/beijing/c105546/c7454447/content.shtml.

［3］刘明辉，祁渊，张婷婷．审计［M］．9版．大连：东北财经大学出版社，2024.

［4］陈汉文，杨道广，董望．审计［M］．5版．北京：中国人民大学出版社，2022.

案例使用说明

案例目标

○ 关键问题

如何确保审计师在执业过程中保持高度的专业性和独立性，以提供真实、准确的审计报告？

○ 教学目标

通过案例讨论，学生应深刻理解审计目标与审计证据的关系，审计证据和审计工作底稿的重要性，以及审计独立性对于保障审计报告质量的关键作用，进而培养学生的专业素养和职业道德意识。

案例背景

○ 理论背景

学生应掌握审计的基本概念、审计目标、审计证据和审计工作底稿的要求，以及审计独立性的含义和重要性。

○ 行业背景

了解我国资本市场的现状，包括上市公司的年报披露制度、会计师事务所的角色和职责，以及监管机构对会计师事务所的监管要求。

○ 制度背景

熟悉我国与审计相关的法律法规，如《中国注册会计师审计准则》、《中国注册会计师职业道德守则》等，以及违反这些规定可能面临的法律后果。

讨论问题

如何避免会计师事务所因审计证据不充分或审计工作底稿不规范而受到行政处罚？

案例 16

财务报表舞弊审计中的大数据技术应用

【摘要】本案例探讨注册会计师运用大数据技术审计制造业企业甲公司财务舞弊的实践。针对收入与现金流不匹配问题，审计团队整合多源数据，通过本福特法则、自然语言处理及关联网络分析，识别出虚增收入 2.3 亿元、关联方转移资金 1.5 亿元及异常坏账计提。依据《中国注册会计师审计准则》，出具保留意见报告，有助于强化全量数据分析和舞弊识别模型。案例凸显大数据技术可提升审计覆盖率和证据可靠性，保障资本市场信息质量。

【关键词】技术工具（如NLP）　审计方法（如本福特法则）　风险领域　监管依据

案例正文

一、案例背景

甲公司成立于 2005 年，主营业务为高端装备制造及配套服务。2023 年，甲公司年报显示营业收入同比增长35%，净利润增长28%，但经营活动现金流净额连续两年为负，引发监管机构关注。2024年，甲公司因涉嫌财务造假被证监会立案调查，其年度财务报告的审计机构A会计师事务所（以下简称"A所"）需要重新核查其2019—2023年财务数据。

注册会计师在审计甲公司收入真实性、应收账款可回收性及关联交易合规性时，识别的风险领域包括三方面：第一，甲公司存在大量定制化产品订单，收入确认时点易被操纵。第二，2023年年末应收账款余额占总资产的比例达30%，并且账龄结构异常。第三，子公司与多家供应商存在隐性关联关系，涉及虚构交易风险。

传统抽样审计难以覆盖甲公司的海量交易数据（年均超50万条），而且甲公司通过复杂股权结构掩盖关联交易。A所决定采用大数据技术，通过全量数据分析识别异常模式，结合非财务数据交叉验证，提高审计效率与精度。

二、案例描述

1.大数据技术应用框架

A所基于《中国注册会计师审计准则第1301号——审计证据》及《中国注册会计师审计准则第1131号——审计工作底稿》的要求，构建以下技术框架：

（1）数据采集与清洗

整合甲公司ERP系统、银行流水、税务申报、工商登记等结构化与非结构化数据（如合同文本、物流单据）。

利用Python脚本清洗数据，标准化字段（如客户名称统一为工商注册名）。

（2）数据分析模型

本福特法则（Benford's Law）：分析销售收入、应收账款等数值分布，发现异常偏离（如首位数字"1"出现频率低于理论值15%，提示人为操纵）。

关联网络分析：通过图数据库（Neo4j）构建客户-供应商-股东关系图谱，识别隐性关联方（如某供应商参保人数仅3人，但年交易额超1亿元）。

自然语言处理（NLP）：提取合同关键条款（如验收条件、付款周期），匹配收入确认时点是否合规。

（3）可视化与预警

使用Tableau生成动态仪表盘，实时监控收入波动与现金流匹配度，标记异常交易（如季度末收入突增且无对应物流记录）。

2.关键审计程序

（1）收入真实性测试

筛选单笔交易金额排名前5%的客户（共32家），通过工商数据核验其经营规模（如注册资本、社保的参保人数），发现其中8家为空壳公司，涉及虚增收入

2.3亿元。

（2）应收账款回款核查

比对银行回单的付款方名称与客户工商登记名称，发现15%回款来自第三方（非合同签订方），且未在财报中披露委托付款协议，涉嫌虚构现金流。

（3）关联交易穿透审计

利用股权穿透工具，发现甲公司实际控制人通过亲属控股的B公司，以"代采购"名义虚增成本1.1亿元，转移利润至体外循环。

三、案例分析

1.审计发现与证据

（1）收入舞弊

通过NLP分析合同文本，发现2022年四季度签订的12份合同中，验收条款模糊（如"以甲方口头确认为准"），且无对应物流签收记录，涉及收入1.8亿元。进一步核查发现，相关客户为甲公司员工控制的空壳公司。

（2）应收账款坏账计提不足

大数据模型显示，账龄1年以上的应收账款中，40%对应客户已被列入失信名单，但甲公司仅计提10%坏账准备，低于行业均值（25%），导致净利润虚增0.7亿元。

（3）关联方资金占用

关联图谱显示，甲公司子公司向关联方C公司预付设备采购款1.5亿元，但设备未实际交付，资金最终通过多层转账回流至甲公司高管个人账户。

2.审计结论与依据

A所依据《中国注册会计师审计准则第1324号——持续经营》及《中国注册会计师审计准则第1141号——财务报表审计中与舞弊相关的责任》，出具保留意见审计报告，主要依据如下：

审计范围受限：甲公司拒绝提供部分关联方交易的原始凭证，导致无法获取充分的审计证据。

重大错报风险：虚增收入、低估坏账等行为导致财务报表整体错报金额占净利润的比例达45%，远超重要性水平。

3.监管启示与建议

（1）技术层面

应用"五维度财务舞弊识别模型"（行业业务、财务税务、公司治理、内部控制、数字特征），将工商数据、舆情监测纳入常规审计程序。

（2）准则层面

《中国注册会计师审计准则第1211号——重大错报风险的识别和评估》（2022年12月22日修订），明确要求注册会计师在风险评估阶段使用大数据技术分析全量数据，而非依赖抽样。

（3）行业层面

建立上市公司交易对手黑白名单库，动态监控空壳公司、异常参保企业等高风险实体，降低第三方配合造假风险。

四、案例总结

在本案例中，注册会计师通过大数据技术实现了从"抽样验证"到"全量分析"的范式转变，有效识别了传统审计难以察觉的隐性关联交易与系统性舞弊。其核心价值在于：（1）提升审计效率——通过自动化工具缩短数据清洗与分析时间约60%；（2）增强证据可靠性——多源数据交叉验证（如财务数据匹配物流、税务记录）降低了单一证据链的依赖风险；（3）推动监管协同——审计结果同步共享至证监会稽查系统，为后续行政处罚提供证据支持。未来，随着人工智能与区块链技术的深度融合，注册会计师需要持续升级技术工具，同时坚守应有的职业怀疑态度，确保审计的高质量与资本市场的健康发展。

参考信息来源

［1］云顶财说．黄世忠：上市公司财务造假热点问题分析［EB/OL］．（2024-08-17）．https：//finance.sina.cn/2024-08-17/detail-inciyfea6488272.d.html.

［2］李籽贤，吴耀姝．上市公司2022年年报审计情况分析报告［J］．中国注册会计师，2023（8）：18-32.

案例使用说明

案例目标

○ 关键问题

如何确保多源异构数据（如财务数据、工商登记、物流记录）整合中，审计证据的充分性与适当性？

○ 教学目标

通过案例讨论，学生应理解大数据审计的核心技术（如本福特法则、NLP、关联图谱）及其在舞弊识别中的应用逻辑。掌握《中国注册会计师审计准则》对审计证据、舞弊责任及数据分析程序的相关要求；能够设计基于多源数据交叉验证的审计程序，识别收入虚增、关联方资金占用等高风险领域；能够结合行业特征与数字痕迹，构建财务舞弊风险预警模型；强化职业怀疑态度，理解注册会计师在技术进步背景下维护资本市场信息高质量的伦理责任。

案例背景

○ 理论背景

学生应掌握信息不对称理论：上市公司通过复杂交易结构掩盖真实财务信息，传统审计方法因数据覆盖不足难以发现系统性舞弊。现代风险导向审计理论：强调以全量数据分析为基础，识别重大错报风险领域（如收入确认、关联交易）。大数据分析理论：通过异常模式检测（如本福特法则）、非结构化文本挖掘（如 NLP）提升审计证据的预测性与解释力。

○ 行业背景

制造业财务舞弊特征：定制化订单收入确认弹性大、供应链层级复杂、关联交易隐蔽性强（如通过"代采购""空壳公司"转移资金）。审计技术转型趋势：据中国注册会计师协会统计，2023 年全行业大数据技术应用覆盖率已达 67%，但实务中仍面临数据质量、技术标准不统一等挑战。

○ 制度背景

《中国注册会计师审计准则第 1301 号——审计证据》：要求注册会计师评价电子数据的可靠性，包括来源、性质及提取过程的完整性。

《中国注册会计师审计准则第 1141 号——财务报表审计中与舞弊相关的责任》：强调通过数据分析识别管理层凌驾内部控制的风险。

《上市公司信息披露管理办法》（2007 年 1 月 30 日证监会令第 40 号公布，2021年 3 月 18 日证监会令第 182 号修订）：明确关联交易披露义务，要求审计机构对异常资金流向履行核查程序。

讨论问题

大数据审计依赖工商登记、舆情信息等外部数据时，相关数据可能存在滞后或错误，例如空壳公司的信息等。请设计一种"数据可信度评估框架"，并提出至少3 项关键验证指标。

案例解析视频　　　　　　　　　　开放式讨论区

审计方法与审计程序

案例17

制造公司财务错报的识别

【摘要】诚达制造公司因依赖手动处理财务数据而出现问题，注册会计师张某通过财务报表审计与内部审计相结合的方式，运用检查文件和分析程序等获取审计证据的审计程序，使用抽样审计与计算机辅助审计的方式，发现公司财务漏洞并提出改进建议，展示了审计理论在实践中的应用。

【关键词】审计程序　审计方法　诚达制造　财务漏洞

案例正文

一、案例背景

在某个城市的工业区，有一家中型制造公司，名为诚达制造，该公司主要生产零部件，年收入约为5 000万元人民币。作为一家家族企业，诚达制造的发展非常迅速。然而，由于公司管理层过于依赖手动流程处理财务数据，未引入先进的信息技术手段，财务管理上逐渐出现了问题。公司高管感觉到财务报表中的某些数据存在异常，因此决定聘请外部审计师来进行全面的审计。

二、案例描述

注册会计师张某受邀对诚达制造的财务报表进行审计。张某首先对诚达制造的财务报表进行了全面的风险评估。他识别出以下关键风险点：

收入确认风险：诚达制造可能因为市场竞争压力，存在提前确认收入或虚构收入的风险。

成本和费用风险：由于手动流程的局限性，公司可能未能有效监控成本和费用，导致成本高估或费用滥用。

资产管理风险：资产记录不准确，可能导致资产低估或过度折旧，影响财务报表的真实性。

为了解决这些问题，张某决定综合运用不同的审计程序获取审计证据，张某采取了以下审计程序：

分析性程序：张某对比了诚达制造过去几年的财务数据，发现收入增长与行业趋势不符，这引起了他的注意。

内部控制测试：张某对公司的内部控制进行了测试，发现控制环境薄弱，尤其是财务部门缺乏有效的审批流程。

收入测试：张某选择了销售样本，检查销售合同、发货单和客户确认函，以验证收入的真实性和准确性。

成本和费用测试：张某审查了采购发票、工资单和其他费用报销单据，以确定成本和费用的合理性。

资产盘点：张某参与了公司资产的实地盘点，与账面记录进行对比，以识别差异。

在审计方法上，张某采用了以下策略：

抽样审计：鉴于诚达制造的交易量较大，张某采取了统计抽样的方法，选取了具有代表性的交易样本进行详细审查。

信息技术审计：虽然诚达制造未引入先进的信息技术，但张某还是检查了现有的IT系统，评估其安全性和数据处理能力。

访谈和调查：张某对公司管理层、财务人员和基层员工进行了访谈，以了解公司的运营情况和财务流程。

张某同时邀请企业内部审计部门一同参与，找出财务报表中的漏洞，并提出改进建议。

审计结果与建议：

通过上述审计程序和方法，张某发现了以下具体问题：第一，收入提前确认。销售部门为了完成业绩目标，提前确认了部分未完成的订单收入。第二，成本核算错误。由于缺乏有效的成本核算系统，公司在原材料和人工成本上存在重复计算和错误归类。第三，资产管理混乱。固定资产记录不全，部分资产已遗失或报废，但未及时更新资产台账。

针对这些问题，张某提出了以下改进建议：第一，加强内部控制，建立和完善内部控制制度，特别是加强财务审批流程和资产管理制度。第二，引入信息技术，投资于财务信息系统，减少手动操作错误，提高数据处理效率。第三，员工培训，对财务人员进行专业培训，提升其业务处理能力和对信息系统的操作熟练度。第四，定期审计，建议公司定期进行内部审计，以及时发现和纠正财务问题。

张某的审计报告和建议得到了诚达制造高层的认可，诚达制造高层承诺将采取措施改进财务管理，以确保公司的健康发展和财务报表的真实性。

三、案例分析

1.风险导向审计

风险导向审计是审计的实施要以评估风险为切入点，将对审计风险的识别、评估和应对贯穿于整个审计过程，将审计风险降低至可接受的水平，为经审计的财务报表不存在重大错报提供合理保证。风险导向审计主要包括风险评估和风险应对两个部分。

（1）风险评估

在审计工作的初期，审计师需要进行风险评估，以确定哪些领域可能存在重大错报风险。在诚达制造的案例中，张某通过对公司管理层的访谈和对行业情况的了解，判断出收入确认、采购和支付是高风险领域。因此，张某决定在这些领域采取检查文件或记录等审计程序获得更为详尽的审计证据。

风险评估的准确性直接影响了审计工作的质量。通过合理的风险评估，张某能够在审计过程中有针对性地分配资源，确保审计重点领域得到充分关注。

（2）风险应对

充分识别和评估了财务报表的重大错报风险之后，需要考虑如何应对评估的重大错报风险，包括确定针对评估的财务报表层次重大错报风险的总体应对措施，以及针对评估的认定层次重大错报风险实施的进一步审计程序，以将审计风险降至可接受的低水平。进一步审计程序包括控制测试和实质性程序，实质性程序又包括细节测试和实质性分析程序。

①控制测试

控制测试是指用于评价内部控制在防止或者发现并纠正认定层次重大错报方面的运行有效性的审计程序。

②实质性程序

实质性程序是指注册会计师针对评估的重大错报风险实施的直接用以发现认定层次重大错报的审计程序。实质性程序包括对各类交易、账户余额、列报的细节测试以及实质性分析程序。

在诚达制造的审计过程中，张某首先对公司的内部控制进行了测试，发现采购和支付环节的控制存在严重缺陷。随后，他进一步实施实质性程序，通过检查公司的大额采购和支付记录，确认了这些缺陷对财务报表的影响。

通过控制测试和实质性程序，张某不仅揭示了财务数据中的问题，还帮助公司识别了内部控制中的不足之处，促使公司进行整改。

2.审计程序

审计程序是获取审计证据的方法或活动。审计程序有广义和狭义之分。广义的审计程序包括风险评估程序、进一步审计程序中的控制测试和实质性程序，可以理解为获取审计证据的审计活动类型或审计工作环节。狭义的审计程序，是指审计人员在审计工作中为了获取审计证据而采用的具体方法。在本案例中，张某既使用了上述狭义的审计程序获取充分和适当的审计证据，同时也采用了广义的审计程序对诚达制造开展了审计工作，以确保每一个步骤都符合相关审计准则。

（1）风险评估程序和信息来源

①询问

询问是指注册会计师以书面或口头方式，向被审计单位内部或外部的知情人员获取财务信息和非财务信息，并对答复进行评价的过程。在本案例中，张某对公司管理层、财务人员和基层员工进行了访谈，以了解公司的运营情况和财务流程。

②分析程序

分析程序，是指注册会计师通过分析不同财务数据之间以及财务数据与非财务数据之间的内在关系，对财务信息作出评价。分析程序还包括在必要时对识别出的、与其他相关信息不一致或与预期值差异重大的波动或关系进行调查。在审计诚达制造的过程中，张某使用了分析性程序，比较了公司不同年度的财务数据和行业平均水平，发现公司本年度的毛利率显著低于行业平均水平。

③观察和检查

观察是指注册会计师察看相关人员正在从事的活动或实施的程序。

检查是指注册会计师对被审计单位内部或外部生成的，以纸质、电子或其他介质形式存在的记录和文件进行审查，或对资产进行实物审查。检查记录或文件的目的是对财务报表所包含或应包含的信息进行验证。由于诚达制造的财务系统存在数据不一致的情况，张某决定对公司的大额交易进行详细审查。

（2）进一步审计程序的性质

进一步审计程序的性质是指进一步审计程序的目的和类型。进一步审计程序的目的包括通过实施控制测试以确定内部控制运行的有效性，通过实施实质性程序以发现认定层次的重大错报。进一步审计程序的类型包括：

①检查记录或文件

在本案例中在检查过程中，张某发现某些大额销售未及时入账，而部分小额销售则出现了重复记账的情况。通过检查记录或文件，张某逐渐发现了收入确认流程中的不规范操作，部分销售人员为提升业绩，提前确认了尚未实际发生的销售收入。这种问题不仅影响了财务报表的准确性，还可能对公司的未来经营产生潜在的法律风险。因此，张某建议公司重新设计收入确认流程，确保所有收入数据及时、准确地记录在系统中。

②检查有形资产

检查有形资产是指注册会计师对资产实物进行审查。检查有形资产程序大多数情况下适用于对现金和存货的审计，也适用于对有价证券、应收票据和有形固定资产的验证。

③观察和询问

在本案例中，张某参与了公司资产的实地盘点，与账面记录进行对比，以识别差异。

④函证

函证（即外部函证），是指注册会计师直接从第三方（被询证者）获取书面答复作为审计证据的过程。书面答复可以采用纸质、电子或其他介质等形式。

⑤重新计算

重新计算是指注册会计师以人工方式或使用计算机辅助审计技术，对记录或文件中的数据计算的准确性进行核对。

⑥重新执行

重新执行是指注册会计师以人工方式或使用计算机辅助审计技术，重新独立执行作为被审计单位内部控制组成部分的程序或控制。

⑦分析程序

通过进一步审计程序，张某得出结论：由于采购成本高企且公司未能对成本进行有效控制，公司的毛利率持续下降。为了纠正这一问题，张某建议公司改进采购管理，减少不必要的支出，并加强对供应商的审查和评估。

3.审计方法

（1）抽样审计

在审计实践中，由于成本和时间的限制，审计师不可能对所有交易进行详细检查，因此抽样审计成为一种重要的审计方法。张某在审计诚达制造的采购和支付流程时，采用了抽样审计的方法。

通过随机抽取一部分采购合同和支付凭证，张某发现多个重复支付的情况，特别是在某些大额采购中，付款流程并未经过足够的审核环节。这些问题的发现不仅暴露了公司的内部控制缺陷，也提醒公司管理层审计流程的严谨性。通过抽样审计，张某能够在较短时间内发现问题，避免了审计不足的风险。

（2）信息技术审计

信息技术的快速发展对现代审计产生了深远影响。在诚达制造的案例中，张某发现公司的财务系统未能实现自动化和信息化，导致收入和成本数据不能及时同步。因此，张某决定引入信息技术审计的方法，对公司的财务系统进行评估。

通过信息技术审计，张某发现，公司的财务软件未与销售管理系统和采购系统有效集成，导致不同部门的数据无法实时共享。这种系统缺陷直接影响了公司的财务报表编制，系统无法提供决策支持。为此，张某建议公司引入一套集成化的 ERP 系统，提高财务数据的准确性和及时性。

四、案例总结

本案例通过诚达制造公司财务漏洞的发现，展示了审计师在风险导向审计模式下，如何结合企业内部审计部门的工作，运用不同的审计程序获取审计证据，识别并解决企业财务管理中的问题。张某作为审计师，在财务报表审计的过程中，他结合企业内部审计部门的工作，运用检查文件和记录以及分析程序这两种进一步审计程序获取审计证据，采用抽样审计并结合信息技术审计的方式逐步揭示了诚达制造的财务漏洞。

这一案例不仅展示了财务报表审计工作中需要结合不同审计主体的工作的实际应用，还突出了审计程序在审计工作中的重要性。在审计过程中，注册会计师必须根据不同的审计对象和审计目标，选择合适的审计方法和程序，以确保审计工作的全面性和准确性。

对于学生而言，本案例提供了一个清晰的思路，帮助学生理解如何通过理论与实践相结合，解决企业中的实际财务问题。通过本案例的学习，学生可以更好地理解财务报表审计中如何利用其他审计主体的工作进行审计，以及审计程序的应用，为将来的审计工作打下坚实的基础。

参考信息来源

[1] 刘明辉，祁渊，张婷婷. 审计 [M]. 9版. 大连：东北财经大学出版社，2024.
[2] 陈汉文，杨道广，董望. 审计 [M]. 5版. 北京：中国人民大学出版社，2022.

案例使用说明

案例目标

○ 关键问题

如何在风险导向审计模式下，通过利用不同的审计主体的工作进行审计，并且使用不同的审计程序获取审计证据发现企业财务报表中的问题并提出改进建议？

○ 教学目标

通过案例讨论，学生应理解风险导向审计模式，审计的种类、方法和程序，掌握如何将其应用于实际审计工作中，识别并解决企业财务问题，培养学生的实践能力和问题解决能力。

■ 案例背景

○ **理论背景**

学生应掌握审计的基本理论，包括风险导向审计模式、审计的种类（如财务报表审计、内部审计等）、审计程序（如检查文件或记录、分析程序等）、审计方法（抽样审计和计算机辅助审计）及其在实际工作中的应用。

○ **行业背景**

了解制造业的财务管理特点，如成本控制、收入确认等关键环节，以及该行业常见的财务问题和风险点。

○ **制度背景**

熟悉相关会计准则和审计准则，了解审计师在执业过程中应遵循的规范和标准。

讨论问题

如何综合评价张某在诚达制造审计过程中的审计方法和程序选择？

案例解析视频

开放式讨论区

案例18

飞骧科技审计案例：收入确认与存货管理的审计实践

【摘要】本案例描述了致同会计师事务所对深圳飞骧科技股份有限公司进行的收入确认和存货管理审计。通过运用抽样技术以及多种获取审计证据的审计程序，确保了财务报表的真实性和公允性，并提出了改进建议。

【关键词】审计程序 抽样审计 致同会计师事务所 飞骧科技股份有限公司 收入确认 存货管理

案例正文

一、案例背景

随着科技的快速发展，集成电路行业成为推动国家经济发展的重要力量。深圳飞骧科技股份有限公司（以下简称"飞骧科技"）作为该行业的佼佼者，近年来业务规模迅速扩大，产品覆盖5G模组、4GPA及模组等多个领域。然而，随着公司业务的增长，对收入确认的准确性和存货管理的有效性提出的要求也更高。为了确保财务报表的真实性和公允性，上海证券交易所对飞骧科技进行了问询，要求其对收入确认和存货管理等相关事项进行详细说明。在此背景下，致同会计师事务所（以下简称"致同所"）作为飞骧科技的审计机构，承担了此次审计任务。

二、案例描述

1. 收入确认审计

（1）抽样技术在审计中的应用

在收入确认审计中，致同所采用了抽样技术来提高审计效率和准确性。针对飞骧科技的主要客户和交易，审计团队根据交易金额、客户重要性等因素确定了抽样标准，并对抽取的样本进行了详细的核查。通过对销售合同、发货单据、客户签收记录等文件的检查，审计团队确认了收入的真实性和准确性。

（2）审计程序

致同所在收入确认审计中，执行了以下主要审计程序：

检查文件：审计团队检查了飞骧科技与主要客户签订的销售合同、订单确认书、发货单据及客户签收记录等文件，以确认交易的真实性和收入的准确性。

观察：审计团队实地观察了飞骧科技的销售和发货流程，了解了公司的内部控制情况，并评估了收入确认环节的风险。

询问：审计团队与飞骧科技的销售、财务等部门负责人进行了深入交流，了解了公司的收入确认政策和执行情况。

函证：审计团队向飞骧科技的主要客户发出了询证函，以确认交易金额和收入的真实性。

重新计算：审计团队对飞骧科技的收入进行了重新计算，以验证公司财务报表中的收入数据是否准确。

通过上述审计程序和方法，致同所确认了飞骧科技收入确认的准确性和合规性。

2.存货管理审计

（1）存货审计的重要性

存货作为飞骧科技的重要资产，存货管理的效果直接影响公司的财务状况和经营成果。因此，对存货的审计是此次审计任务的重要组成部分。

（2）审计程序

在存货管理审计中，致同所执行了以下主要审计程序和方法：

检查实物资产：审计团队对飞骧科技的存货进行了实地盘点，以确认存货的数量和状态是否与财务报表相符。

询问：审计团队与飞骧科技的仓储、财务等部门负责人进行了交流，了解了公司的存货管理政策和执行情况。

重新执行：审计团队重新执行了飞骧科技的存货入库、出库等流程，以验证公司存货管理的有效性。

分析程序：审计团队对飞骧科技的存货周转率、存货跌价准备等进行了分析，以评估存货管理的效果和潜在风险。

通过上述审计程序，致同所确认了飞骧科技存货管理的合规性和有效性。

三、案例分析

1.审计程序的运用

此次审计任务涉及收入确认和存货管理两个方面，属于财务报表审计的范畴。在审计程序上，致同所运用抽样技术，结合检查文件、观察、询问、函证、重新计算、重新执行和分析程序等多种审计程序，确保了审计工作的全面性和准确性。

2.抽样技术在审计中的应用

抽样技术在此次审计中发挥了重要作用。通过合理的抽样设计和执行，审计团队能够在有限的时间和资源条件下，对飞骧科技的主要客户和交易进行有效的核查，从而提高了审计效率和准确性。同时，抽样技术的应用也降低了审计风险，确保了审计结论的可靠性。

3.信息技术对审计的影响

随着信息技术的快速发展，审计工作也逐渐向数字化、智能化方向转变。在此次审计中，致同所充分利用了信息技术手段，如电子函证、数据分析等，提高了审计工作的效率和准确性。同时，信息技术的应用也帮助审计团队更好地了解飞骧科技的业务流程和内部控制情况，为审计结论的形成提供了有力支持。

4.审计目标与审计程序

管理层认定是确定具体审计目标的基础。注册会计师通常将管理层认定转化为能够通过审计程序予以实现的审计目标。针对财务报表每一项目所表现出的各项认定，注册会计师相应地确定一项或多项审计目标，然后通过执行一系列审计程序获取充分、适当的审计证据以实现审计目标。

在本案例中，致同会计师事务所对飞骧科技管理层关于收入确认和存货管理的认定进行了详细核查，并选取了相对应的审计程序和方法，审计团队也向管理层提出了改进建议，以帮助公司进一步完善内部控制和财务管理体系。

四、案例总结

此次审计任务充分体现了审计工作的专业性和复杂性。致同所通过合理的审计计划、适当的审计程序和方法以及先进的审计技术手段，确保了飞骧科技财务报表的真实性和公允性。同时，此次审计也为飞骧科技提供了有价值的改进建议，有助于公司进一步完善内部控制和财务管理体系。此次审计案例对于其他企业的审计工作也具有重要的参考和借鉴意义。

参考信息来源

［1］深圳飞骧科技股份有限公司. 深圳飞骧科技股份有限公司专项说明［EB/OL］.［2023-04-23］. http://static. sse. com. cn/stock/disclosure/announcement/c/202304/001320_ 20230423_DFOC.pdf.

［2］刘明辉，祁渊，张婷婷. 审计［M］. 9版. 大连：东北财经大学出版社，2024.

案例使用说明

案例目标

○ 关键问题

如何在复杂业务环境下，通过合理的审计程序和方法，确保财务报表的真实性和公允性？

○ 教学目标

通过案例讨论，学生应理解审计在复杂业务环境中的应用，掌握审计程序和方法，了解抽样技术的重要性，并认识到信息技术对审计工作的影响。

案例背景

○ **理论背景**

学生应掌握审计的基本概念、种类、方法以及审计程序等基础知识，了解抽样技术在审计中的应用原理。

○ **行业背景**

了解集成电路行业的业务特点、收入确认和存货管理的特殊性，以及该行业面临的财务和审计挑战。

○ **制度背景**

熟悉我国财务报表审计的相关法规、准则和制度，了解审计机构在财务报表审计中的职责和要求。

讨论问题

致同所在审计飞骧科技时，如何确保收入确认和存货管理的准确性？

案例解析视频

开放式讨论区

审计计划、审计重要性与审计风险

案例 19

一家初创公司的高风险审计

【摘要】本案例讲述了审计师王某团队对一家高风险初创公司——阳光智能科技有限公司——进行年度财务报表审计的案例，重点介绍了审计计划制订、重要性水平确定及审计风险识别与应对的过程。

【关键词】审计计划　审计重要性　审计风险　阳光智能科技有限公司　重大错报风险

案例正文

一、案例背景

近年来，随着科技创新的快速发展，初创企业在全球经济中扮演着越来越重要的角色。然而，初创企业的财务结构复杂、经营环境不稳定，导致它们往往面临较高的审计风险。本案例讲述审计师如何通过审慎的审计计划、把握重要性水平及评估审计风险，来应对一家高风险初创公司的审计挑战。

阳光智能科技有限公司（以下简称"阳光科技"）是一家成立仅三年的高科技初创企业，主营智能家居设备的研发和销售。由于公司处于快速扩张期，其业务规模迅速增长，财务数据也变得越来越复杂。该公司聘请了一家中型会计师事务所，由审计师王某带领团队进行年度财务报表审计。

阳光科技的发展潜力吸引了不少投资者的关注，尤其是其即将进行的新一轮融资对外界充满吸引力。然而，由于公司成立时间短，财务系统不够健全，内部控制相对薄弱，王某意识到这次审计将是一项高风险的挑战。为了有效应对这些挑战，王某团队需要制订详细的审计计划，合理确定重要性水平，并精确评估审计风险。

二、案例描述

1.审计计划的制订

审计计划是整个审计工作的基础，它指导审计师如何实施审计程序、分配资源并确定重点审计领域。在对阳光科技的审计中，王某深知由于初创企业有很大的不确定性，在审计工作中可能会遇到很多未知风险。因此，制订一份详尽且具有灵活性的审计计划，是成功完成这项高风险审计的关键。

（1）前期信息收集与风险评估

在制订审计计划之前，王某和他的团队对阳光科技的业务模式、财务状况以及行业背景进行了深入的了解。他们通过对公司管理层、财务人员及其他内部人士的访谈，掌握了阳光科技的运营细节以及目前面临的财务问题。

在初步了解公司情况后，王某团队开始分析审计中的潜在风险。例如，由于公司刚成立不久，财务制度尚不完善，王某预计在收入确认和成本分摊上可能存在较大的风险。此外，阳光科技的大量研发支出和相关的无形资产评估，也增加了审计的复杂性和风险。

在收集了足够多的信息后，王某确定了此次审计的关键风险领域，包括收入确认、研发费用资本化以及无形资产的减值测试。这些风险领域将成为审计工作的重点，审计团队需要在后续的程序中集中精力应对这些高风险环节。

（2）审计目标的确定

基于风险评估结果，王某制定了明确的审计目标。此次审计的总体目标是验证阳光科技的财务报表是否真实、公允地反映了公司的财务状况和经营成果。具体而言，审计团队将重点核实收入确认是否符合会计准则，研发支出的处理是否合理，以及无形资产的估值是否准确。

此外，王某还特别关注了内部控制的有效性，尤其是与财务报告相关的内部控制的有效性。初创公司往往由于管理结构不成熟而在内部控制方面存在明显不足，因此审计团队将在审计中进行深入的控制测试，以判断公司的内部控制系统能否有效防范和发现财务报表中的重大错报。

2.重要性水平的确定

在审计过程中，确定"重要性"水平至关重要。重要性是指审计师认为如果财务报表中某项错报超过这一水平，就可能会影响财务报表使用者的决策。在对阳光科技进行的审计中，由于公司规模较小、业务变化快，审计团队需要合理确定适当的审计重要性水平。

（1）初步确定重要性水平

王某团队根据公司的规模、财务结构以及行业特点，初步确定了重要性水平。具体来说，审计团队考虑了阳光科技的资产总额、收入规模以及经营利润等关键财务指标。由于阳光科技是一家快速发展的初创公司，财务数据波动较大，王某决定采取较为谨慎的态度，设定了一个较低的整体重要性水平。

通过这样的设定，审计团队能够更细致地关注财务报表中的各项数据，确保即使是较小的错报也能够被发现和纠正。同时，考虑到公司的特殊业务模式和高速扩展的背景，王某也意识到需要对一些特殊领域（如研发支出和无形资产）单独设定更为严格的审计重要性水平。

（2）逐步调整重要性水平

随着审计工作的推进，王某团队在执行审计程序的过程中对重要性水平进行了动态调整。初步的审计测试结果显示，阳光科技在收入确认方面的控制存在较大缺陷，因此团队决定对该部分进行更多的实质性测试。同时，他们将该领域的审计重要性水平进一步降低，以确保能够发现细微错报。

这种逐步调整的策略有助于审计师根据实际发现的问题灵活应对，确保审计工作的全面性和准确性。在最终确定审计报告之前，审计团队对每一个高风险领域的审计工作进行了仔细复核，确保各个关键领域的错报均在可接受的范围内。

三、案例分析

1.审计目标的实现与审计计划

审计目标的实现过程通常包括接受业务委托、计划审计工作、实施风险评估程序、实施控制测试和实质性程序，以及完成审计工作并出具审计报告五个阶段。

计划审计工作，包括在本期审计业务开始时开展的初步业务活动，针对审计业务制定总体审计策略和制订具体审计计划等。计划审计工作是整个审计工作的起点。为了保证审计目标的实现，注册会计师必须在具体执行审计程序之前，制订审计计划，对审计工作进行科学、合理的计划与安排。科学、合理的审计计划可以帮助注册会计师有的放矢地去审查和取证，形成正确的审计结论；可以使审计成本保持在合理的水平上，提高审计工作的效率。需要指出的是，计划审计工作并不是一个孤立阶段，而是一个持续的、不断修正的过程，贯穿整个审计过程的始终。

在本案例中，王某和他的团队在审计之前对阳光科技公司制订了详细缜密的审计计划，通过前期的信息收集与风险评估工作，判断出审计的风险点，初步确定重要性水平，伴随审计的不断深入，动态调整重要性水平。

2.审计重要性

（1）重要性的定义

重要性取决于在具体环境下对错报金额和性质的判断，在财务报表审计中，如果合理预期错报（包括漏报）单独或汇总起来可能影响财务报表使用者依据财务报表作出的经济决策，则通常认为错报是重大的。错报，是指某一财务报表项目的金额、分类、列报或披露，与按照适用的财务报告编制基础应当列示的金额、分类、列报或披露之间存在的差异；或根据注册会计师的判断为使财务报表在所有重大方面公允反映企业的财务状况、经营成果和现金流量，需要对金额、分类、列报或披露作出的必要调整。错报可能是错误或舞弊导致的。在审计中经常提到的重大错报风险便由此概念而来。

重要性水平可被视为财务报表中的错报、漏报能否影响财务报表使用者作出决策的"临界点"，超过该"临界点"，就会影响使用者的判断和决策，这种错报和漏报就应被看作"重要的"。

（2）重要性水平的判断

注册会计师应在计划审计工作时确定计划的重要性水平，并在执行审计工作时拟定实际执行的重要性水平。确定重要性水平需要运用职业判断。

注册会计师在计划审计工作阶段确定重要性水平时，需要考虑以下因素：第一，对被审计单位及其环境（如被审计单位的行业状况、法律环境、监管环境、规模大小、业务性质、对会计政策的选择和应用等）的了解程度。第二，审计的目标。财务报表使用者对于信息的要求会影响审计人员对重要性水平的确定。第三，财务报表各个项目的性质以及相互关系。一般而言，流动性较高的项目比流动性较低的项目更受关注，因而针对流动性较高的项目需要制定更严格的重要性水平。而且，财务报表各项目之间是相互联系的，因此在确定重要性水平时也应将这一因素纳入考虑范围。第四，财务报表项目的金额及其变动幅度。财务报表使用者可能会对不同的财务报表项目的金额及其变动幅度有不同的反应。在本案例中，王某及其团队正是基于上述几点考虑初步确定重要性水平的。

重要性水平包括财务报表整体的重要性水平和特定类别交易、账户余额或披露的重要性水平。其中，在计划审计工作时，财务报表整体的重要性水平是必须确定的，而特定类别交易、账户余额或披露的重要性水平是在有必要作出判断时再确定的。

财务报表整体的重要性水平的确定：注册会计师通常先选定一个基准，再乘以某一百分比作为财务报表整体的重要性水平。基准往往是某一项或多项财务报表要素（如资产、负债、所有者权益、收入和费用等）。根据被审计单位的特定情况，如果存在一个或多个特定类别的交易、账户余额或披露，其发生错报的金额虽然低于财务报表整体的重要性水平，但合理预期可能影响财务报表使用者依据财务报表作出的经济决策，注册会计师就应当确定适用于这些交易、账户余额或披露的一个或多个重要性水平。王某及其团队考虑到公司的特殊业务模式和高速扩展的背景，需要对一些特殊领域（如研发支出和无形资产）单独设定更为严格的审计重要性水平。

（3）审计重要性水平的运用

在计划审计工作时，注册会计师需要对重要性水平作出判断，为确定风险评估程序的性质、时间安排和范围，识别和评估重大错报风险以及确定进一步审计程序的性质、时间安排和范围提供基础。在本案例中，王某团队根据公司的规模、财务结构以及行业特点，初步确定了重要性水平。

在执行审计工作阶段，实际执行的重要性水平也将直接影响注册会计师的审计工作量及需要获取的审计证据的数量，主要体现在运用实际执行的重要性水平来确定进一步审计程序的性质、时间安排和范围上。随着审计工作的推进，王某团队在执行审计程序的过程中对重要性水平进行了动态调整。

在审计结果评价阶段，评价识别出的错报对审计的影响，以及未更正错报（如有）对财务报表的影响时，注册会计师需要运用重要性水平的概念。通过不断地进行动态调整，在最终确定审计报告之前，审计团队对每一个高风险领域的审计工作进行了仔细复核，确保各个关键领域的错报均在可接受的范围内。

3.审计风险的分类与评估

审计风险是指财务报表中存在重大错报，而审计师发表不恰当审计意见的可能性。审计风险取决于重大错报风险和检查风险。重大错报风险是指财务报表在审计前存在重大错报的可能性。重大错报风险分为财务报表层次的重大错报风险与各类交易、账户余额和披露认定层次的重大错报风险。财务报表层次的重大错报风险，是指财务报表整体存在广泛联系并潜在影响多项认定的重大错报风险。财务报表层次的重大错报风险可能与注册会计师考虑舞弊导致的重大错报风险相关。认定层次的重大错报风险由固有风险和控制风险两部分组成。在对阳光科技的审计中，这三类风险均较高，因此王某团队必须采取有效措施以应对这些风险。

（1）固有风险

固有风险是指不考虑内部控制的情况下，某个账户或交易中可能存在重大错报的风险。由于阳光科技处于初创期，业务扩展迅速且财务制度不够完善，其固有风险相对较高。王某团队识别出公司在收入确认、研发支出资本化及无形资产评估等方面具有较高的固有风险。

例如，阳光科技的主要收入来自智能家居设备的销售，但由于其产品尚处于市场推广期，销售收入波动较大。同时，公司在确认收入时未严格遵循相关会计准则的规定，部分收入在未满足交付条件时便已确认。这一问题使得公司收入确认的固有风险极高。

（2）控制风险

控制风险是指公司内部控制无法有效防止或发现财务报表中的重大错报的风险。在对阳光科技的审计中，王某团队发现该公司内部控制存在多个薄弱环节，尤其是在财务报告和资产管理方面。

阳光科技的财务人员相对较少，且部分岗位缺乏清晰的职责分工，导致关键的控制环节未能得到有效实施。例如，在应收账款管理方面，公司未能定期核对账款余额，导致一些坏账未能及时被发现。此外，公司的研发支出管理也存在漏洞，部分研发项目的资本化判断缺乏足够的依据。

由于这些控制缺陷，王某团队意识到控制风险较高，因此决定扩大实质性程序的范围，以降低最终的审计风险。

（3）检查风险

检查风险是指审计师实施审计程序后，未能发现财务报表中存在的重大错报的风险。为降低检查风险，王某团队设计了多项详细的审计程序，包括对收入确认的实质性测试、对研发支出资本化的审查以及对无形资产减值的详细分析。

例如，在收入确认方面，王某团队不仅检查了销售合同和发票，还通过向客户发函询证的方式，核实销售交易的真实性和准确性。通过这些深入的测试，审计团队能够有效降低检查风险，确保财务报表中不存在重大错报。

4.应对高风险的审计策略

面对阳光科技的高审计风险，王某团队采取了一系列审计策略来有效应对。在制订审计计划时，团队便明确了需要重点审查的高风险领域，并在执行过程中不断调整审计重要性水平和审计的范围。

（1）实质性测试的加强

由于固有风险和控制风险较高，王某团队加强了对关键领域的实质性测试。例如，审计团队在收入确认方面不仅执行了常规的账务检查，还对部分大额销售交易进行了追踪，核实了交易的实际发生和客户付款情况。此外，团队还对研发支出的资本化进行了详细审查，确保其符合相关会计准则的要求。

（2）审计复核与团队协作

在高风险审计中，复核程序尤为重要。王某安排了经验丰富的审计师对关键审计领域的工作底稿进行复核，以确保每一项重大判断均经过了充分讨论和审慎考虑。此外，王某团队在审计过程中注重内部沟通，及时分享审计过程中发现的风险和问题，确保审计工作能够顺利完成。

四、案例总结

阳光科技的审计案例展示了在面对高风险审计时，审计师如何通过精心设计的审计计划、合理确定重要性水平以及有效应对审计风险，来确保审计工作的顺利进行。对于审计师而言，对重要性水平和审计风险的合理评估不仅是确保审计质量的关键，也是保护审计师职业声誉的有效手段。

通过本案例的学习，学生们能够更好地理解审计计划的重要性，掌握如何在复杂的审计环境中进行风险评估，并制定相应的应对策略。该案例强调了在对初创企业进行的这种高风险审计中，审计师的专业判断和审慎态度在审计工作中的核心地位。

参考信息来源

[1] 刘明辉，祁渊，张婷婷. 审计 [M]. 9版. 大连：东北财经大学出版社，2024.
[2] 陈汉文，杨道广，董望. 审计 [M]. 5版. 北京：中国人民大学出版社，2022.

案例使用说明

案例目标

○ 关键问题
如何通过审慎的审计计划、合理确定重要性水平及有效应对审计风险，来确保对高风险初创公司的审计工作的高质量？

○ 教学目标
通过案例讨论，学生应掌握在高风险环境下制订审计计划、评估重要性水平及识别与应对审计风险的方法，提升学生的专业判断和审慎态度。

案例背景

○ 理论背景
学生应掌握审计计划的内容与制订方法、重要性水平的概念与确定原则，以及审计风险的分类与评估方法。

○ 行业背景
了解初创企业的财务特点、经营环境及常见风险，如财务系统不健全、内部控制薄弱等。

○ 制度背景
熟悉相关会计准则和审计准则，了解审计师在执业过程中应遵循的规范和标准。

讨论问题

如何有效应对初创公司财务报表审计的高风险？

案例解析视频　　　　　　　　　　　　　　开放式讨论区

案例20

哈工智能年报审计：审计风险识别与应对策略

【摘要】本案例以哈工智能机器人股份有限公司2023年年报被出具无法表示意见的审计报告为背景，探讨了审计在揭示公司财务问题、识别投资风险等方面的重要性，强调了审计对上市公司、投资者及监管机构的关键作用。

【关键词】审计的重要性　审计风险　哈工智能机器人股份有限公司审计报告　无法表示意见

案例正文

一、案例背景

在现代资本市场中，上市公司年报作为反映公司经营成果、财务状况和治理情况的重要文件，其真实性和准确性对于投资者决策、市场监管以及公司的长期发展具有重大影响。审计作为确保年报信息质量的关键环节，其重要性不言而喻。本案例以江苏哈工智能机器人股份有限公司（以下简称"哈工智能"）2023年年报被出具无法表示意见的审计报告为背景，探讨审计的重要性水平及其在实际操作中的应用。

二、案例描述

1.案例事实

2024年5月20日，哈工智能收到深圳证券交易所（以下简称"深交所"）下发的《关于对江苏哈工智能机器人股份有限公司2023年年报的问询函》（公司部年报问询函〔2024〕第204号），针对其2023年年度报告中存在的多个问题提出问询。其中，最为引人注目的是其年报被亚太（集团）会计师事务所（特殊普通合伙）（以下简称"亚太所"）出具了无法表示意见的审计报告。

（1）收入确认问题

哈工智能的高端装备制造（汽车焊装生产线）业务采用时段法确认收入，而亚太所认为此类业务应按时点法以终验合格作为收入确认时点。由于双方在此问题上存在分歧，亚太所无法确认营业收入、营业成本、存货、合同资产、应收账款等科目金额的正确性。此外，哈工智能对部分股权投资平台公司采用权益法核算，但亚太所无法确定这些核算的准确性及是否存在尚未识别的关联资金往来。

（2）关联交易问题

哈工智能在年报披露前与北京零贰壹签署股权转让意向协议，但在年报披露后短期内即终止交易。这一行为引发了深交所对交易真实性、商业实质以及是否存在其他利益安排的关注。

（3）内部控制问题

哈工智能的内部控制已连续两年被年审机构出具否定意见。报告期内，其子公司天津福臻遭遇电信诈骗，造成损失约2 330.19万元。这一事件暴露了公司在内部控制方面的重大缺陷。

（4）持续经营能力问题

哈工智能报告期内扣非后净利润为负值，且连续多年大额亏损，资产负债率连年攀升，流动资产小于流动负债。这些因素引发了深交所对其持续经营能力的担忧。

2.公司回复与中介机构意见

针对深交所的问询，哈工智能进行了详细回复，并提供了相关证据和解释。同时，亚太所也就其审计意见和无法表示意见的原因进行了说明。

（1）收入确认问题的回复

哈工智能解释了其采用时段法确认收入的依据和合规性，并提供了同行业其他公司的收入确认政策作为参考。亚太所则坚持其观点，并说明了无法确认相关科目金额正确性的原因。

（2）关联交易问题的回复

哈工智能解释了与北京零贰壹股权转让交易的过程和原因，并强调该交易真实且具有商业实质。独立董事也对此发表了意见，对交易的真实性和合理性进行了评估。

（3）内部控制问题的回复

哈工智能详细说明了针对内部控制缺陷所采取的整改措施及进展，并表示将继续加强内部控制建设。亚太所对公司内部控制的有效性进行了核查，并发表了明确意见。

（4）持续经营能力问题的回复

哈工智能结合其业务情况、订单情况、资金状况等因素，对持续经营能力进行了评估，并表示将采取积极措施改善财务状况。同时，公司也提示了相关风险，并说明了拟采取的应对措施。

三、案例分析

评估的重大错报风险与所需收集的审计证据的数量存在正向关系。一般而言，评估的重大错报风险越高，需要收集的审计证据就越多；评估的重大错报风险越低，所需收集的审计证据越少。

可以接受的检查风险水平与审计证据之间存在的是反向关系。一般而言，对于同一个审计客户，可以接受的检查风险水平越高，所需收集的审计证据越少；可以接受的检查风险水平越低，所需收集的审计证据越多。

因此，为了获取合理保证，注册会计师应当获取充分、适当的审计证据，以将检查风险降至可接受的低水平，从而能够得出合理的结论，作为形成审计意见的基础。在本案例中，亚太所针对深交所提出的问询都获取了充分的证据证明其审计的结论。

本案例凸显了审计在保障上市公司年报信息质量方面的重要性。通过审计，可以发现并揭示公司财务报告中存在的问题和风险，为投资者提供更为准确、可靠的决策依据。在本案例中，亚太所作为独立审计机构，对哈工智能的年报进行了全面审计，并指出了多个关键问题，如收入确认分歧、关联交易真实性存疑、内部控制缺陷以及持续经营能力不确定性等。这些问题不仅影响了年报的准确性和可靠性，也对公司的市场形象和投资者信心造成了负面影响。

通过本案例的分析，我们可以看到审计在资本市场中的重要作用。首先，审计可以帮助投资者识别风险。在本案例中，亚太所出具的无法表示意见的审计报告引起了市场的广泛关注，使得投资者能够更加警觉地关注哈工智能的财务状况和经营风险。其次，审计可以促进公司规范运作。面对审计指出的问题，哈工智能不得不积极应对，加强内部控制建设，改善财务状况，这有助于推动公司规范运作和健康发展。最后，审计也是监管机构加强市场监管的重要手段。通过审计机构的独立审计，监管机构可以更加准确地了解上市公司的实际情况，及时发现并纠正违规行为，维护市场秩序和投资者权益。

四、案例总结

本案例以哈工智能2023年年报被出具无法表示意见的审计报告为背景，深入探讨了审计在资本市场中的重要性。通过案例分析，我们可以看到审计在揭示公司财务问题、识别投资风险、促进公司规范运作以及加强市场监管等方面发挥着重要作用。因此，对于上市公司而言，它们应高度重视审计工作，积极配合审计机构的工作，及时整改审计指出的问题；对于投资者而言，他们应关注审计意见和审计报告中的关键信息，谨慎评估投资风险；对于监管机构而言，它们应加强对审计机构的监管和指导，确保其独立、客观、公正地履行职责。

参考信息来源

［1］深圳证券交易所. 关于对江苏哈工智能机器人股份有限公司2023年年报的问询函［EB/OL］.［2024-05-20］. https：//reportdocs.static.szse.cn/UpFiles/zqjghj/sup_jghj_00018F951C225C3FE0E02C649A31763F.pdf.

［2］江苏哈工智能机器人股份有限公司. 江苏哈工智能机器人股份有限公司关于深圳证券交易所2023年年报问询函回复的公告［EB/OL］.［2024-07-31］. http://www. cninfo. com. cn/new/announcement/download？ bulletinId=1220755915&announceTime=2024-07-31.

［3］刘明辉，祁渊，张婷婷. 审计［M］. 9版. 大连：东北财经大学出版社，2024.

案例使用说明

案例目标

○ 关键问题

如何通过审计有效揭示上市公司年报中的财务问题，并为投资者提供准确的决策依据？

○ 教学目标

通过案例讨论，学生应理解财务问题、识别投资风险，并了解审计对上市公司、投资者及监管机构的作用。

案例背景

○ 理论背景

学生应掌握审计的基本概念、审计流程、审计意见类型及其含义，了解审计在资本市场中的作用。

○ **行业背景**

了解我国资本市场的现状，包括上市公司的年报披露制度、审计机构的角色和职责，以及投资者对年报信息的关注程度。

○ **制度背景**

熟悉我国与上市公司年报审计相关的法律法规，如《中华人民共和国证券法》《上市公司信息披露管理办法》等，以及违反这些规定可能面临的法律后果。

讨论问题

审计机构在哈工智能年报审计中发挥了哪些作用？

案例解析视频　　　　　　　　　　　　开放式讨论区

案例21

ST三盛更换年审机构背后的审计风险与应对策略

【摘要】本案例以ST三盛智慧教育科技股份有限公司更换年审机构为背景，深入剖析了上市公司年报审计过程中可能面临的风险，包括商业实质判断、时间紧迫性、管理层与内部控制问题以及新聘机构执业能力与独立性等，并提出了相应的应对措施。

【关键词】审计风险　ST三盛智慧教育科技股份有限公司　年审机构更换　审计风险应对

案例正文

一、案例背景

近年来，随着资本市场的不断发展和监管力度的加大，上市公司年报审计的重要性日益凸显。然而，审计过程中存在的风险也不容忽视。本案例以ST三盛智慧教育科技股份有限公司（以下简称"ST三盛"）更换年审机构的事件为背景，深入剖析审计风险及其应对措施。

二、案例描述

1.事件起因

ST三盛智慧教育科技股份有限公司在2023年度审计过程中，原计划聘任深圳旭泰会计师事务所（以下简称"深圳旭泰"）为年审机构。然而，在审计过程中，双方出现了分歧。深圳旭泰对ST三盛收购子公司麻栗坡天雄新材料有限公司（以下简称"天雄新材"）39%股权、锰渣库、变电站等交易的商业实质和资金流闭环问题提出了质疑，认为这些交易存在不确定性，无法判断其经济可行性。而ST三盛则坚持认为这些交易具有商业实质，不构成资金闭环。

2.解聘与再聘

由于双方无法达成一致意见，ST三盛决定解聘深圳旭泰，并聘请北京兴荣华会计师事务所（以下简称"北京兴荣华"）作为新的年审机构。这一决定在距离年报披露日不足一个月的时间内作出，引起了深圳证券交易所的高度关注，并下发了关注函要求公司核实并说明相关情况。

在解聘深圳旭泰的过程中，ST三盛的审计委员会、董事会成员以及独立董事对解聘原因、新聘机构的执业能力、独立性等方面进行了评估和讨论。同时，公司也面临着董事、高级管理人员频繁变动以及控股股东股份被全部冻结等不利因素，这些都对年报的编制和审计工作带来了挑战。

3.审计风险分析

（1）商业实质与资金流问题：深圳旭泰对公司交易的商业实质和资金流闭环问题的质疑，揭示了审计过程中对于交易真实性和合理性的判断风险。如果审计人员无法准确判断交易的商业实质，可能导致审计结论出现偏差，进而影响年报的真实性和准确性。

（2）时间紧迫性：ST三盛在距离年报披露日不足一个月的时间内更换年审机构，给审计工作带来了极大的时间压力。时间紧迫可能导致审计程序无法充分执行，审计证据无法充分收集，从而增加审计风险。

（3）管理层与内部控制问题：公司董事、高级管理人员的频繁变动以及控股股东股份被全部冻结等事件，反映了公司管理层和内部控制方面存在的问题。这些问题可能影响公司的正常运营和财务状况，进而增加审计风险。

（4）新聘机构的执业能力与独立性：更换年审机构后，新聘机构的执业能力和独立性成为关注的重点。如果新聘机构缺乏足够的执业经验或受到外部压力的影响，可能无法保持审计的独立性和客观性，从而增加审计风险。

4.应对措施

（1）加强沟通与协调：公司应加强与审计机构的沟通与协调，确保双方对审计范围、审计重点等问题达成共识。同时，公司也应积极配合审计机构的工作，提供必要的审计资料和信息。

（2）确定恰当的审计时间、审计程序以及审计范围：审计机构应严格按照审计准则和审计计划执行审计工作，确保审计证据的充分性和适当性。对于存在疑虑的交易和事项，应进行深入的核查和取证工作。

（3）关注管理层与内部控制：审计人员应关注公司的管理层变动和内部控制情况，评估这些因素对公司财务状况和经营成果的影响。如果发现重大缺陷或风险事项，应及时向管理层和治理层报告并提出改进建议。

（4）评估新聘机构的执业能力与独立性：在更换年审机构时，公司应对新聘机构的执业能力、独立性、诚信状况等方面进行充分评估。确保新聘机构具备足够的执业经验和专业胜任能力，能够保持审计的独立性和客观性。

三、案例分析

注册会计师应当通过计划和实施审计工作，获取充分、适当的审计证据，将审计风险降至可接受的低水平。这是控制审计风险的总要求。在审计风险模型中，重大错报风险是企业的风险，不受注册会计师的控制，注册会计师只能通过实施风险评估程序来正确评估重大错报风险，并根据评估的两个层次的重大错报风险分别采取应对措施。

本案例展示了上市公司在年报审计过程中可能面临的多种风险及其应对措施。通过深入分析ST三盛更换年审机构的事件及其背后的原因和影响，我们可以得出以下结论：

（1）审计风险是客观存在的，审计人员应保持高度的职业谨慎和敏锐性，及时发现并应对潜在的风险事项。

（2）加强与审计机构的沟通与协调是降低审计风险的有效途径。双方应建立互信关系，共同推动审计工作的顺利开展。

（3）确定恰当的审计时间、审计程序以及审计范围是确保审计质量的关键。审计人员应严格按照审计准则和审计计划执行审计工作，确保审计证据的充分性和适当性。

（4）关注管理层与内部控制对于评估公司的财务状况和经营成果具有重要意义。审计人员应将其作为审计工作的重点之一进行深入核查。

（5）在更换年审机构时，公司应对新聘机构的执业能力、独立性等方面进行充分评估，以确保其能够胜任审计工作并保持审计的独立性。

四、案例总结

本案例通过ST三盛更换年审机构的事件展示了上市公司在年报审计过程中可能面临的多种风险及其应对措施。这些风险包括商业实质与资金流问题的判断风险、时间紧迫性带来的审计执行风险、管理层与内部控制问题导致的审计风险以及新聘机构执业能力与独立性的评估风险等。为了降低这些风险，公司应加强与审计机构的沟通与协调、充分执行审计程序、关注管理层与内部控制以及评估新聘机构的执业能力与独立性等方面的工作。通过这些措施的实施，可以确保年报审计工作的顺利开展和审计质量的提升。

参考信息来源

［1］深圳证券交易所. 关于对三盛智慧教育科技股份有限公司的关注函（四）［EB/OL］.［2024-03-25］. https：//reportdocs. static. szse. cn/UpFiles/zqjghj/sup_jghj_00018F55AFB99E3FEB5B5768DA67243F.pdf.

［2］三盛智慧教育科技股份有限公司. 三盛智慧教育科技股份有限公司关于深圳证券交易所关注函（四）〔2024〕54号的部分回复公告［EB/OL］.［2024-04-10］. https：//reportdocs. static. szse. cn/UpFiles/zqjghj/sup_jgdxhh_00018F55AFB8533FDE888EEE9CB5B43F.pdf.

［3］刘明辉，祁渊，张婷婷. 审计［M］. 9版. 大连：东北财经大学出版社，2024.

案例使用说明

案例目标

○ 关键问题
如何通过有效措施降低上市公司年报审计过程中的风险？

○ 教学目标
通过案例讨论，学生应深入理解上市公司年报审计过程中可能面临的各种风险，掌握识别、评估和应对这些风险的方法，提升审计实践能力和风险防范意识。

案例背景

○ **理论背景**

学生应掌握审计的基本概念、审计流程、审计风险及其类型，了解审计准则和审计计划的重要性，以及审计人员在审计过程中应保持的职业谨慎和敏锐性。

○ **行业背景**

了解我国资本市场的现状，包括上市公司的年报披露制度、审计机构的角色和职责，以及上市公司与审计机构之间的合作与沟通机制。

○ **制度背景**

熟悉我国与上市公司年报审计相关的法律法规，如《中华人民共和国证券法》《上市公司信息披露管理办法》等，以及违反这些规定可能面临的法律后果。

讨论问题

ST 三盛更换年审机构后，应如何确保新聘机构的执业能力与独立性？

案例解析视频　　　　　　　　　　　　　　开放式讨论区

内部控制及其评价与审计

案例22

高管舞弊事件的揭露

【摘要】本案例通过星辰控股集团的高管舞弊案例，深入探讨了内部控制系统失效导致的风险，展示了内部控制评价与审计在企业管理中的关键作用，并提出了相应的改进建议。

【关键词】内部控制　星辰控股集团　舞弊　财务报告　风险管理

案例正文

一、案例背景

在现代企业中，内部控制系统的健全与否直接影响公司财务报表的准确性以及整体运营的稳定性。有效的内部控制系统不仅能帮助企业防范和发现财务报表中的错报，更能防止内部人员的舞弊行为。然而，当企业的内部控制系统失效，特别是当高管层成为舞弊的发起者时，所带来的风险和损害可能极其严重。

本案例的主人公是一家知名的上市公司"星辰控股集团"（以下简称"星辰控股"）。该公司是一家涉及多个行业的大型企业集团，主要经营房地产、金融服务和科技投资业务。尽管该公司在外界看来经营状况良好，但在内部，高层管理人员的舞弊行为，最终导致了公司巨额亏损并深陷法律纠纷。这个案例将深入探讨内部控制系统失效导致的舞弊行为，展示内部控制在企业管理中的关键作用。

星辰控股的高层管理人员，包括首席财务官（CFO）林强，利用职务之便，通过虚构收入、操纵成本和隐瞒债务等手段，长期粉饰公司的财务报表，掩盖了公司的真实财务状况。这一舞弊行为之所以能够持续多年，主要原因是公司内部控制体系薄弱，尤其是在财务报告领域未能对高管的行为实施有效监督。外部审计师最终在例行审计中揭露了这一舞弊事件，震动了整个行业。

二、案例描述

1. 内部控制系统的建立

内部控制系统是企业确保业务合法合规、资产安全、财务报告可靠以及提高运营效率的重要保障。按照我国《企业内部控制基本规范》的要求，企业必须建立有效的内部控制制度，并定期对其进行评估和改进。内部控制的核心是通过合理的分工和授权，确保企业的各项业务能够相互制衡，从而减少错误和舞弊的发生。

在星辰控股的初创时期，公司的内部控制制度较为健全，尤其在授权审批和财务报告流程上有着明确的制度规定。例如，所有的大额资金支付需要经过多层审批，财务报表的编制也要经过严格的复核程序。然而，随着公司规模的迅速扩张，管理层逐渐放松了对内部控制的重视。尤其是在高层管理人员的权力集中后，原有的内部控制系统失去了应有的约束力。

2. 内部控制系统的失效

随着公司高层权力的高度集中，CFO林强逐渐控制了公司财务的各个环节。他不仅掌握了财务报表的最终决策权，还能绕过原本的复核和审批程序，直接操纵公司的关键财务数据。公司的审计委员会虽然在形式上存在，但其职能被大大弱化，对高层管理人员的行为缺乏有效监督。

由于缺乏独立的内部审计职能，以及对高层管理者的盲目信任，公司的内部控制逐渐失效。林强通过虚增收入和隐瞒负债的方式，粉饰公司的业绩，诱使投资者继续注入资金，并向股东传递虚假的财务健康信息。这些行为严重破坏了公司的财务透明度，最终导致了舞弊的发生。

三、案例分析

（一）内部控制五要素

审计准则将内部控制划分为如下五个要素：

1. 控制环境

控制环境包括治理职能和管理职能，以及治理层和管理层对内部控制及其重要性的态度、认识和行动。控制环境设定了被审计单位的内部控制基调，影响员工的内部控制意识。注册会计师应当了解控制环境。作为了解控制环境的一部分，注册会计师应当评价：（1）管理层在治理层的监督下，是否营造并保持了诚实守信和合乎道德的文化；（2）控制环境总体的优势是否为内部控制的其他要素奠定了适当的基础，以及这些其他要素是否未被控制环境中存在的缺陷削弱。

2. 风险评估过程

被审计单位的风险评估过程为管理层确定需要管理的风险提供了基础。注册会计师应当了解被审计单位是否已建立风险评估过程，包括：（1）识别与财务报告目标相关的经营风险；（2）估计风险的重要性；（3）评估风险发生的可能性；（4）决定应对这些风险的措施。

3.与财务报告相关的信息系统和沟通

与财务报告目标相关的信息系统（包括会计系统）由一系列的程序和记录组成。被审计单位的业务流程是指旨在实现下列目的的活动：开发、采购、生产、销售、配送产品和提供服务；确保遵守法律法规；记录信息，包括会计和财务报告信息。业务流程产生的交易由信息系统记录、处理和报告。因此，了解被审计单位的业务流程（包括交易产生的方式），有助于注册会计师以适合被审计单位具体情况的方式了解与财务报告相关的信息系统。

4.控制活动

控制活动是指有助于确保管理层的指令得以执行的政策和程序。控制活动包括授权、业绩评价、实物控制、职责分离等相关的活动。

注册会计师应当了解与审计相关的控制活动。与审计相关的控制活动，是注册会计师为评估认定层次重大错报风险并设计进一步审计程序应对评估的风险而认为有必要了解的控制活动。注册会计师判断一项控制活动是否与审计相关，受以下两个因素的影响：（1）注册会计师识别出的可能导致重大错报的风险；（2）在确定实质性程序的范围时，注册会计师认为测试控制运行的有效性是否适当。

5.监督

对控制的监督，是指被审计单位评价内部控制在一段时间内运行有效性的过程。注册会计师应当了解被审计单位用于监督与财务报告相关的内部控制的主要活动，包括了解针对与审计相关的控制活动的监督，以及被审计单位如何对控制缺陷采取补救措施。如果被审计单位设有内部审计，注册会计师应当了解下列事项，以确定是否能够利用内部审计的工作：（1）内部审计的职能范围以及内部审计在被审计单位中的地位；（2）内部审计已实施或拟实施的活动。

（二）内部控制评价的重要性

内部控制评价是指通过对企业内部控制制度的有效性进行评估，来判断其能否有效防范和发现重大财务错报或舞弊行为。内部控制评价不仅是企业内部自我监督的重要工具，也是外部审计师在审计过程中必须重点关注的领域。

1.内部控制评价的流程

星辰控股事件表明，当内部控制评价流于形式时，舞弊行为极易发生。审计师在对企业进行审计时，通常会首先评估企业的内部控制系统，以确定其设计是否合理、运行是否有效。在评估过程中，审计师会关注企业的组织结构、权力分配、授权程序以及财务报告的编制和复核流程。

在星辰控股的舞弊案例中，外部审计师一开始并未发现林强的财务操纵问题。这是因为在舞弊初期，林强巧妙地利用了公司的控制漏洞，避开了常规的审计审查。而公司内部控制的失效也导致了审计师对部分关键业务的忽视。例如，财务报表的复核程序被林强操纵，导致审计师没有获得完整、准确的财务信息。

2. 内部控制薄弱点的识别

审计师在对内部控制进行评价时，必须能够识别出企业内部控制系统中的薄弱点。在星辰控股的案例中，以下几个方面的薄弱点使得舞弊行为能够长期存在：(1) 权力集中，财务报告的最终决策权集中在 CFO 手中，缺乏必要的权力制衡。(2) 内部审计缺位，公司内部缺乏独立的内部审计职能，未能对高管行为进行有效监督。(3) 审计委员会失效，审计委员会的职能被虚置，审计委员会未能有效履行对管理层的监督职能。

识别这些薄弱点是审计师进行内部控制评价的关键步骤。如果早期能发现这些问题，舞弊行为就可能在初期便被揭露，从而避免后续更严重的财务问题。

（三）内部控制审计与财务报告内部控制

1. 内部控制审计的实施

外部审计师对企业的内部控制系统进行审计，旨在判断其是否能够有效地防范和发现财务报表中的重大错报。在对星辰控股的审计过程中，外部审计师最终通过一系列深入的实质性审查，发现了财务报表中的异常。审计师开始怀疑公司在收入确认和成本分摊方面存在舞弊行为，于是进一步扩展了审计范围，并加强了对公司高层财务决策的审查。

通过对公司财务报告的检查与审查，审计师发现了一系列虚假的财务信息，包括未记录的债务、虚增的收入以及未合理计提的坏账准备。这些问题的暴露使得审计师意识到，公司内部控制系统已经完全失效，特别是在财务报告环节。

2. 内部控制的改进建议

在发现舞弊行为后，审计师向星辰控股提出了一系列内部控制改进建议，旨在防止类似问题再次发生。主要的改进建议包括：

重新设立独立的内部审计职能：加强内部审计部门的独立性，确保其能够对高层管理人员的行为进行有效监督。

加强审计委员会职能：提升审计委员会在公司治理中的地位，确保其能够独立履行监督职能，特别是在财务报告环节。

分散权力结构：减少财务报告权力的集中，确保多个层级的复核和审批程序能够独立运作，防止单一高管掌握过多的财务控制权。

这些改进措施的提出，帮助星辰控股重新建立了更加健全的内部控制系统，提高了公司的财务透明度和治理水平。

（四）内部控制失效的后果与审计的重要性

1. 内部控制失效的严重后果

星辰控股的舞弊事件最终导致了公司股价暴跌，投资者蒙受了巨大损失。公司高管，包括 CFO 林强，因涉嫌财务舞弊被提起刑事诉讼，公司声誉也因此严重受损。这一事件向所有企业敲响了警钟：即使是再成功的企业，如果忽视了内部控制系统的建设和执行，它们最终也可能面临毁灭性的后果。

2.审计在防范舞弊中的关键作用

审计师的职能不仅仅是验证财务报表的准确性，更是通过对企业内部控制系统的审计，帮助企业发现潜在的财务风险和控制漏洞。通过内部控制审计，审计师能够及时发现管理层的违规行为，防止舞弊问题进一步恶化。

星辰控股的案例展示了内部控制审计在发现高层管理人员舞弊中的关键作用。虽然公司内部控制系统已失效，但审计师通过对财务数据（特别是账户余额）的审计和内部控制测试，揭露了隐藏的舞弊行为，并帮助公司重新审视其治理结构。

四、案例总结

星辰控股的高管舞弊事件深刻揭示了内部控制系统失效所带来的巨大风险。通过本案例的学习，学生们可以深入理解内部控制系统的设计与评价过程，并认识到内部控制审计在预防和发现舞弊行为中的重要作用。

有效的内部控制系统不仅能帮助企业实现合规经营，更能保护企业免受管理层舞弊行为的侵害。审计师通过严格的内部控制审计，可以帮助企业发现和修复内部控制中的漏洞，为企业的长期稳定发展保驾护航。

参考信息来源

陈汉文，杨道广，董望. 审计 [M]. 5版. 北京：中国人民大学出版社，2022.

案例使用说明

案例目标

○ 关键问题
如何通过有效的内部控制评价和审计，预防和发现企业中的高管舞弊行为？

○ 教学目标
通过案例讨论，学生应深入理解内部控制的重要性，掌握内部控制评价与审计的方法，提升对舞弊风险的识别和防范能力。

案例背景

○ 理论背景
学生应掌握内部控制的基本概念、要素及评价方法，了解审计的基本原理和流程，以及舞弊的定义和类型。

○ **行业背景**

了解企业经营管理中的风险点，特别是高管舞弊的常见手法和危害，以及内部控制在不同行业中的应用特点。

○ **制度背景**

熟悉相关会计准则、审计准则和内部控制规范，了解企业在内部控制建设和评价方面的法律要求和实践标准。

讨论问题

如何通过内部控制审计有效预防和发现高管舞弊？

案例解析视频

开放式讨论区

案例23

深天地公司内部控制失效：
原因、后果与深刻启示

【摘要】 本案例以深圳市天地（集团）股份有限公司内部控制失效为例，探讨了其失效的原因、后果及启示，强调了内部控制对企业稳健运营和财务报告真实性的重要性，并提出了改进建议。

【关键词】 内部控制失效 天地（集团）股份有限公司 内部控制评价

案例正文

一、案例背景

随着企业规模的扩大和业务的复杂化，内部控制成为保障企业稳健运营和财务报告真实性的重要手段。内部控制的有效性不仅关系到企业的经营管理，还直接影响到企业的声誉和投资者的信心。然而，在实际操作中，内部控制的失效现象时有发生，给企业和投资者带来重大损失。本案例以深圳市天地（集团）股份有限公司（以下简称"深天地公司"）为例，探讨其内部控制失效的原因、后果及启示。

二、案例描述

1.公司概况

深天地公司是一家主要从事建筑材料、房地产开发等业务的综合性企业。近年来，公司因内部控制存在重大缺陷，导致财务报告真实性受到质疑，进而引发了一系列风险事件。

2.内部控制失效事件

根据深天地公司发布的《2023年度内部控制自我评价报告》和鹏盛会计师事务所出具的《内部控制审计报告》，公司存在以下内部控制重大缺陷：

（1）非经营性大额资金占用。深天地公司的子公司深圳市天地顺铭贸易有限公司以预付材料款的形式，向关联方支付了巨额资金，且部分资金长期未归还，形成非经营性资金占用。这一行为严重违反了公司的《关联交易管理制度》，且未履行相应的决策审批程序和信息披露义务。

（2）内部控制评价失效。深天地公司在内部控制评价过程中，未能及时发现并纠正上述重大缺陷，导致内部控制评价报告未能真实反映公司的内部控制状况。

由于存在上述重大缺陷，鹏盛会计师事务所在对深天地公司2023年度财务报告内部控制进行审计后，出具了否定意见的审计报告。

3.后果与影响

（1）财务报告真实性受质疑：内部控制的重大缺陷使得深天地公司的财务报告真实性受到严重质疑，影响了投资者对公司的信心。

（2）监管处罚：因内部控制失效，深天地公司可能面临监管机构的处罚，包括罚款、警告等。

（3）企业形象受损：内部控制失效事件对深天地公司的企业形象造成了负面影响，可能导致合作伙伴和客户的流失。

（4）投资者损失：内部控制失效可能引发股价波动，给投资者带来经济损失。

三、案例分析

1.内部控制失效的原因

（1）关联方交易管理不严：深天地公司在关联方交易管理方面存在明显漏洞，未能有效防止关联方占用公司资金的行为。

（2）内部控制监督不力：公司内部审计和监事会等监督机构未能充分发挥作用，未能及时发现并纠正内部控制的重大缺陷。

（3）风险意识薄弱：公司管理层对内部控制的重要性认识不足，风险意识薄弱，导致内部控制体系存在重大缺陷。

2.内部控制评价与审计的作用

（1）内部控制评价：通过对公司内部控制设计和运行的有效性进行评价，可以发现内部控制存在的缺陷和不足，为改进内部控制提供依据。然而，在本案例中，深天地公司的内部控制评价未能有效发挥作用。

（2）内部控制审计：内部控制审计是对公司内部控制有效性进行独立鉴证的过程。对内部控制进行审计，可以客观评价公司内部控制的有效性，为投资者和监管机构提供可靠信息。在本案例中，鹏盛会计师事务所通过审计发现了深天地公司内部控制的重大缺陷，并出具了否定意见的审计报告，起到了揭示风险和警示作用。

四、案例总结

深天地公司内部控制失效的案例为我们提供了深刻的教训。有效的企业内部控制是企业稳健运营和财务报告真实性的重要保障。企业应建立健全内部控制体系，加强关联方交易管理，增强风险意识，充分发挥内部审计和监事会等监督机构的作用。同时，内部控制评价和审计也是发现和改进内部控制缺陷的重要手段。企业应重视内部控制评价和审计工作，确保内部控制体系的有效运行。

参考信息来源

［1］深圳市天地（集团）股份有限公司．ST深天：内部控制自我评价报告［EB/OL］．［2024-04-29］．http：//www．cninfo．com．cn/new/announcement/download？bulletinId=1219917409&announceTime=2024-04-30.

［2］深圳市天地（集团）股份有限公司．ST深天：内部控制审计报告［EB/OL］．［2024-04-29］．http：//www．cninfo．com．cn/new/announcement/download？bulletinId=1219917423&announceTime=2024-04-30.

案例使用说明

案例目标

○ 关键问题

如何有效防范和应对企业内部控制失效？

○ 教学目标

通过案例讨论，学生应深入理解内部控制的重要性，掌握识别和分析内部控制失效的方法，提升风险意识和应对能力，为未来的职业实践打下坚实基础。

案例背景

○ 理论背景

学生应掌握内部控制的基本概念、要素、原则及作用，了解内部控制评价的方法和程序，以及审计在内部控制中的作用。

○ 行业背景

了解企业运营中的常见风险，特别是关联方交易风险，以及这些风险对企业财务报告真实性和投资者信心的影响。

○ 制度背景

熟悉我国关于企业内部控制、关联方交易、财务报告披露等方面的法律法规，以及违反这些规定可能面临的法律后果。

讨论问题

深天地公司如何改进内部控制以防范类似失效事件再次发生？

案例解析视频   开放式讨论区

销售与收款循环审计

案例24

零售公司的虚增销售事件

【摘要】本案例讲述了新星百货通过虚增销售额和隐瞒应收账款坏账等手段导致财务报表失真，最终被审计师揭露的过程，强调了销售与收款循环审计的重要性。

【关键词】销售与收款循环审计　新星百货　虚增销售　应收账款

案例正文

一、案例背景

销售与收款循环是企业经营活动的核心部分，它反映了企业的收入确认、应收账款管理以及现金流动情况。作为企业财务报表中最为关键的部分之一，销售与收款循环的真实与否直接影响到企业的经营成果和财务状况。因此，对该循环的审计成为财务审计中的重点之一。

本案例讲述的是一家大型零售企业"新星百货"（以下简称"新星公司"）在连续几年内，通过虚增销售额和隐瞒应收账款坏账等手段，导致财务报表严重失真，误导了外部投资者和监管机构。通过审计师对该公司销售与收款循环的详细审计，虚假财务报告最终被揭露，给企业和外界带来了巨大冲击。

新星公司是一家在国内外知名的百货连锁公司，主营服装、日用品和家居产品。近年来，随着市场竞争的加剧和电商行业的快速崛起，新星公司的业绩逐渐下滑。然而，为了维持资本市场的信心，公司管理层开始采取非法手段虚增销售收入，并通过复杂的财务操作掩盖这一行为。这种舞弊行为得以长时间隐蔽，主要是因为公司的内部控制薄弱，尤其是销售与收款循环的控制存在重大缺陷。

二、案例描述

1.销售与收款循环的基本流程

在审计中,销售与收款循环的完整性和准确性至关重要。该循环通常包括订单处理、发货、开票、收款以及坏账处理等一系列环节。每个环节都必须经过严格的内部控制,以确保收入的合法性和准确性。例如,在一个健康的控制系统中,销售订单必须经过批准,发货必须有记录,开票和收款必须独立于其他部门进行,并定期对账。

新星公司在这些环节中存在明显的控制缺陷,尤其在销售收入确认和应收账款管理方面。由于销售收入直接关系到公司财务报表中的利润,公司管理层通过操纵销售记录和发票数据,增加了大额的虚假销售额。这种做法不仅使得企业的销售收入看起来比实际情况更为可观,也掩盖了日益恶化的应收账款状况。

2.销售收入虚增和应收账款操纵的实施

新星公司的管理层通过以下几种手段来实施销售收入虚增和应收账款操纵:

虚构交易。公司通过虚构与关联公司或不存在的客户之间的销售交易,增加销售收入。这些交易通常不会实际发货,也没有真实的资金流动,仅在账面上表现为销售收入。

提前确认收入。管理层在实际发货前就提前确认销售收入,导致收入与实际的业务活动不符。这种提前确认的手段,使得销售收入在短期内虚增,但应收账款长期处于逾期未收状态。

掩盖坏账。虚增销售收入导致应收账款大幅增加,公司并未按照会计准则如实计提坏账准备,而是通过人为调整应收账款账龄和收款记录,掩盖了可能的坏账风险。

上述手段帮助公司短期内"美化"了财务报表,使得投资者误以为公司业绩良好。但随着虚增的应收账款不断积压,公司实际的资金流问题日益凸显,最终无法维持虚假销售的假象。

三、案例分析

1.销售与收款循环审计的工作重点

在新星公司舞弊案例中,审计师的工作重点是对销售与收款循环进行详细的审查。销售与收款循环的审计通常涉及对收入确认、应收账款管理以及收款情况的全面测试。通过这些测试,审计师能够识别出企业财务报表中潜在的错报或舞弊行为。

（1）分项审计的实施

分项审计是指审计师针对财务报表中的特定科目或业务循环进行单独的审计程序。在新星公司案例中,审计师采取了分项审计的方式,特别针对销售收入和应收账款科目展开详细的测试。审计师首先通过分析大额交易和异常账龄的应收账款,识别出公司可能存在的虚构交易或异常收入确认行为。

在审计的初期,审计师发现公司账面上的销售收入增长与实际市场状况不符,尤其是在电商竞争激烈的情况下,新星公司竟然在短期内报告了大幅增长的销售收入。这一异常引起了审计师的高度关注,并促使他们深入调查销售与收款循环中的关键控制点。

(2)控制测试的运用

控制测试是审计过程中用于评估企业内部控制系统有效性的重要程序。在对新星公司的审计过程中,审计师对销售订单的批准、发货单据的真实性以及收款记录的完整性进行了详尽的控制测试。通过核对客户订单与实际发货记录、追踪发票的生成和发送流程,以及检查客户付款记录,审计师逐步识别出公司内部控制系统的漏洞。

审计师发现,大量发票记录中缺乏实际发货凭证,且部分应收账款长时间未收回,这与正常业务活动显著不符。此外,公司的财务系统中,某些交易记录的生成时间和实际业务发生时间不一致,这进一步表明销售收入可能被提前确认。

(3)实质性程序揭露虚假销售

除了控制测试外,审计师还通过实质性程序进一步揭露了公司的虚假销售行为。实质性程序旨在通过审查业务记录、询问员工、获取外部证据等方式,直接验证财务报表中的相关科目。

①核对销售记录与客户确认

在对新星公司审计的过程中,审计师通过向主要客户寄送函证,要求客户确认账面上的应收账款余额。这一程序揭示了存在多个虚构客户,或是账面销售额与客户实际确认的金额不符的情况。某些客户明确表示从未收到过与账面记录相符的发货,这表明新星公司在多个交易中虚构了销售收入。

此外,审计师通过对公司实际销售产品的流向进行追踪,发现部分商品的销售记录与仓库发货记录不一致,这进一步证明新星公司存在虚增销售收入的行为。

②现金流和应收账款的对比分析

审计师还对新星公司的现金流和应收账款之间的匹配度进行了深入分析。在正常情况下,销售收入的增加应伴随着相应的现金流入或应收账款的收回。然而,审计师发现,新星公司账面上的应收账款长期处于高位,但对应的现金流入却没有明显增加,这导致现金流严重不足。这一异常情况促使审计师进一步关注新星公司是否在应收账款的管理上存在问题,并由此挖掘出掩盖已久的坏账问题。

综合上述实质性审计程序,审计师最终确认了新星公司存在大规模的虚增销售收入行为,并揭露了财务报告的虚假性。这一舞弊行为的暴露,不仅导致新星公司股价暴跌,公司管理层也面临着法律诉讼和监管处罚。

2.强化对销售收入确认的内部控制

新星公司的舞弊事件显示了在销售收入确认过程中缺乏有效的内部控制,导致虚增销售收入和提前确认收入的行为得以发生。为了避免类似问题的再次发生,新星公司需要在以下几个方面强化内部控制：

（1）独立复核与审批程序

新星公司应当建立独立的销售订单复核和发票审批流程，确保每一笔销售收入的确认都经过至少两层审核。在新星公司的案例中，管理层通过简化审批流程，绕过了内部控制程序。因此，未来的改进措施应要求销售和财务部门分开管理，并进行交叉复核，避免单一部门控制整个销售与收款循环。

（2）定期应收账款清查

新星公司还应当定期对应收账款进行清查，并制定严格的收款和催收程序。对于长期未收回的应收账款，应及时计提坏账准备，并将此类信息如实披露给外部审计师和投资者。新星公司之前为了掩盖坏账问题，未按照会计准则的要求计提坏账准备，导致财务报表信息失真，最终引发危机。

3.提高审计师的独立性与专业性

新星公司的舞弊事件还揭示了审计师在早期阶段未能识别舞弊的原因。尽管外部审计师最终揭露了问题，但审计师应确保拥有更高的独立性和专业能力，能够及时识别销售与收款循环中的潜在风险。企业应给予审计师充分的权限，允许其独立获取业务信息和相关证据，并确保审计师不受管理层的干扰。

四、案例总结

新星公司的虚增销售收入事件为审计工作提供了一个典型的舞弊案例，本案例强调了销售与收款循环审计在发现和揭露财务舞弊中的重要性。通过控制测试和实质性程序，审计师能够有效揭示隐藏的虚假交易和财务操纵行为。本案例也提醒企业管理层，健全的内部控制系统和透明的财务报告是维持企业长期健康发展的基石。审计师则在这一过程中发挥着不可或缺的监督和防范舞弊作用，帮助企业保持财务报表的准确性和可靠性。

案例使用说明

案例目标

○ 关键问题
如何通过审计发现并防止销售与收款循环中的舞弊行为？

○ 教学目标
通过案例讨论，学生应理解销售与收款循环审计的重要性，掌握审计过程中关键的控制测试和实质性程序，提升对舞弊行为的识别和防范能力。

案例背景

○ **理论背景**

学生应了解销售与收款循环的基本流程、内部控制原理、审计的基本方法和程序，以及舞弊的定义和类型。

○ **行业背景**

了解零售行业的特点、销售与收款循环中常见的风险点，以及该行业中舞弊的常见手法。

○ **制度背景**

熟悉相关会计准则、审计准则和内部控制规范，了解企业在销售与收款循环中的法律要求和实践标准。

讨论问题

审计师在销售与收款循环审计中应如何有效识别舞弊风险？

案例解析视频　　　　　　　　　　　　　　开放式讨论区

案例25

大连友谊销售与收款循环审计：问题揭示与改进建议

【摘要】本案例以大连友谊（集团）股份有限公司销售与收款循环审计为例，探讨了审计过程中发现的问题，包括收入确认不准确、应收账款管理不善、销售退回与折让不合规及内部控制缺陷，强调了销售与收款循环审计的重要性以及如何应对审计中发现的问题。

【关键词】销售与收款循环审计 大连友谊（集团）股份有限公司 收入确认 应收账款 销售退回与折让 审计发现与审计应对

案例正文

一、案例背景

销售与收款循环直接关系到企业的收入确认、应收账款管理以及现金流状况。销售与收款循环审计作为财务报表审计的重要组成部分，旨在评估该循环内部控制的有效性，发现并纠正可能存在的错误和舞弊，确保财务报表的真实性和公允性。本案例以大连友谊（集团）股份有限公司（以下简称"大连友谊"）为例，探讨销售与收款循环审计的具体应用。

大连友谊是一家主要从事百货零售及房地产开发的综合型企业。近年来，受互联网电商冲击及房地产市场调控影响，公司业绩承压，营业收入和净利润均出现下滑。

二、案例描述

在审计过程中发现的问题如下：

1.收入确认问题

在审计过程中，审计师发现大连友谊存在收入确认不准确的问题。具体表现为部分销售收入未按照合同约定的交货方式及时确认，导致收入跨期确认，影响了财务报表的准确性。此外，审计师还发现大连友谊存在将部分非主营业务收入计入主营业务收入的情况，违反了会计准则的要求。

2.应收账款管理问题

大连友谊的应收账款管理也存在显著问题。审计师发现公司应收账款余额大幅增长，且账龄结构不合理，大量应收账款账龄超过一年，坏账准备计提比例偏低，存在较高的坏账风险。同时，审计师还发现公司对应收账款客户的信用评估不够严格，部分客户信用状况不佳，增加了应收账款回收的难度。

3.销售退回与折让问题

在审计销售退回与折让时，审计师发现大连友谊存在未经审批即进行销售退回与折让的情况，且金额较大。这不仅影响了公司的收入质量，还可能存在内部人员利用销售退回与折让进行舞弊的风险。

4.销售与收款循环内部控制问题

审计师在评估大连友谊销售与收款循环内部控制时，发现公司存在多个控制缺陷。例如，销售合同审批流程不严格，存在未经授权即签订合同的情况；发货环节缺乏有效的监督和控制措施；开票和收款环节存在信息不一致、账实不符等问题。

三、案例分析

1.大连友谊销售与收款循环审计重点关注内容

收入确认的准确性和完整性：审计师需要核查企业的收入确认政策是否符合会计准则要求，收入金额是否准确，是否存在虚构收入或提前确认收入的情况。

应收账款的真实性和可回收性：审计师需要确认应收账款余额是否正确，账龄分析是否合理，坏账准备计提是否充分，以及客户信用状况是否良好。

销售退回与折让的合理性：审计师需要审查销售退回与折让的原因、金额及审批流程，确保其合理性和合规性。

销售与收款循环内部控制的有效性：审计师需要评估企业销售与收款循环内部控制的设计和运行情况，包括销售合同审批、发货、开票、收款等环节的控制措施。

2.收入确认问题的成因与影响

收入确认问题的成因主要在于大连友谊对会计准则的理解和执行不到位，以及内部控制制度的不完善。这些问题不仅影响了财务报表的准确性，还可能误导投资者和债权人的决策，对公司的声誉和信誉造成损害。

3.应收账款管理问题的成因与影响

应收账款管理问题的成因在于大连友谊对客户信用评估的疏忽以及催收力度的不足。这些问题导致公司应收账款余额大幅增长，坏账风险增加，进而影响了公司的现金流状况和盈利能力。

4.销售退回与折让问题的成因与影响

销售退回与折让问题的成因在于大连友谊内部审批流程的不严格以及销售人员的违规行为。这些问题不仅影响了公司的收入质量，还可能引发内部舞弊风险，对公司的内部控制体系造成冲击。

5.销售与收款循环内部控制问题的成因与改进建议

销售与收款循环内部控制问题的成因在于大连友谊内部控制制度的不完善以及执行不力。为了解决这些问题，大连友谊应加强内部控制制度建设，完善销售与收款循环的各个环节的控制措施，并加强内部控制的执行和监督力度，确保内部控制体系的有效运行。

四、案例总结

本案例通过大连友谊销售与收款循环审计的实例，展示了销售与收款循环审计在财务报表审计中的重要性。审计师通过核查收入确认、应收账款管理、销售退回与折让以及销售与收款循环内部控制等方面的问题，揭示了大连友谊在销售与收款循环中存在的重大缺陷。这些缺陷不仅影响了财务报表的准确性和公允性，还可能对公司的经营管理和未来发展产生不利影响。因此，企业应加强销售与收款循环的内部控制建设和管理，提高财务报表的质量和透明度，为企业的稳健发展提供有力保障。

参考信息来源

［1］深圳证券交易所. 关于对大连友谊（集团）股份有限公司2023年年报的问询函［EB/OL］.［2024-05-30］. https：//reportdocs.static.szse.cn/UpFiles/zqjghj/sup_jghj_0001900F0B87DC3FE49C91AD2C813F3F.pdf.

［2］大连友谊（集团）股份有限公司. 大连友谊（集团）股份有限公司关于对深圳证券交易所2023年年报问询函回复的公告［EB/OL］.［2024-06-13］. https：//reportdocs.static.szse.cn/UpFiles/zqjghj/sup_jgdxhh_0001900F0B86FE3FEF31989988E0CE3F.pdf.

案例使用说明

案例目标

○ 关键问题
如何通过销售与收款循环审计有效发现并纠正企业存在的问题？

○ 教学目标
通过案例讨论，学生应深入理解销售与收款循环审计的要点和方法，掌握识别和分析企业销售与收款循环中常见问题的能力，提升审计实践技能和风险意识。

案例背景

○ 理论背景
学生应掌握销售与收款循环的基本概念、流程及其在企业经营管理中的重要性，了解销售与收款循环审计的目标、程序和方法，以及审计师在审计过程中应关注的重点。

○ **行业背景**

了解百货零售及房地产开发行业的经营特点、风险状况及市场环境，特别是互联网电商冲击和房地产市场调控对行业的影响，以便更好地理解大连友谊的案例背景。

○ **制度背景**

熟悉我国会计准则对收入确认、应收账款管理等方面的要求，了解销售与收款循环内部控制的相关规定，以及违反这些规定可能带来的法律后果。

讨论问题

大连友谊销售与收款循环审计中发现的问题如何影响财务报表的真实性和公允性？

案例解析视频

开放式讨论区

案例 26

尚荣医疗营业收入与净利润反向变动之谜：
销售与收款循环审计案例分析

【摘要】 本案例以深圳市尚荣医疗股份有限公司为例，探讨了销售与收款循环审计中的关键问题及解决策略，重点分析了营业收入审计和应收账款与坏账准备审计的要点和难点。

【关键词】 销售与收款循环审计　深圳市尚荣医疗股份有限公司　营业收入　应收账款　坏账准备　审计重点　审计应对

案例正文

一、案例背景

销售与收款循环涉及营业收入的确认、应收账款的管理以及坏账准备的计提。这一过程不仅直接关系到企业财务报表的准确性和真实性，还影响到投资者、债权人等利益相关者的决策。本案例以深圳市尚荣医疗股份有限公司（以下简称"尚荣医疗"）为例，探讨其在销售与收款循环审计中的关键问题及解决策略。

二、案例描述

1.营业收入审计

尚荣医疗2023年年度报告显示，公司报告期内实现营业收入11.93亿元，同比减少6.49%，而归属于上市公司股东的净利润（以下简称"净利润"）为-1.49亿元，同比增加51.67%。扣除非经常性损益后的净利润（以下简称"扣非后净利润"）为-1.54亿元，同比增加52.51%。经营活动产生的现金流量净额（以下简称"经营现金流"）为0.18亿元，同比减少81.72%。这一组数据引起了监管部门的关注，要求公司结合所处行业特点、市场需求变化、业务模式等因素，量化分析营业收入和经营现金流大幅下降而净利润大幅增长的原因及合理性。

事实描述：

尚荣医疗的主营业务包括医疗专业工程、医疗器械及医疗设备等，受国内外经济形势、行业政策、市场竞争等多重因素影响。

报告期内，公司营业收入下滑主要受市场需求减少、市场竞争加剧等因素影响。

净利润的大幅增长主要得益于信用减值损失和资产减值损失计提的大幅减少，以及汇兑收益的增加。

经营现金流的减少则主要是由销售收入减少及应收账款回收周期的延长所致。

2.应收账款与坏账准备审计

尚荣医疗年报显示，报告期末公司应收账款价值为850.29万元，同比增长192.48%，均为账龄在1年以内的款项，坏账准备计提比例为5%。年审会计师被要求对应收账款的真实性、坏账准备的充分性及合理性进行核查。

事实描述：

公司应收账款大幅增长主要是由于销售规模的扩大及部分客户信用政策的调整。

年度财务报告的审计师通过函证、检查销售合同、发票、验收单等原始凭证，确认应收账款的真实性。

针对坏账准备的计提，年度财务报告的审计师结合客户的信用状况、历史回款情况、行业特点等因素，评估了坏账准备计提的充分性和合理性。

年度财务报告的审计师特别关注了账龄较长、金额较大的应收账款，以及存在潜在信用风险的客户，确保坏账准备计提的谨慎性。

三、案例分析

1.营业收入审计分析

尚荣医疗营业收入的下滑与净利润的增长形成鲜明对比，这主要是由于非经常性损益项目的影响。公司在报告期内计提的信用减值损失和资产减值损失大幅减少，以及汇兑收益的增加，共同推动了净利润的增长。年度财务报告的审计师在审计过程中，必须重点关注这些非经常性损益项目的真实性和合理性，确保营业收入和净利润的确认符合会计准则的要求。

2.应收账款与坏账准备审计分析

应收账款作为企业的重要资产，其真实性和可回收性直接关系到企业的财务状况和经营成果。年度财务报告的审计师在审计过程中，需要通过函证、检查原始凭证等方式，确认应收账款的真实存在，同时，结合客户的信用状况、历史回款情况等因素，评估坏账准备的计提是否充分、合理。对于账龄较长、金额较大的应收账款，以及存在潜在信用风险的客户，年度财务报告的审计师需要给予特别关注，确保坏账准备计提的谨慎性，以防范潜在的财务风险。

四、案例总结

本案例通过深圳市尚荣医疗股份有限公司的销售与收款循环审计，展示了营业收入审计和应收账款与坏账准备审计的关键点和难点。年度财务报告的审计师在审计过程中，需要保持高度的职业谨慎性，确保审计证据的充分性和适当性，同时，还需要密切关注企业的业务模式、市场环境等因素的变化，以合理评估企业的财务状况和经营成果。通过本案例的学习，学生可以更好地理解销售与收款循环审计的实质和要求，提升审计实践能力和风险防范意识。

参考信息来源

[1] 深圳证券交易所.关于对深圳市尚荣医疗股份有限公司2023年年报的问询函[EB/OL].[2024-05-30]. https://reportdocs.static.szse.cn/UpFiles/zqjghj/sup_jghj_0001905C4871E83FE528E828CDAD1E3F.pdf.

[2] 深圳市尚荣医疗股份有限公司.深圳市尚荣医疗股份有限公司关于对深圳

证券交易所2023年年报问询函回复的公告［EB/OL］.［2024-06-28］. https：//report-docs.static.szse.cn/UpFiles/zqjghj/sup_jgdxhh_0001905C4870943FDE3551D26EA84E3F.pdf.

案例使用说明

案例目标

○ 关键问题
在审计中如何有效识别并评估尚荣医疗在销售与收款循环中的潜在风险？

○ 教学目标
通过案例讨论，学生应深入理解销售与收款循环审计的流程和方法，掌握识别和分析企业营业收入、应收账款及坏账准备等关键领域问题的能力，提升审计实践技能和风险防范意识。

案例背景

○ 理论背景
学生应掌握销售与收款循环的基本概念、流程及其在企业财务管理中的重要性，了解审计的基本原理、方法和程序，特别是关于营业收入确认、应收账款管理及坏账准备计提的审计要点。

○ 行业背景
了解医疗行业的特点、市场环境、政策法规及竞争状况，特别是医疗行业中销售与收款循环的特殊性，以便更好地理解尚荣医疗的案例背景。

○ 制度背景
熟悉我国会计准则关于营业收入确认、应收账款管理及坏账准备计提的相关规定，了解审计准则对销售与收款循环审计的要求，以及违反这些规定可能带来的法律后果。

讨论问题

尚荣医疗应收账款大幅增长且坏账准备计提比例较低，是否合理？

案例解析视频

开放式讨论区

购货与付款循环审计

案例27

供应商付款的舞弊事件

【摘要】本案例讲述了宁波晨辉电子科技有限公司因购货与付款循环内部控制薄弱，导致向供应商付款的舞弊事件。审计师通过控制测试和实质性程序揭露了舞弊行为，强调了内部控制的重要性。

【关键词】购货与付款循环审计　晨辉电子科技有限公司　审计程序　向供应商付款的舞弊　内部控制

案例正文

一、案例背景

购货与付款循环是企业正常经营活动中的重要环节之一。该循环涵盖从采购需求提出、供应商选择、货物接收、应付账款确认到最终付款的全过程。由于这一循环涉及企业资金的外流和应付账款的管理，存在较高的舞弊风险，因此，对购货与付款循环的审计成为财务审计中的重点。

本案例讲述的是一家制造企业宁波晨辉电子科技有限公司（以下简称"晨辉公司"）发生的向供应商付款的舞弊事件。由于公司内部控制薄弱，尤其是在购货与付款循环中的控制缺陷，导致公司管理层和供应商合谋舞弊，虚构采购交易并虚增付款额，给企业带来了巨额损失。

晨辉公司是一家知名的电子元器件制造企业，拥有众多供应商。近年来，公司在采购管理上逐渐放松了对内部控制的要求，供应商选择和付款审批环节变得宽松。公司内部某些高管借此机会，与部分供应商勾结，虚构采购订单并抬高合同金额，从中获取非法利益。这种舞弊行为持续多年，严重损害了公司的利益，并在供应链管理上埋下了隐患。

二、案例描述

1.购货与付款循环中的控制缺陷

（1）购货与付款循环的基本流程

购货与付款循环主要包括采购订单的生成、货物接收的核对、应付账款的确认和付款审批等环节。在一个良好的内部控制系统中，每个环节应相互独立并严格把关。例如，采购订单应经过审批，货物接收后应与采购单据核对，应付账款确认需要有依据，付款流程应独立于采购和货物接收部门。

在晨辉公司，审计师发现购货与付款循环的多个控制环节存在明显缺陷，尤其是采购订单的审批和应付账款的确认环节。由于没有严格的分权管理，公司高管可以在未经充分审批的情况下批准大额采购订单，并在付款审批时绕过审计部门。这种缺乏独立性的流程为舞弊行为的发生提供了温床。

（2）舞弊行为的具体实施方式

晨辉公司的舞弊行为主要通过以下方式实施：

①虚构采购订单

公司内部高管与供应商串通，通过虚构不存在的采购需求，制造虚假的采购订单。供应商随后根据这些虚假的订单开具发票，而实际上并未交付任何货物。公司则按发票金额支付款项，造成资金流失。

②抬高采购价格

在某些真实的采购交易中，供应商与公司高管合谋，故意抬高采购价格。公司高管利用职权批准这些高于市场价格的采购订单，并通过虚假合同掩盖事实。公司则按抬高后的金额支付，导致采购成本虚增，供应商和高管从中获利。

③隐瞒应付账款舞弊

由于购货与付款循环的内部控制制度薄弱，舞弊者得以操控应付账款的确认流程。供应商在未提供货物或服务的情况下，仍然能够通过提供虚假的发票和收据获得公司的付款。这一系列舞弊行为得以长期隐蔽，主要归因于公司未能建立健全的应付账款监控机制。

这些舞弊行为的发生，严重影响了晨辉公司的财务状况，不仅导致资金流失，还损害了供应商关系和市场声誉。舞弊被揭露后，公司面临法律诉讼和投资者信任危机，最终不得不重组管理层，并加强内部控制。

2.购货与付款循环审计的工作重点

在晨辉公司的案例中，审计师的工作重点是对购货与付款循环进行全面审查。这一循环的审计主要包括对采购流程、应付账款的确认和付款流程的测试。通过这些测试，审计师可以识别出公司财务报表中的虚假交易和潜在舞弊行为。

（1）分项审计的实施

分项审计是一种针对特定业务循环或科目的详细审计程序。在对晨辉公司进行的审计中，审计师对购货与付款循环的各个环节进行了分项审计，特别是对大额采购订单和异常付款的审计。审计师通过核对采购订单、货物接收单和付款记录，发现了多笔交易中存在的不一致现象。

审计师首先注意到，公司采购金额在最近两年大幅上升，尤其是某些特定供应商的订单金额增长异常。这一异常引发了审计师的关注，他们进一步深入分析了这些订单的详细记录，并通过实地考察和访谈确认了其中存在的舞弊迹象。

（2）控制测试的运用

控制测试是审计中用于评估公司内部控制系统有效性的重要工具。在对晨辉公司进行审计的过程中，审计师对采购订单的审批流程、应付账款的确认过程以及付款审批环节进行了全面的控制测试。

审计师发现，公司高管可以绕过常规审批流程，直接对大额采购订单进行批准，且应付账款确认时缺乏有效的复核机制。通过对这些关键控制点的测试，审计师揭露了公司内部控制的薄弱环节，发现了大量未经授权或无实际采购记录的付款交易。

（3）实质性程序揭露舞弊行为

除了控制测试外，审计师还通过实质性程序进一步确认了向供应商付款的舞弊的存在。实质性程序是通过获取外部证据或进行独立验证来直接检查财务报表项目的准确性。

①供应商函证与实地考察

审计师采用了函证程序，向晨辉公司的主要供应商寄送确认函，要求供应商确认交易金额和应付账款余额。在多个供应商的回复中，审计师发现了与公司账面记录不符的情况。某些供应商表示，他们从未提供过晨辉公司账面上记录的货物，或者交易金额与实际情况有显著差异。

此外，审计师还对部分供应商进行了实地考察，发现某些"供应商"只是空壳公司，根本不具备提供产品或服务的能力。这一发现进一步验证了公司高管与虚假供应商合谋舞弊的事实。

②应付账款与现金流的异常分析

审计师对公司应付账款余额和现金流进行了对比分析。在通常情况下，企业的应付账款增长应伴随着相应的采购活动。然而，晨辉公司在应付账款大幅增加的同时，并未有相应的货物接收记录。审计师通过详细分析发现，公司的现金流在多笔大额付款后并未反映出实际的采购活动，这表明公司存在虚假付款的嫌疑。

进一步的现金流分析还揭示了某些付款的异常流向。审计师通过银行记录追踪到部分款项流入了公司高管关联的账户，这为审计揭露舞弊提供了关键证据。

三、案例分析

1.加强采购审批和付款控制

晨辉公司的舞弊事件表明，该公司在采购审批和付款控制环节存在严重的内部控制漏洞。为了避免类似事件再次发生，晨辉公司需要从多个方面加强购货与付款循环的控制。

（1）设立独立的采购审批委员会

公司应当设立一个独立的采购审批委员会，负责对大额采购订单进行审查和批准。该委员会应由财务、审计和业务部门的代表共同组成，以确保采购决策的独立性和透明性。此外，所有采购订单应经过严格的三重审批制度，任何个人或单一部门都不应拥有完全的决策权。

通过设立这样的审批机制，公司可以有效防范内部人员与外部供应商串通舞弊的风险。

（2）建立应付账款自动化管理系统

为了提高应付账款的管理效率，公司应当引入自动化的应付账款管理系统。该系统可以将采购订单、收货记录和发票信息自动匹配，确保每一笔付款都有确凿的依据。如果系统检测到采购订单和发票金额或货物接收记录之间存在不一致，系统将自动触发警报，要求相关部门进行复核。

通过自动化管理，公司可以减少人为错误的发生，并提高审核效率，及时发现潜在的异常交易。此外，自动化系统还可以与公司的银行账户对接，实现付款审核与执行的双重控制，确保所有付款都经过审批并符合公司政策。

2.完善内部审计与供应商管理机制

为了避免舞弊事件再次发生，公司除了加强购货与付款环节的控制外，还需要完善内部审计和供应商管理机制，形成多层次的监督体系。

（1）增强内部审计部门的独立性和权威

晨辉公司应当提升内部审计部门的独立性，内部审计部门应直接向董事会或审计委员会汇报工作，而非向管理层报告。内部审计部门应定期对公司购货与付款循环进行专项审计，包括控制测试、数据分析和实地检查等。

此外，公司还应为内部审计部门提供充足的资源和技术支持，例如采用数据分析工具对大量交易数据进行实时监控。这样，内部审计部门能够及时发现潜在风险，并提出改进建议，防止舞弊事件的发生。

（2）建立全面的供应商管理体系

晨辉公司还应重新审视其供应商管理体系，确保所有供应商的资质和交易记录都经过严格审核。公司可以建立供应商评分系统，对供应商的交付能力、价格合理性和合作记录进行评估，并将这些信息作为选择和管理供应商的重要依据。

此外，公司应定期对供应商进行尽职调查，确保供应商不存在虚假注册、与公司高管有利益关联等问题。对于关键供应商，公司还可以采用长期合作协议和年度审核的方式，进一步降低舞弊风险。

四、案例总结

本案例通过晨辉公司向供应商付款的舞弊事件，展示了购货与付款循环中控制缺陷可能导致的严重舞弊风险。在这一过程中，审计师通过控制测试和实质性程序，揭露了虚假采购和付款行为，为公司挽回了重大损失。案例中的问题表明，企业必须加强采购审批、应付账款管理和内部审计，建立健全内部控制体系，以防止类似事件的发生。

购货与付款循环审计在发现和预防舞弊行为中发挥着关键作用。通过细致的审计程序，审计师能够及时识别财务报表中的虚假交易，并推动企业改进内部控制。本案例也向学生传达了一个重要的审计理念——只有严密的内部控制和有效的监督机制，才能确保企业的健康发展，并赢得利益相关者的信任。

案例使用说明

案例目标

○ 关键问题
如何通过审计发现并防止购货与付款循环中的舞弊行为？
○ 教学目标
通过案例讨论，学生应理解购货与付款循环审计的重要性，掌握审计过程中关键的控制测试和实质性程序，提升对舞弊行为的识别和防范能力，并认识到建立健全内部控制体系的必要性。

案例背景

○ 理论背景
学生应了解购货与付款循环的基本流程、内部控制原理、审计的基本方法和程序，以及舞弊的定义和类型。
○ 行业背景
了解制造业的采购特点、购货与付款循环中常见的风险点，以及该行业中舞弊的常见手法。

○ **制度背景**

　　熟悉相关会计准则、审计准则和内部控制规范，了解企业在购货与付款循环中的法律要求和实践标准。

讨论问题

　　审计师在购货与付款循环审计中应如何有效识别舞弊风险？

案例解析视频　　　　　　　　　　　　　　　开放式讨论区

案例28

天晟新材购货与付款循环审计：风险、措施与审计智慧

【摘要】本案例以常州天晟新材料股份有限公司为例，深入探讨了购货与付款循环中的挑战、应对措施及审计核查程序，旨在帮助理解该循环的关键控制点、潜在风险及审计方法。

【关键词】购货与付款循环审计　天晟新材料股份有限公司　关键控制点　审计方法

案例正文

一、案例背景

　　购货与付款循环不仅直接关系到企业的成本控制和现金流管理，还影响着企业的财务报告准确性和合规性。近年来，随着企业规模的扩大和市场竞争的加剧，购货与付款循环中的风险也逐渐增大。本案例以常州天晟新材料股份有限公司（以下简称"天晟新材"）为例，深入探讨天晟新材在购货与付款循环中面临的挑战、采取的措施以及审计师对它的核查程序，旨在帮助理解购货与付款循环的关键控制点、潜在风险及审计方法。

二、案例描述

1.案例事实描述

天晟新材是一家专注于新材料研发、生产和销售的企业。近年来，随着市场环境的变化和公司业务的发展，天晟新材在购货与付款循环中遇到了一系列问题。具体表现如下：

大额应付账款问题：截至报告期末，天晟新材应付账款余额为 40 439.39 万元，较期初上升 4.06%。其中，向关联方青岛融实发展控股有限公司（以下简称"青岛融实"）的应付账款余额为 28 515.35 万元，且长期未支付。

关联交易问题：天晟新材与青岛融实之间存在大额的关联交易，包括电解铜等大宗商品的采购。然而，这些交易在实际执行过程中存在时间差，导致应付款项未能及时支付。

内部控制问题：天晟新材在购货与付款循环的内部控制方面存在不足，例如，对应付账款的审批和支付流程不够严格，缺乏对应付账款账龄的有效管理等。

针对上述问题，天晟新材采取了一系列措施进行改进，包括但不限于：

加强应付账款管理：制定更严格的应付账款审批和支付流程，确保每笔应付款项都有明确的支付计划和资金来源。

优化关联交易管理：与青岛融实重新协商关联交易条款，明确支付时间和方式，降低时间差带来的风险。

完善内部控制：加强对应付账款账龄的管理，定期对应付账款进行清查和核对，确保账实相符。

2.审计师核查程序

北京兴华会计师事务所（特殊普通合伙）的注册会计师对天晟新材的年度财务报告进行审计，审计师对天晟新材的购货与付款循环进行了详细的核查，主要包括以下程序：

了解内部控制：审计师首先了解了天晟新材购货与付款循环的内部控制设计和运行情况，评估内部控制的有效性。

检查交易文件：审计师检查了与天晟新材应付账款相关的采购合同、发票、入库单等交易文件，确保交易的真实性和合法性。

函证应付账款：审计师对应付账款余额进行了函证，确认余额的准确性和完整性。对于未回函的款项，审计师执行了替代程序以获取充分的审计证据。

关注关联交易：审计师特别关注了天晟新材与青岛融实之间的关联交易，检查了交易价格的公允性和支付情况，确保关联交易符合相关法规和公司政策的要求。

评估坏账风险：审计师对应付账款的账龄进行了分析，评估了坏账风险，并检查了天晟新材的坏账准备计提情况。

经过核查，审计师认为天晟新材在购货与付款循环方面虽然存在一些问题，但已采取的措施是有效的，且整体风险可控。因此，审计师出具了无保留意见的审计报告。

三、案例分析

1. 购货与付款循环的关键控制点

在购货与付款循环中，关键控制点主要包括：采购申请的审批、供应商的选择和评估、采购合同的签订和执行、货物的验收和入库、应付账款的核对和支付等。这些控制点的控制的有效执行能够确保采购活动的合规性、货物的质量和数量的准确性以及付款的及时性。

2. 审计策略与方法

针对购货与付款循环的审计，年审会计师采取了以下策略和方法：

了解内部控制：通过对管理层进行访谈、查阅内部控制文档等方式，了解公司购货与付款循环的内部控制设计和运行情况。

执行控制测试：选取关键控制点进行测试，检查相关审批程序和文档记录是否完整、合规。

函证与核对：对应付账款执行函证程序，确认其真实性；核对采购合同、发票、入库单、付款凭证等资料的一致性和完整性。

分析性复核：对应收账款、应付账款、存货等科目进行分析性复核，检查是否存在异常波动或不合理情况。

通过上述审计策略和方法，年审会计师能够全面、客观地评估公司购货与付款循环的内部控制的有效性和财务报表的真实性。

四、案例总结

本案例通过天晟新材对深圳证券交易所年报问询的回复及年审会计师的核查意见，深入剖析了购货与付款循环的审计过程。案例展示了购货与付款循环的关键控制点、审计策略与方法以及年审会计师在审计过程中的具体实践。通过本案例的学习，学生可以加深对购货与付款循环内部控制和审计的理解，提高在实际工作中的应用能力。

参考信息来源

［1］深圳证券交易所. 关于对常州天晟新材料集团股份有限公司的年报问询函 ［EB/OL］. ［2024-05-20］. https：//reportdocs. static. szse. cn/UpFiles/zqjghj/sup_jghj_ 00019005F55E6D3FE3EAB6408C42E83F.pdf.

［2］常州天晟新材料集团股份有限公司. 常州天晟新材料集团股份有限公司关于对深圳证券交易所年报问询函的回复公告 ［EB/OL］. ［2024-06-07］. https：//report-docs.static.szse.cn/UpFiles/zqjghj/sup_jgdxhh_00019005F55CFB3FC21F258B1E49383F.pdf.

案例使用说明

案例目标

○ 关键问题
天晟新材购货与付款循环中存在哪些问题？如何有效应对并改进？

○ 教学目标
通过案例讨论，学生应深入理解购货与付款循环的关键控制点、潜在风险及审计方法，提升对内部控制和审计实践的认识，增强分析和解决实际问题的能力。

案例背景

○ 理论背景
学生应掌握购货与付款循环的基本概念、流程及其在企业财务管理中的重要性，了解内部控制的基本原理和审计的基本方法。

○ 行业背景
了解新材料行业的市场环境、竞争状况及购货与付款循环的特殊性，以便更好地理解天晟新材的案例背景。

○ 制度背景
熟悉我国会计准则关于购货与付款循环的会计处理规定，了解审计准则对购货与付款循环审计的要求，以及关联交易、坏账准备等相关法规。

讨论问题

天晟新材的购货与付款循环内部控制存在哪些不足？应如何改进？

案例解析视频　　　　　　　　　　开放式讨论区

案例29

新绿股份固定资产与折旧审计：虚假记载的挑战与审计对策

【摘要】本案例以山东新绿食品股份有限公司为例，揭示了其在固定资产和累计折旧方面的虚假记载行为，并强调了固定资产审计的重要性及审计人员在审计过程中面临的挑战和应对策略。

【关键词】固定资产审计　新绿食品股份有限公司　累计折旧　审计要点

案例正文

一、案例背景

固定资产作为企业长期使用的有形资产，对其进行正确的会计处理和审计对于确保企业财务报表的真实性和准确性至关重要。固定资产的计价、折旧方法及累计折旧的计提直接影响企业的资产总额、利润及现金流。在审计过程中，对固定资产和累计折旧的审计是重要环节，旨在发现并纠正可能存在的错误或舞弊，保证财务信息的公允性。本案例以山东新绿食品股份有限公司（以下简称"新绿股份"）为例，新绿股份在申请股份公开挂牌转让的过程中及后续年度报告中的信息披露存在违法行为，其中就包括固定资产和累计折旧的虚假记载。

二、案例描述

1.案例事实

（1）虚增固定资产

经查，新绿股份在申报会计期间（2013年1月1日至2015年4月30日）及2015年年度报告中，通过伪造银行付款凭证，虚构"车间二期工程"项目生产成本2 728万元，导致虚增固定资产原值。具体行为包括：

2013年5月至2014年1月，新绿股份伪造工行莒南支行账户银行付款凭证，虚构名下银行账户5笔付款行为。

编制虚假记账凭证，虚列"车间二期工程"项目生产成本2 728万元。

上述虚假行为导致2015年4月30日及2015年12月31日固定资产原值各自虚增2 728万元。

（2）累计折旧计提不实

固定资产原值虚增，直接导致新绿股份在相关期间的累计折旧计提不实。虚增的固定资产在折旧过程中产生了额外的折旧费用，进而影响了公司的成本、利润及资产总额。

2.审计挑战

在审计新绿股份的固定资产和累计折旧时，审计人员面临以下挑战：

核实固定资产的真实性：需要审查固定资产的购置合同、发票、付款凭证等原始资料，以验证其真实性。

验证折旧方法的合理性：检查公司采用的折旧方法是否符合会计准则的要求，并评估按所采用方法计算的折旧是否合理反映了固定资产的实际损耗情况。

复核折旧计算的准确性：重新计算固定资产的折旧额，确保与账面记录一致，并关注是否存在异常波动。

识别潜在的舞弊行为：通过分析财务数据的合理性、关联交易的合规性等方面，识别可能存在的虚增固定资产或操纵折旧的舞弊行为。

三、案例分析

1.固定资产审计要点

实物盘点：审计人员应对固定资产进行实地盘点，确保账实相符。对于无法实地盘点的固定资产，审计人员应采取替代审计程序进行验证。

核查购置凭证：审查固定资产的购置合同、发票、付款凭证等原始资料，确认其真实性和完整性。

关注折旧政策：评估公司采用的折旧政策是否合理，是否符合会计准则的要求和行业惯例。对于变更折旧政策的情况，审计人员应审查变更的合理性和合规性。

分析折旧费用：将折旧费用与同行业可比公司进行对比分析，评估其合理性。同时，关注折旧费用的波动情况，识别可能存在的异常。

2.累计折旧审计要点

复核折旧计算：重新计算固定资产的折旧额，确保与账面记录一致。重点关注折旧年限、残值率等参数的合理性。

分析折旧费用与产能的关系：将折旧费用与公司的产能进行对比分析，评估二者是否匹配。如果折旧费用异常高于或低于产能增长，则审计人员应进一步调查原因。

关注折旧政策的变更：对于折旧政策的变更，审计人员应审查该变更是否经过适当审批，并评估变更对财务报表的影响。

识别潜在的舞弊迹象：通过分析折旧费用的波动情况、关联交易的合规性等方面，识别可能存在的操纵折旧以粉饰财务报表的舞弊行为。

四、案例总结

新绿股份通过伪造银行付款凭证虚增固定资产原值的行为，严重违反了会计准则和信息披露规定。这一行为不仅导致公司财务报表失真，还损害了投资者的利益。在审计过程中，审计人员应高度关注固定资产和累计折旧的审计要点，通过实物盘点、核查购置凭证、复核折旧计算等程序，确保固定资产和累计折旧的真实性和准确性。同时，审计人员还应保持应有的职业怀疑态度，识别并应对潜在的舞弊风险。

参考信息来源

中国证券监督管理委员会.中国证监会行政处罚决定书（山东新绿食品股份有限公司、陈思、陈星等14名责任人员）［EB/OL］.［2019-06-11］.http://www.csrc.gov.cn/csrc/c101928/c1042450/content.shtml.

案例使用说明

案例目标

○ 关键问题

如何通过审计发现并纠正固定资产和累计折旧中的错误或舞弊行为？

○ 教学目标

通过案例讨论，学生应理解固定资产和累计折旧审计的重要性，掌握审计过程中的关键要点和应对策略，提升对财务报表真实性和准确性的判断能力。

案例背景

○ 理论背景

学生应掌握固定资产的会计处理原则、折旧方法及其对企业财务报表的影响，了解审计的基本原理和流程，特别是关于固定资产和累计折旧的审计要点。

○ 行业背景

了解食品行业的市场环境、竞争状况及行业特点，以便更好地理解新绿股份的案例背景和其可能存在的舞弊动机。

○ 制度背景

熟悉我国会计准则关于固定资产和累计折旧的会计处理规定，了解审计准则对固定资产和累计折旧审计的要求，以及信息披露的相关法规。

讨论问题

审计人员在审计新绿股份的固定资产和累计折旧时，应重点关注哪些方面以识别潜在的舞弊行为？

案例解析视频   开放式讨论区

案例30

康美药业投资性房地产审计：违规虚增揭秘与审计要点

【摘要】本案例以康美药业股份有限公司为例，揭示了该公司在投资性房地产方面的违法违规行为，包括虚假确认、价值高估和披露不实等，并探讨了这些行为对企业财务报表的影响及审计的重要性。

【关键词】投资性房地产审计　康美药业股份有限公司　财务造假

案例正文

一、案例背景

投资性房地产审计是财务报表审计中购货与付款循环审计的关键环节，投资性房地产会计处理和披露的准确性和合规性对于评估企业的财务状况至关重要。近年来，随着房地产市场的波动和企业投资策略的多样化，投资性房地产的会计处理及其审计变得愈发复杂。本案例围绕康美药业股份有限公司（以下简称"康美药业"）在投资性房地产方面的违法违规行为，探讨违法违规行为对企业财务报表的影响及投资性房地产审计的重要性。

二、案例描述

1. 案例事实

根据中国证监会发布的行政处罚决定书（〔2020〕第24号），康美药业在其2018年年度报告中虚增了固定资产、在建工程和投资性房地产。具体而言，康美药业将前期未纳入报表的6个工程项目（包括亳州华佗国际中药城、普宁中药城等）纳入表内，调增固定资产11.89亿元，调增在建工程4.01亿元，调增投资性房地产20.15亿元，合计调增资产总额36.05亿元。经查，这些工程项目不满足会计确认和计量条件，构成财务造假。

2. 投资性房地产方面的违规详情

在投资性房地产方面，康美药业的违规行为主要体现在以下几个方面：

虚假确认：康美药业将不符合投资性房地产定义的项目错误地归类为投资性房地产，从而虚增了投资性房地产的账面价值。

价值高估：对于已确认的投资性房地产，康美药业可能采用了不恰当的评估方法或假设，导致其价值被高估。

披露不实：康美药业在财务报表中对投资性房地产的披露可能存在遗漏或误导性陈述，未能真实、准确地反映其投资性房地产的实际情况。

这些违规行为不仅违反了会计准则和监管要求，也严重损害了投资者的利益和市场信心。

三、案例分析

1. 审计失败的原因

对康美药业进行的投资性房地产审计的失败，主要可以归因于以下几点：

内部控制缺失：康美药业的内部控制体系存在重大缺陷，无法有效防止和发现财务造假行为。

审计程序不足：负责审计的会计师事务所未能执行充分的审计程序来验证投资性房地产的真实性和准确性。例如，未能对投资性房地产进行现场勘察、未能获取独立的评估报告等。

专业判断失误：审计人员在执行审计的过程中可能缺乏必要的专业知识和经验，导致对投资性房地产的会计处理和估值判断失误。

2.投资性房地产审计的关键点

基于康美药业的案例，投资性房地产审计应重点关注以下几个方面：

确认与分类：审计人员应仔细审查企业是否将符合投资性房地产定义的项目正确归类为投资性房地产。这需要对相关会计准则有深入的理解和应用。

价值评估：对于已确认的投资性房地产，审计人员应关注其价值的评估方法和过程。必要时，审计人员应获取独立的评估报告来验证其价值的合理性。

披露完整性：审计人员应检查企业对投资性房地产的披露是否完整、准确。这包括披露投资性房地产的种类、金额、计量模式以及减值准备等信息。

四、案例总结

对康美药业进行的投资性房地产审计的失败，不仅暴露了企业内部控制和审计程序的重大缺陷，也凸显了投资性房地产审计的复杂性和重要性。本案例提醒我们，在进行投资性房地产审计时，审计人员必须保持高度的专业性和谨慎性，确保审计程序的充分性和有效性。同时，企业也应加强内部控制建设，确保财务信息的真实性和高透明度，以维护市场的公平和有序。

参考信息来源

中国证券监督管理委员会. 中国证监会行政处罚决定书（康美药业股份有限公司、马兴田、许冬瑾等22名责任人员）[EB/OL]. [2020-05-13]. http://www.csrc.gov.cn/csrc/c101928/c1042341/content.shtml.

案例使用说明

案例目标

○ 关键问题

如何通过审计有效识别和防范企业在投资性房地产方面的财务造假行为？

○ **教学目标**

通过案例讨论，学生应理解投资性房地产审计的复杂性和重要性，掌握审计过程中应关注的关键点，提高识别和应对企业财务造假的能力。

案例背景

○ **理论背景**

学生应掌握投资性房地产的会计定义、分类、计量和披露要求，了解审计的基本原理和流程，特别是关于投资性房地产的审计要点和程序。

○ **行业背景**

了解房地产市场的波动情况及波动对企业投资策略的影响，熟悉医药行业的特点和财务状况，以便更好地理解康美药业的案例背景。

○ **制度背景**

熟悉我国会计准则关于投资性房地产的会计处理规定，了解审计准则对投资性房地产审计的要求，以及相关的法律法规和监管政策。

讨论问题

如何完善投资性房地产的审计程序，以有效防范企业财务造假？

案例解析视频

开放式讨论区

生产与费用循环审计

案例31

制造业存货失控的危机

【摘要】本案例以天工机械有限公司存货失控为背景，阐述了生产与费用循环审计在揭露存货管理问题、优化生产成本核算中的重要性，并提出了改进建议。

【关键词】生产与费用循环审计　天工机械有限公司　存货管理失控　成本核算

案例正文

一、案例背景

生产与费用循环是制造业企业财务管理中的重要部分，涵盖了从原材料采购、生产过程到成品存货管理的各个环节。在生产与费用循环中，存货的准确性直接影响财务报表的真实反映，而存货失控不仅会导致企业资产的虚增或减少，还可能给公司带来巨大的财务风险。

本案例发生在一家大型制造企业——天工机械有限公司（以下简称"天工公司"），该公司因存货管理不善，导致存货成本严重失控，直接影响了公司的财务健康和运营效率。公司在多年间未能有效监控其生产与费用循环中的存货变化，导致成品、在产品以及原材料库存量存在大幅偏差，最终导致财务报表严重失真。这一事件，展示了生产与费用循环审计对于控制存货准确性和管理生产成本的关键作用。

天工公司是一家专注于机械设备生产的公司，拥有大量的生产原材料、半成品和成品库存。由于企业规模的扩大，管理层对库存管理的重视逐渐减弱，内部控制流程变得松散，存货盘点、成本核算和费用确认的环节频繁出现问题。尽管公司财务部门不断报出高额的库存价值，但管理层始终未能意识到问题的严重性，直到年度审计的深入揭露了背后隐藏的危机。

二、案例描述

1.生产与费用循环中的控制缺陷

（1）生产与费用循环审计概述与基本流程

生产与费用循环审计是财务报表审计的重要组成部分，主要关注企业生产经营过程中的成本控制和费用分配。生产与费用循环审计包括了从原材料采购、生产计划执行、制造成本分配、存货计价到最终产品销售的整个流程。其核心内容包括：

①原材料采购审计

审查原材料采购的真实性、合理性和合规性，包括采购价格、数量、供应商选择等。

②生产成本审计

审查生产成本的核算方法和准确性，确保生产成本能够真实反映企业的生产活动。

③费用分配审计

审查各项费用的分配是否合理，是否符合企业的实际情况和业务特点。

④存货审计

审查存货的数量、价值和计价方法，确保存货的账实相符。

在一个有效的生产与费用循环中，对每个环节都需要进行严格的控制，以确保存货和费用的准确记录。在通常情况下，生产环节应与存货管理密切相关，企业需要通过定期的存货盘点来校准账面存货与实际库存的一致性。

然而，在天工公司，生产与费用循环中的各个环节都存在显著的内部控制缺陷。特别是在存货盘点和制造费用控制方面，公司长期未能采取有效的措施。例如，生产车间未能及时报告在产品和半成品的数量变动，导致存货账目与实际库存之间出现巨大差异。此外，存货周转率低下，也未引起管理层的警觉，进一步加剧了库存积压和成本上升的风险。

（2）存货失控的具体表现

天工公司的存货失控主要体现在以下几个方面：

①盘点制度形同虚设

公司未能执行有效的存货盘点制度，盘点周期不固定，且盘点结果未与账面记录进行有效核对。这导致账面存货数量与实际库存数存在严重偏差，公司的账面存货价值虚增，无法反映出实际库存状况。

②生产成本分配不合理

生产流程中各项费用（如人工、制造费用等）未得到合理分配，导致生产成本核算失真。一些部门通过虚报费用、过度计提成本等方式掩盖实际亏损，进一步加剧了财务数据的不准确性。

③存货计价失准

在原材料价格波动较大的情况下，天工公司未能合理使用存货计价方法（如先进先出法、加权平均法等），导致存货成本的计量失真，无法真实反映公司的财务状况。

这些问题长期得不到解决，使得公司存货数据大幅失真，管理层对存货的实际情况缺乏有效的监控和了解，最终导致财务报表中资产和成本的严重失真。

2.生产与费用循环审计的工作重点

审计师在对天工公司进行审计时，发现公司财务报表中的存货项目存在诸多疑点。生产与费用循环的审计是揭示这些问题的关键。审计师通过对生产过程、费用分配和存货管理的深入检查，揭露了公司存货失控的根源，并帮助企业管理层识别并解决这些问题。

（1）存货审计的实施

存货审计是生产与费用循环审计中的核心内容之一。在天工公司的案例中，审计师通过实施详细的存货盘点程序，发现了账面存货与实际存货之间的巨大差异。公司账面上显示的存货价值远高于实际库存价值，反映出公司存货管理严重失控。

审计师还发现，天工公司缺乏定期的存货盘点程序，部分生产部门甚至在没有进行实际库存检查的情况下，直接向财务部门报告存货数量。这一问题直接导致了存货的虚增，审计师通过重新盘点实际存货，确认了大量不实的数据。

此外，审计师对不同种类的存货（包括原材料、在产品和成品）进行了单独的检查和分析，发现了各类存货的账面价值均存在不同程度的夸大，特别是某些生产停滞的在产品库存，长期未被处理，账面却仍以原始成本入账。

（2）费用控制测试的运用

费用控制测试是审计师评估企业内部控制系统的有效性的重要手段之一。在天工公司，审计师对费用控制环节进行了详细的控制测试，特别是针对生产费用和制造成本的分配流程进行了详细的控制测试。

审计师发现，天工公司在生产过程中未能合理控制各项费用。某些部门虚报了过高的生产成本，导致实际生产费用与财务记录严重不符。此外，制造费用在各生产批次中的分配存在明显偏差，部分费用被不当分摊至未生产完毕的在产品上，从而夸大了生产成本。

通过这些费用控制测试，审计师揭示了公司在制造费用控制方面的漏洞，尤其是费用分摊和制造成本核算的错误，使得公司的成本数据失真，并进一步影响了财务报表的准确性。

（3）实质性程序揭露存货问题

除控制测试外，审计师还通过实质性程序进一步确认了存货失控的问题。实质性程序通过直接获取审计证据，确保存货的存在、准确计价以及所有权的真实性。

①存货盘点与重估

在天工公司，审计师通过亲自参与存货盘点，对实际库存情况进行了核查。审计师要求公司提供完整的存货记录，并根据这些记录逐项核对实际库存。在盘点过程中，审计师发现了多个库存品项账实不符的情况，特别是在成品库存和原材料存货上，账面数量远超实际库存数量。

为了确保存货价值的准确性，审计师还对公司存货进行了重新估值，尤其是对那些存货周转率低、滞销的产品进行了减值测试。结果表明，天工公司多年来未对存货进行合理的价值评估，导致大量过时存货仍按原价记入账簿，虚增了公司的存货资产。

②费用与存货关联的审查

审计师还对存货和生产费用的关联性进行了审查，发现天工公司在生产过程中的某些费用分配缺乏合理性。例如，某些批次的原材料被过度分配至尚未完工的产品，导致这些在产品的账面成本远超实际生产进度。通过进一步分析，审计师确认了公司在存货成本核算中的多个不当之处，并指出了内部控制失效的风险。

三、案例分析

1. 存货失控的后果

天工公司因存货失控问题面临了严重的财务风险。首先，虚增的存货导致公司资产虚假膨胀，财务报表失真，影响了投资者和债权人对公司财务状况的判断。其次，未能及时处理的存货积压问题导致资金周转困难，公司生产效率下降，运营成本大幅上升。最后，由于费用分配和成本核算的错误，公司在后续产品定价和盈利预测上出现了重大偏差，进一步加剧了财务压力。

2. 改进建议

为防止存货失控问题的再次发生，天工公司需要从多个方面进行内部控制的改进：

（1）加强存货管理和盘点制度

公司应制定严格的存货管理制度，明确存货盘点的周期和责任分工，确保定期核对账面记录与实际存货。此外，采用现代化的库存管理系统，实现实时监控和管理，减少存货数据的手工录入错误。

（2）优化生产成本核算与费用分配

公司需要重新审视其生产成本核算和费用分配流程，确保各项费用合理归集，减少不当分摊。同时，定期对存货价值进行减值测试，避免存货积压带来的资产虚增。

四、案例总结

本案例通过天工公司存货失控事件，展示了生产与费用循环中存货审计和费用控制的重要性。审计师通过存货盘点、控制测试和实质性程序，揭露了天工公司在存货管理和费用分配上的控制缺陷。案例表明，生产与费用循环审计是确保财务报表准确反映企业实际经营状况的关键工具，尤其在制造业中，存货数据是否准确直接关系到企业运营效率的高低和财务是否健康。

案例使用说明

案例目标

○ 关键问题

天工公司存货管理存在哪些控制缺陷？审计师如何通过审计揭露这些问题，并提出有效的改进建议？

○ 教学目标

通过案例讨论，学生应理解生产与费用循环审计的核心内容，掌握存货审计和费用控制的方法，认识内部控制在企业管理中的重要性，并学会分析实际问题并提出解决方案。

案例背景

○ 理论背景

生产与费用循环审计是财务管理和审计学中的重要内容，涉及原材料采购、生产、成本核算、存货管理等多个环节。学生应了解生产与费用循环的基本流程、审计目标、审计方法和内部控制原理。

○ 行业背景

制造业企业的生产与费用循环具有其特殊性，如生产流程的复杂性、存货种类的多样性等。学生需要了解制造业企业的运营特点、存货管理的重要性和挑战，以及行业相关的法规和标准。

○ 制度背景

企业内部控制制度是确保生产与费用循环顺畅运行的关键。学生需要了解企业内部控制的基本框架、存货管理制度、成本核算制度等相关制度，以及这些制度在实际操作中的应用。

讨论问题

审计师如何有效揭露天工公司存货失控问题，并提出有针对性的改进建议？

案例解析视频　　　　　　　　　　　　开放式讨论区

案例32

獐子岛生产与费用循环审计：违规详情与审计应对策略

【摘要】本案例以獐子岛集团股份有限公司为例，探讨了生产与费用循环审计的重要性及其挑战，揭示了獐子岛在成本核算、非流动资产减值准备及费用分配等方面存在的问题，强调了健全审计体系的重要性。

【关键词】生产与费用循环审计　獐子岛集团股份有限公司　成本核算　费用分配

案例正文

一、案例背景

生产与费用循环是企业经营活动的核心环节，其准确性和合规性直接影响到企业财务报表的真实性和可靠性。本案例以獐子岛集团股份有限公司（以下简称"獐子岛"）为例，探讨生产与费用循环审计的重要性及其在实际应用中的挑战。

二、案例描述

1.案例事实

獐子岛是一家主要从事水产品养殖、加工和贸易的上市公司。在2020年年报中，獐子岛的财务会计报告被出具保留意见，主要涉及成本核算的合理性以及非流动资产减值准备的计提问题。此外，獐子岛还因证券虚假陈述被投资者提起诉讼，导致部分银行账号被冻结，这进一步加剧了其财务困境。

2.生产与费用循环方面的违规详情

在生产与费用循环方面，獐子岛存在的主要问题包括：

成本核算问题：獐子岛的成本核算方式被认定为涉嫌内部控制存在重大缺失及财务数据存在虚假记载。具体而言，公司在计算应转账面存货成本时可能采用了不合理的方法，导致成本数据不准确。

非流动资产减值准备计提不足：獐子岛渔业集团韩国有限公司（以下简称"韩国公司"）的相关非流动资产存在减值迹象，但公司未计提足够的减值准备。这反映了公司在资产管理和会计处理上的不谨慎。

费用分配不当：在费用分配方面，獐子岛可能存在将某些非生产性费用错误地计入生产成本的情况，从而扭曲了产品的真实成本。

这些问题不仅影响了獐子岛财务报表的准确性，也损害了投资者的利益和市场信心。

三、案例分析

在獐子岛的案例中，生产与费用循环审计的问题主要体现在以下几个方面：

内部控制缺失：獐子岛在成本核算和非流动资产管理方面存在重大内部控制缺失，导致财务数据不真实、不准确。

审计程序不足：负责审计的会计师事务所未能执行充分的审计程序来验证獐子岛的成本核算和费用分配的准确性。例如，未能对成本核算方法进行充分测试、未能对非流动资产进行现场勘查等。

专业判断失误：审计人员在执行审计的过程中可能缺乏必要的专业知识和经验，导致对獐子岛的成本核算和费用分配的判断失误。

四、案例总结

獐子岛的案例表明，生产与费用循环审计在财务报表审计中具有举足轻重的地位。一个健全的生产与费用循环体系不仅能够帮助企业提高财务信息的准确性和可靠性，还能够增强投资者的信心和市场的稳定性。因此，企业在日常经营中应加强对生产与费用循环的内部控制和管理，确保各项经济活动的真实性和合规性。同时，审计机构在执行审计任务时也应保持高度的专业性和谨慎性，确保审计程序的充分性和有效性。

参考信息来源

［1］深圳证券交易所.关于对獐子岛集团股份有限公司2020年年报的问询函［EB/OL］.［2021-05-31］. https://reportdocs.static.szse.cn/UpFiles/fxklwxhj/LSD002069160764.pdf.

［2］獐子岛集团股份有限公司. 獐子岛集团股份有限公司对深圳证券交易所《关于对獐子岛集团股份有限公司 2020 年年报的问询函》的回复［EB/OL］.［2021-07-30］. https：//reportdocs.static.szse.cn/UpFiles/fxklwxhj/LSD0020691607641 02398HF.pdf.

案例使用说明

案例目标

○ 关键问题

如何通过审计有效识别和纠正企业在生产与费用循环方面存在的问题？

如何理解生产与费用循环审计在财务报表审计中的重要性？

○ 教学目标

通过案例讨论，学生应理解生产与费用循环审计的核心内容和重要性，掌握识别和解决相关问题的方法，提高审计实践能力。

案例背景

○ 理论背景

学生应掌握生产与费用循环的基本概念、流程及审计要点，了解成本核算、费用分配和存货审计等关键环节。

○ 行业背景

了解水产品养殖、加工和贸易行业的特点，熟悉该行业的成本核算方式和费用分配习惯，以便更好地理解獐子岛的案例背景。

○ 制度背景

熟悉我国会计准则关于成本核算、费用分配和非流动资产减值准备的相关规定，了解审计准则对生产与费用循环审计的要求。

讨论问题

如何完善生产与费用循环的审计程序，以提高审计质量和效率？

案例解析视频

开放式讨论区

案例 33

中恒华发存货成本审计：审计关键与挑战解析

【摘要】 本案例围绕深圳中恒华发股份有限公司变更存货计价方法的事件，探讨了存货成本审计的关键点和挑战，包括会计政策变更的合理性、会计处理的合规性、财务数据的准确性及信息披露的合规性等方面。

【关键词】 存货成本审计　中恒华发股份有限公司　会计政策变更　存货计价方法　审计关键点和挑战

案例正文

一、案例背景

在现代企业会计制度下，存货成本的准确计量对于企业的财务报表的真实性和公允性至关重要。存货成本的计算方法包括先进先出法（FIFO）、加权平均法等多种方法。不同方法的选择和应用不仅影响企业的资产负债表和利润表，还可能对税务筹划、经营决策产生深远影响。本案例以深圳市中恒华发股份有限公司（以下简称"中恒华发"）变更存货计价方法为切入点，探讨存货成本审计的关键点和挑战。

二、案例描述

1. 案例事实

2021年12月25日，中恒华发披露《关于会计政策变更的公告》，称拟将库存商品发出计价方式从先进先出法变更为月末一次加权平均法，变更日期为2021年1月1日。此变更引起了深圳证券交易所的关注，并下发了关注函，要求中恒华发就以下事项进行核查并作出书面说明：

（1）会计政策变更的合理性：对比同行业公司存货周转情况及其采用的相关会计政策，说明中恒华发本次会计政策变更的合理性；结合中恒华发历史存货周转情况的变动趋势，说明本次变更时点是否合理。

（2）会计处理的合规性：说明由于过去各期期初的存货价值无法分批认定并重新计算，应用追溯调整法的累积影响数难以确认，因此本次变更采用未来适用法是否符合《企业会计准则》的相关规定。

（3）财务数据的影响：说明已披露的2021年度一季报、半年报、三季报采用的库存商品发出计价方式，并自查相关财务数据是否需相应调整更正；若已采用月末一次加权平均法，说明本次会计政策变更的审议程序履行及信息披露是否及时。

（4）对股东大会的影响：结合《上市公司规范运作指引》的相关规定，自查是否需要就本次变更事项提请股东大会审议，并补充披露本次变更对尚未披露的最近一个报告期净利润、股东权益的影响。

（5）重新评估变更影响：结合对前述会计政策变更时点合理性的回复，重新评估上述变更事项对中恒华发前期财务数据的影响。

2.公司回复及会计师核查

中恒华发在回复中提供了同行业公司存货周转率及其采用的会计政策对比数据，显示其周转率处于较高水平，且同行业公司多采用加权平均法。同时，中恒华发结合其历史存货周转情况，说明本次变更时点的合理性。此外，中恒华发还通过抽样测试，评估了存货计价方法变更对以往各年度财务状况和经营成果的影响，认为差异较小，因此采用未来适用法符合企业会计准则的相关规定。

年审会计师在核查中，获取了同行业公司的存货周转率数据和中恒华发的历史存货周转情况，认可了中恒华发关于会计政策变更合理性的说明。同时，会计师也通过抽样测试，验证了存货计价方法变更对以往各年度财务状况和经营成果的影响较小，因此同意中恒华发采用未来适用法的会计处理。

三、案例分析

1.存货成本审计的关键点

（1）会计政策变更的合理性评估：审计师需要关注企业变更存货计价方法的动机和合理性。这包括对比同行业公司的会计政策，分析企业历史存货周转情况，以及评估变更对财务状况和经营成果的影响。

（2）会计处理的合规性审查：审计师需要核实企业采用的会计处理方法是否符合《企业会计准则》的相关规定。对于存货计价方法的变更，特别是采用未来适用法时，审计师需要评估变更的合理性以及是否对以往各年度的财务状况和经营成果产生了重大影响。

（3）财务数据的准确性和完整性验证：审计师需要检查企业已披露的财务报表数据是否准确、完整，并核实相关财务数据是否需要因会计政策变更而调整更正。

2.存货成本审计的挑战

（1）数据收集的难度：审计师需要收集同行业公司的存货周转率数据以及企业的历史存货周转情况，这可能需要耗费大量时间和精力。

（2）对影响进行评估的复杂性：存货计价方法的变更可能对企业的财务状况和经营成果产生复杂影响，审计师需要运用专业知识和经验，准确评估这些影响。

（3）信息披露的合规性要求：审计师需要关注企业是否按照相关规定及时、准确地披露了会计政策变更的相关信息，以及是否需要提请股东大会审议。

四、案例总结

本案例以中恒华发变更存货计价方法为切入点，展示了存货成本审计的关键点和挑战。通过对比同行业公司的会计政策、分析企业历史存货周转情况、评估变更对财务状况和经营成果的影响，审计师可以判断会计政策变更的合理性。同时，审计师还需要核实会计处理的合规性、验证财务数据的准确性和完整性，并关注信息披露的合规性要求。本案例为存货成本审计提供了有益的参考和借鉴。

参考信息来源

［1］深圳证券交易所.关于对深圳中恒华发股份有限公司的关注函［EB/OL］.［2021-12-27］.https：//reportdocs.static.szse.cn/UpFiles/fxklwxhj/LSD000020166978.pdf.

［2］深圳中恒华发股份有限公司.深圳中恒华发股份有限公司关于深圳证券交易所关注函回复的公告［EB/OL］.［2022-01-14］.https：//reportdocs.static.szse.cn/UpFiles/fxklwxhj/LSD000020166978102691HF.pdf.

案例使用说明

案例目标

○ 关键问题
如何评估企业存货计价方法变更的合理性及其对财务报表的影响？

○ 教学目标
通过案例讨论，学生应掌握存货成本审计的关键点，学会评估会计政策变更的合理性，理解会计处理的合规性要求，以及提升对财务数据准确性和信息披露合规性的敏感度。

案例背景

○ 理论背景

学生应掌握存货成本计算的基本方法（如先进先出法、加权平均法等），了解会计政策变更的会计处理原则，以及熟悉审计的基本流程和关键审计事项。

○ 行业背景

了解不同行业存货周转的特点和存货计价方法的常见选择，以便更好地分析中恒华发存货计价方法变更的合理性。

○ 制度背景

熟悉企业会计准则中关于会计政策变更、存货计价和财务信息披露的相关规定，以及《上市公司规范运作指引》对股东大会审议事项的要求。

讨论问题

中恒华发变更存货计价方法是否合理？其变更对财务报表有哪些潜在影响？

案例解析视频

开放式讨论区

案例 34

尚荣医疗存货监盘：核心要点、挑战与应对方案

【摘要】本案例以深圳市尚荣医疗股份有限公司的存货监盘为例，探讨了存货监盘在审计过程中的重要性、关键点及挑战，包括存货的识别、监盘计划的制订、监盘的执行与记录，以及差异的分析与处理等方面。

【关键词】存货监盘审计　尚荣医疗股份有限公司　审计关键点和挑战

案例正文

一、案例背景

存货作为企业资产的重要组成部分，其准确性和完整性对于财务报表的真实性和公允性具有重大影响。存货监盘作为审计过程中的重要环节，旨在通过实地观察和盘点，确认存货的数量、状况和存在性，以验证企业存货记录的准确性。本案例以深圳市尚荣医疗股份有限公司（以下简称"尚荣医疗"）的存货监盘为例，探讨存货监盘的关键点和挑战。

二、案例描述

1.案例事实

尚荣医疗在2023年年报中披露了存货的相关情况，包括存货的种类、数量、金额以及存货跌价准备的计提等。深圳证券交易所在对其年报进行事后审查时，关注到了存货的相关问题，并下发了问询函，要求尚荣医疗就以下事项进行说明：

（1）存货的具体情况：详细说明存货的种类、数量、金额以及存放地点等，并结合行业特点和市场需求变化，分析存货的合理性。

（2）存货跌价准备的计提：说明存货跌价准备计提的依据、方法和过程，以及计提的充分性和合理性。

（3）存货监盘的执行情况：说明存货监盘的执行过程、发现的问题以及采取的解决措施，确保存货的真实性和完整性。

2.公司回复及会计师核查

尚荣医疗在回复中详细列示了存货的具体情况，包括原材料、在产品、库存商品等各类存货的数量、金额和存放地点。同时，公司还解释了存货跌价准备计提的依据和方法，并提供了相关证据支持其计提的充分性和合理性。

年审会计师在核查过程中，执行了存货监盘程序，包括观察存货的存放情况、抽盘部分存货、核对存货账实是否相符等。通过监盘，会计师确认了存货的真实性和完整性，并未发现重大差异。同时，会计师还复核了存货跌价准备的计提依据和方法，认为其计提是充分且合理的。

三、案例分析

1.存货监盘的关键点

（1）存货的识别与分类：在进行存货监盘前，需要明确存货的识别标准和分类方法，确保所有应纳入监盘的存货均被考虑在内。

（2）监盘计划的制订：根据存货的种类、数量和存放地点等情况，制订合理的监盘计划，包括监盘的时间、地点、人员和程序等。

（3）监盘的执行与记录：按照监盘计划执行监盘程序，包括实地观察存货的存放情况、抽盘部分存货、核对存货账实是否相符等，并记录监盘过程和结果。

（4）差异的分析与处理：对于监盘过程中发现的差异，需要进行深入分析，找出差异的原因，并采取相应的解决措施，确保存货的真实性和完整性。

2.存货监盘的挑战

（1）存货数量的庞大与复杂性：对于存货数量庞大、种类繁多的企业来说，存货监盘可能面临较大的挑战。需要投入大量的人力、物力和时间来完成监盘工作。

（2）存货存放地点的分散性：如果存货存放在多个地点，监盘工作可能更加复杂。需要协调多个地点的人员和资源，确保监盘工作的顺利进行。

（3）存货的流动性与变化性：存货的数量和状态可能随时发生变化，如生产过程中的领用、销售过程中的出库等。这要求监盘工作具有高度的灵活性和及时性，以反映存货的最新情况。

四、案例总结

本案例以尚荣医疗的存货监盘为例，展示了存货监盘的关键点和挑战。通过制订合理的监盘计划、执行有效的监盘程序、分析并处理监盘差异，审计师可以确保存货的真实性和完整性。同时，本案例也提醒我们，存货监盘工作可能面临存货数量庞大、存放地点分散、流动性强等挑战，需要审计师具备专业的知识和经验，以应对这些挑战。

参考信息来源

［1］深圳证券交易所. 关于对深圳市尚荣医疗股份有限公司2023年年报的问询函［EB/OL］.［2024-05-30］. https：//reportdocs. static. szse. cn/UpFiles/zqjghj/sup_jghj_0001905C4871E83FE528E828CDAD1E3F.pdf.

［2］深圳市尚荣医疗股份有限公司. 深圳市尚荣医疗股份有限公司关于对深圳证券交易所2023年年报问询函回复的公告［EB/OL］.［2024-06-28］. https：//reportdocs.static.szse. cn/UpFiles/zqjghj/sup_jgdxhh_0001905C4870943FDE3551D26EA

84E3F.pdf.

案例使用说明

案例目标

○ 关键问题

如何通过有效的存货监盘程序，确保存货的真实性和完整性，并应对存货监盘过程中的挑战？

○ 教学目标

通过案例讨论，学生应理解存货监盘在审计中的重要性，掌握存货监盘的关键点和挑战，提升分析解决实际问题的能力，并培养严谨的专业态度和职业道德。

案例背景

○ 理论背景

学生应掌握审计的基本原理和方法，了解存货监盘的目的、程序和要求，以及审计师在存货监盘中的职责和作用。

○ 行业背景

了解医疗行业的特点和存货管理的特殊要求，熟悉尚荣医疗的业务模式和存货类型，以便更好地分析存货监盘的挑战和应对措施。

○ 制度背景

熟悉相关的会计准则和审计准则，了解存货监盘在财务报表审计中的地位和作用，以及监管机构对存货监盘的要求和期望。

讨论问题

尚荣医疗存货监盘过程中可能面临哪些具体挑战，应如何应对？

案例解析视频

开放式讨论区

案例35

中嘉博创存货计价与截止测试审计：关键程序与精髓

【摘要】本案例以中嘉博创信息技术股份有限公司的存货计价审计与截止测试为例，探讨了存货审计的关键程序和要点，包括存货计价方法的合理性、截止测试的执行情况、存货跌价准备的计提等，旨在确保存货的真实性和公允性。

【关键词】存货计价审计和截止测试　中嘉博创信息技术股份有限公司　存货跌价准备　真实性和公允性

案例正文

一、案例背景

存货作为企业资产的重要组成部分，其计价方法的正确性和截止测试的准确性对于财务报表的真实性和公允性至关重要。存货计价方法的选择直接影响企业的资产价值和利润水平，而截止测试的执行则确保存货交易的记录符合会计期间的要求。本案例以中嘉博创信息技术股份有限公司（以下简称"中嘉博创"）的存货计价审计与截止测试为例，探讨存货审计中的关键审计程序和审计要点。

二、案例描述

中嘉博创在2023年年报中披露了存货的相关情况，包括存货的种类、数量、金额以及计价方法等。深圳证券交易所在对其年报进行审查时，关注到了存货计价方法和截止测试的相关问题，并下发了问询函，要求中嘉博创就以下事项进行说明：

（1）存货计价方法的合理性：详细说明公司采用的存货计价方法，并结合行业特点和公司业务模式，分析该方法的合理性和适用性。

（2）截止测试的执行情况：说明公司在进行存货交易记录时，如何执行截止测试以确保交易记录的正确性和完整性。

（3）存货跌价准备的计提：结合存货的实际情况和市场价格，说明存货跌价准备计提的依据、方法和金额，并分析计提的充分性和合理性。

三、案例分析

1. 存货计价审计的关键点

（1）计价方法的选择：审计师需要评估公司采用的存货计价方法是否符合会计准则的要求，并结合公司的业务模式和行业特点，分析该方法的合理性和适用性。

（2）计价方法的执行：审计师需要检查公司是否按照选定的存货计价方法正确计算存货成本，并关注存货成本的变动情况，以确保计价方法的一贯性和准确性。

（3）存货跌价准备的计提：审计师需要评估公司计提存货跌价准备的依据、方法和金额是否合理，并关注存货跌价准备对财务报表的影响。

2. 截止测试的执行要点

（1）测试范围的确定：审计师需要确定截止测试的范围，包括存货采购和销售的主要交易类型和金额，以确保测试的全面性和代表性。

（2）测试程序的执行：审计师需要执行一系列测试程序，包括核对存货采购和销售发票的日期、检查存货出入库记录的准确性和完整性、复核会计期间的存货余额等，以确保存货交易记录的正确性和符合会计期间的要求。

（3）差异的分析与处理：对于截止测试过程中发现的差异，审计师需要进行深入分析，找出差异的原因，并评估差异对财务报表的影响。必要时，审计师需要调整存货余额或提出审计调整建议。

四、案例总结

本案例以中嘉博创的存货计价审计与截止测试为例，展示了存货计价审计和截止测试中的关键审计程序和审计要点。通过合理选择存货计价方法、正确执行计价方法、合理计提存货跌价准备以及严格执行截止测试程序，审计师可以确保存货的真实性和公允性，为财务报表的真实性和公允性提供有力保障。

参考信息来源

深圳证券交易所. 关于对中嘉博创信息技术股份有限公司 2023 年年报的问询函 ［EB/OL］. ［2024-05-09］. https：//reportdocs. static. szse. cn/UpFiles/zqjghj/

sup_jghj_00018F5CB528E83FE39571CCD346FA3F.pdf.

案例使用说明

案例目标

○ 关键问题

如何通过存货计价审计和截止测试，确保存货在财务报表中的真实性和公允性？

○ 教学目标

通过案例讨论，学生应理解存货计价审计和截止测试的重要性，掌握关键审计程序和审计要点，提升分析解决实际问题的能力，并培养严谨的专业态度和职业道德。

案例背景

○ 理论背景

学生应掌握审计的基本原理和方法，了解存货计价审计和截止测试的目的、程序和要求，以及审计师在存货审计中的职责和作用。

○ 行业背景

了解信息技术行业的业务模式和存货特点，熟悉中嘉博创的业务范围和存货类型，以便更好地分析存货计价方法和截止测试的合理性。

○ 制度背景

熟悉相关的会计准则和审计准则，了解存货计价和截止测试在财务报表审计中的地位和作用，以及监管机构对存货审计的要求和期望。

讨论问题

中嘉博创存货计价审计和截止测试中，审计师应如何确保存货的真实性和公允性？

案例解析视频

开放式讨论区

案例 36

研发费用审计失败案例分析及防范措施

【摘要】本案例分析了 2024 年度多家会计师事务所因研发费用审计失败被处罚的事件，探讨了审计失败的原因、过程和后果，并提出了防范措施。

【关键词】研发费用　审计失败　原因分析　影响分析　防范措施

案例正文

一、案例背景

在科技创新日益成为国家发展战略核心的背景下，研发费用作为企业研发投入的重要体现，其真实性和合规性越来越受到监管机构和投资者的关注。自注册制实施以来，监管机构对研发费用的监管力度显著增强，不仅体现在上市指标和信息披露的要求上，更在监管处罚方面体现了对研发费用合规性的高度重视。然而，尽管监管趋严，研发费用审计失败案例仍时有发生，给资本市场带来了不良影响。本案例以实际发生的研发费用审计失败事件为基础，通过深入分析审计失败的原因、过程和后果，旨在提高审计专业学生对研发费用审计的认识和理解，培养其审计职业判断能力和风险防范意识。

二、案例描述

（一）案例事件概述

近年来，随着国家对科技创新支持的加强，众多企业纷纷加大研发投入，研发费用在财务报表中的重要性日益凸显。然而，部分企业在研发费用列报上存在不合规行为，如虚增研发费用、混淆生产成本与研发成本等，以粉饰其财务业绩。与此同时，部分会计师事务所因在研发费用审计过程中未能勤勉尽责，导致审计失败，被监管机构处罚。

本案例以 2024 年度多家会计师事务所因研发费用审计失败而被监管机构处罚的事件为基础，选取了几个具有代表性的处罚案例进行深入分析。这些案例涵盖了研发费用审计中的多个关键领域，如研发人员认定、研发人员工时及薪酬分摊、研发费用的归集及核算、研发材料投入的核查等。

（二）处罚案例汇总分析

1.生产成本与研发成本混同案例

案例描述：某会计师事务所在审计过程中，未能充分关注被审计单位生产成本与研发成本的区分情况，导致将部分生产成本错误地计入研发费用。

审计失败原因：审计师未对生产活动和研发活动的支出进行充分核查，缺乏明确的支持性依据来区分两者。

后果：被审计单位因虚增研发费用而受到监管机构处罚，会计师事务所也因审计失败而被警告或罚款。

2.研发人员认定错误案例

案例描述：某会计师事务所在审计过程中，未对被审计单位的研发人员身份进行充分核查，将从事后勤服务的人员错误地认定为研发人员，从而虚增了研发费用。

审计失败原因：审计师对研发人员身份的认定标准理解不清，未严格按照监管要求进行核查。

后果：被审计单位因研发人员认定不合规而受到监管机构处罚，会计师事务所也因审计失败而被警告。

3.研发人员工时及薪酬分摊不准确案例

案例描述：某会计师事务所在审计过程中，未对研发人员的工时和薪酬分摊进行充分审计，导致研发费用的归属和金额不准确。

审计失败原因：审计师未对研发人员的工时记录进行充分核查，未按照工时合理分配薪酬至不同的研发项目。

后果：被审计单位因研发费用分摊不合规而受到监管机构处罚，会计师事务所也因审计失败而被罚款。

4.研发费用归集及核算不合规案例

案例描述：某会计师事务所在审计过程中，未对被审计单位的研发费用归集及核算情况进行充分审计，导致研发费用的开支范围和标准不明确。

审计失败原因：审计师未对研发费用的开支范围和标准进行充分了解，未按照相关规定进行归集和核算。

后果：被审计单位因研发费用归集及核算不合规而受到监管机构处罚，会计师事务所也因审计失败而被警告。

5.研发材料投入核查不合规案例

案例描述：某会计师事务所在审计过程中，未对被审计单位的研发材料投入情况进行充分核查，导致研发材料的领用和核算情况不明确。

审计失败原因：审计师未对研发材料的领用和核算情况进行充分了解，未明确区分研发领料与生产领料。

后果：被审计单位因研发材料投入核查不合规而受到监管机构处罚，会计师事务所也因审计失败而被罚款。

（三）案例共同特征

1.审计程序执行不到位

在上述案例中，会计师事务所均未严格按照审计准则和程序进行审计，导致未能发现被审计单位在研发费用列报上的不合规行为。

2.对研发费用审计重视不够

部分会计师事务所可能未充分认识到研发费用审计的重要性和复杂性，导致在审计过程中投入的资源不足。

3.缺乏应有的职业怀疑态度

审计师在审计过程中未能保持应有的职业怀疑态度，对异常情况未能给予足够的关注和深入的调查核实。

三、案例分析

（一）审计失败的原因分析

1.审计程序执行不严格

审计师在研发费用审计过程中，未能充分执行审计程序，如未对研发人员身份进行充分核查、未对研发人员工时和薪酬分摊进行充分审计、未对研发费用的归集及核算情况进行充分了解等。这些程序的缺失或执行不到位直接导致审计师未能发现被审计单位在研发费用列报上的不合规行为。

2.对研发费用审计重视不够

部分会计师事务所可能未充分认识到研发费用审计的重要性和复杂性。在审计资源分配上，这些会计师事务所可能更倾向于将资源投入到传统审计领域，如财务报表审计、内部控制审计等，而忽视了对研发费用审计的投入。这种资源分配的不均衡可能导致审计师在研发费用审计过程中缺乏足够的经验和专业知识。

3.缺乏应有的职业怀疑态度

审计师在审计过程中未能保持应有的职业怀疑态度。对于被审计单位提供的研发费用相关数据和资料，审计师可能过于依赖其表面真实性，而未进行深入的调查核实。这种应有的职业怀疑态度的缺乏可能导致审计师未能及时发现被审计单位在研发费用列报上的潜在问题。

4. 对监管政策理解不足

随着国家对研发费用监管政策的不断加强和完善，审计师需要不断更新自己的知识储备，以适应监管政策的变化。然而，部分审计师可能对监管政策的理解不足，导致在审计过程中未能按照监管要求进行充分核查。

（二）审计失败的影响分析

1. 对监管机构的影响

审计失败事件可能导致监管机构对会计师事务所的监管力度加强。监管机构可能加大对会计师事务所的现场检查力度，提高审计报告的抽查比例，以督促会计师事务所提高审计质量。

2. 对会计师事务所的影响

审计失败事件对会计师事务所的声誉和业务发展产生不利影响。会计师事务所可能因审计失败而受到监管机构的处罚，如警告、罚款、暂停或取消相关资格等。这些处罚可能导致客户对会计师事务所的信任度降低，从而影响会计师事务所的业务发展。

3. 对投资者的影响

审计失败事件可能误导投资者的投资决策。投资者可能基于虚假的财务信息进行了投资，从而遭受经济损失。此外，审计失败事件还可能破坏资本市场的公信力，影响投资者的投资信心。

4. 对被审计单位的影响

审计失败事件可能导致被审计单位受到监管机构的处罚。被审计单位可能因研发费用列报不合规而受到警告、罚款等处罚。这些处罚可能影响被审计单位的市场形象和信誉，进而影响被审计单位的业务发展。

（三）研发费用审计中的防范措施

1. 严格执行审计程序

审计师在研发费用审计过程中应严格按照审计准则和程序进行审计。对研发人员身份、研发人员工时和薪酬分摊、研发费用的归集及核算等关键领域进行充分核查和审计，确保审计工作的高质量和准确性。

2. 提高对研发费用审计的重视程度

会计师事务所应充分认识到研发费用审计的重要性和复杂性，在审计资源分配上对研发费用审计给予足够的重视和支持，确保审计师具备足够的经验和专业知识来应对研发费用审计的挑战。

3.保持应有的职业怀疑态度

审计师在审计过程中应始终保持应有的职业怀疑态度。对被审计单位提供的研发费用相关数据和资料，审计师应进行深入的调查核实，确保其真实性和准确性。对于异常情况，审计师应给予足够的关注和深入的调查核实。

4.加强对监管政策的学习和理解

审计师应密切关注监管政策的变化和发展趋势，及时学习和理解新的监管政策要求和标准，确保在审计过程中能够按照监管要求进行充分核查和审计。会计师事务所应建立健全内部质量控制体系，通过内部审核、复核等方式对审计工作进行全过程的质量控制和监督，及时发现和纠正审计师在审计过程中存在的错误和疏漏，提高审计工作的质量和准确性。

四、案例总结

本案例以2024年度多家会计师事务所因研发费用审计失败而被监管机构处罚的事件为基础，通过深入分析审计失败的原因、过程和后果，提出了研发费用审计中的防范措施。通过对本案例的学习和分析，我们可以得出以下结论：

1.研发费用审计的重要性和复杂性

研发费用作为企业研发投入的重要体现，其真实性和合规性越来越受到监管机构和投资者的关注。研发费用审计作为确保研发费用真实性和合规性的重要手段，其重要性和复杂性日益凸显。

2.审计失败的主要原因

审计失败的主要原因在于审计程序执行不严格、对研发费用审计重视不够、缺乏应有的职业怀疑态度，以及对监管政策理解不足等。这些因素共同作用导致了审计失败事件的发生。

3.审计失败的影响

审计失败对监管机构、会计师事务所、投资者和被审计单位都产生了不良的影响。审计失败事件可能导致监管机构加大监管力度、会计师事务所声誉受损、投资者遭受经济损失以及被审计单位受到处罚等后果。

4.研发费用审计中的防范措施

为了防范研发费用审计失败事件的发生，我们需要严格执行审计程序、提高对研发费用审计的重视程度、保持应有的职业怀疑态度、加强对监管政策的学习和理解，以及建立健全会计师事务所内部质量控制体系等。通过这些措施的实施，我们可以提高研发费用审计的质量和效率，保障资本市场的健康稳定发展。

本案例的教学意义在于通过对真实案例的分析和学习，学生应深刻认识到研发费用审计的重要性和复杂性。同时，通过对本案例的学习，学生还可以了解到研发费用审计的相关政策和规定、审计程序和方法以及会计师事务所内部质量控制体系在审计工作中的重要性。此外，本案例还可以培养学生的审计职业判断能力和风险防范意识，为其未来的审计工作打下坚实的基础。

案例使用说明

案例目标

○ **关键问题**

研发费用审计失败的原因有哪些？如何防范研发费用审计失败？

○ **教学目标**

通过案例讨论，学生应提高对研发费用审计的认识和理解，培养其审计职业判断能力和风险防范意识，能够严格执行审计程序，保持应有的职业怀疑态度，并加强对监管政策的学习和理解。

案例背景

○ **理论背景**

学生应掌握审计的基本理论，包括审计准则、审计程序、审计职业判断等，以及研发费用审计的特殊性和复杂性。

○ **行业背景**

了解科技创新行业的发展现状，以及研发费用在企业财务报表中的重要性日益凸显的趋势。

○ **制度背景**

熟悉国家对研发费用的监管政策，以及会计师事务所在审计过程中应遵守的相关法律法规和准则。

讨论问题

如何有效防范会计师事务所在研发费用审计中的失败？

案例解析视频　　　　　　　　　　　　开放式讨论区

筹资与投资循环审计

案例37

不当投资决策的代价

【摘要】本案例以华盛投资集团有限公司为背景，揭示了其因缺乏有效内部控制而导致的筹资与投资失控问题。审计师通过控制测试和实质性程序，揭露了公司在资金管理和投资决策上的重大风险，并提出了改进建议。

【关键词】筹资与投资循环审计　华盛投资集团有限公司　审计程序　筹资与投资失控

案例正文

一、案例背景

本案例发生在一家名为华盛投资集团有限公司（以下简称"华盛公司"）的企业。华盛公司主要从事房地产开发和金融投资业务，近年来随着市场的快速扩张，华盛公司逐步向多元化投资方向发展。为此，华盛公司不仅通过银行借款等方式筹集资金，还涉足一些高风险的金融产品和股权投资。

在过去的几年里，华盛公司频繁进行大规模投资，并未严格执行投资决策的审核程序，忽视了对潜在投资项目的财务健康性和市场前景的评估。此外，华盛公司在筹资过程中也存在内部控制薄弱的情况，导致资金使用效率低下，最终导致公司的财务状况恶化。

这一系列问题的根源在于华盛公司缺乏有效的内部控制体系，特别是在筹资与投资循环的审计与控制测试上，存在诸多疏漏。华盛公司管理层未能对借款和投资决策进行充分的审核与监督，导致公司在多笔高风险投资中蒙受巨大损失。

二、案例描述

1.筹资与投资循环的控制缺陷

（1）筹资与投资循环审计的基本流程

筹资与投资循环是企业财务管理的核心环节之一，涉及企业通过债务或股权方式获取资金，并将资金合理投入营利性项目中的过程。在通常情况下，企业在筹资过程中需要评估各种融资方案的成本与风险，同时在投资过程中也需要进行严格的可行性分析，以确保投资的安全性和收益。

在华盛公司，管理层倾向于快速获取资金并快速投向各种投资项目，忽略了对资金用途和项目回报的充分评估。这使得华盛公司在决策过程中缺乏科学的依据，盲目追求短期利益，尤其是在缺乏内部控制和审计监督的情况下，导致多个重大投资决策失误，严重影响了公司的资本结构和长期收益。

（2）筹资与投资内部控制失效的表现

华盛公司的筹资与投资内部控制失效的表现主要集中在以下几个方面：

借款用途不明：公司通过银行贷款、发行债券等方式大规模筹资，但资金用途未得到有效监管，部分资金被用于风险较高的项目，未进行可行性分析和盈利能力分析，最终导致公司面临沉重的债务负担。

盲目投资高风险项目：管理层在未经过详尽的审查与分析的情况下，进行了多项高风险投资，特别是在股票市场和海外房地产项目上。这些投资项目在短期内未能带来预期回报，反而增大了公司的财务压力。

缺乏投资后续管理：对于已投入的项目，华盛公司缺乏有效的监控和管理机制。部分项目的经营状况恶化，管理层未能及时作出应对，导致进一步的损失和资金浪费。

这些失控的表现反映出华盛公司在筹资与投资循环中的重大内部控制缺陷，最终给公司带来了巨大的财务损失。

2.筹资与投资循环审计的工作重点

筹资与投资循环审计的核心任务是确保企业的资金来源合法合规，投资决策合理，并确保企业的财务稳定性。审计师通过对筹资和投资项目的控制测试，能够发现企业在资金管理和投资决策上的重大风险。在本案例中，审计师在对华盛公司的财务报表进行审计时，发现了公司在借款使用和投资决策上存在诸多不合理之处。

（1）筹资与借款审计

借款审计的首要任务是确认公司的借款来源是否合法，并确保借款的使用符合公司预期的财务规划。在对华盛公司的审计中，审计师首先检查了公司在过去几年内通过银行贷款、发行债券等方式筹集的资金，发现华盛公司在这些筹资活动中并未对资金用途进行详细的说明，也未能提供充分的资金使用计划。部分借款甚至被挪用于非生产性项目，导致借款未能产生预期的回报。

审计师通过详细的资金流动跟踪，揭示了华盛公司在借款使用上的混乱。例如，审计师发现一笔用于长期项目开发的贷款资金被管理层挪用至短期金融投资，这不仅违反了借款合同的规定，还进一步加剧了公司的资金紧张状况。此外，审计师还发现，部分借款存在利息费用未合理记录的情况，导致财务报表中的负债和费用记录不准确。

通过对借款的深入审查，审计师发现了华盛公司在筹资过程中缺乏有效的资金管理和内部控制机制，揭示了公司财务困境的根源。

（2）投资决策的审计与控制测试

投资审计的重点是确认公司投资项目的合法性、合理性，并确保投资的回报与风险处于可控范围内。在华盛公司的案例中，审计师对公司过去几年内的主要投资项目进行了详细的审查，发现多个项目的投资决策缺乏充分的前期可行性研究，导致资金被投向风险极高的项目。

审计师实施了控制测试，检查了华盛公司在投资决策中的内部控制有效性。结果显示，华盛公司在进行投资时，缺乏必要的审批流程和风险评估，多个项目甚至未经过董事会的审查就已投入执行。此外，审计师还发现，华盛公司管理层在投资决策过程中未充分考虑市场环境的变化，导致一些项目在市场波动下迅速贬值，造成了严重的资本损失。

通过这些控制测试，审计师揭示了华盛公司在投资环节上的内部控制缺失，进一步表明华盛公司在筹资与投资循环中存在重大审计风险。

（3）实质性程序揭露不当投资

在控制测试之外，审计师还通过实质性程序，进一步确认了华盛公司在投资项目上所面临的财务风险。实质性程序通过对投资项目的详细审查，帮助审计师识别出财务报表中的不实信息，并揭示了不当投资带来的巨大损失。

①投资项目的实地审查

为了确认投资项目的实际状况，审计师选择了几个大型投资项目进行了实地审查。例如，华盛公司曾在海外购入了多个房地产项目，作为公司扩展海外市场战略的一部分。然而，审计师在实地审查中发现，这些项目的实际价值远低于华盛公司账面记录的价值，且大多数项目未能实现预期的开发计划。由于市场环境的变化和项目管理不善，这些房地产项目陷入了停滞，已成为华盛公司的沉没成本。

审计师还对华盛公司的金融投资项目进行了详细审查。华盛公司在股市中投入了大量资金，但未能对投资标的公司进行充分的财务分析。审计师发现，多个投资标的公司出现了财务危机，股价大幅下跌，导致华盛公司在短期内蒙受了巨大的投资损失。

②资金流动的审计

审计师还通过对华盛公司资金流动的详细跟踪，揭露了华盛公司在投资资金管理上的混乱。例如，某些投资项目的资金流向不明，部分资金被挪用于其他项目，这进一步加剧了投资损失的不可控性。审计师发现，华盛公司并未建立起有效的资金管理体系，导致资金在多个高风险项目之间随意调动，而缺乏清晰的管理和控制。

通过实质性程序，审计师进一步确认了华盛公司在投资管理上的重大失误，并揭示了这些失误对公司财务状况的严重影响。

三、案例分析

1.筹资与投资循环内部控制失效的后果

华盛公司由于缺乏对筹资与投资循环的有效控制，面临了严重的财务困境。首先，大量的高风险投资未能产生预期回报，导致华盛公司的账面资产大幅贬值，财务报表反映失真。其次，借款资金的错配和挪用使得华盛公司难以按期偿还债务，这进一步增大了公司的财务压力。最后，由于华盛公司未能对投资项目进行有效的后续管理，多个项目陷入停滞，成为公司的沉没成本，严重影响了公司的资金周转和整体运营。

2.改进建议

为防止类似问题的再次发生，华盛公司需要采取多项改进措施，以加强筹资与投资循环的内部控制和管理：

（1）强化筹资决策与资金管理

公司应建立严格的筹资决策流程，确保每笔借款和融资方案都经过详细的评估与审批。特别是在资金使用方面，公司需要建立清晰的资金管理体系，确保借款资金的合理分配和使用，避免资金被挪用或错配。同时，公司应定期监控借款的偿还进度，确保债务按期归还，减轻财务压力。

（2）建立科学的投资决策流程

公司需要建立全面的投资风险评估机制，确保每项投资在决策前都经过详尽的市场分析和财务评估。同时，公司应加强对投资项目的后续监控，及时调整投资策略，避免项目失败带来的损失。为了提高投资决策的科学性，公司应引入外部专家和独立董事参与重大投资项目的决策过程，增强风险管理能力。

四、案例总结

本案例通过华盛公司不当投资决策带来的财务危机，展示了筹资与投资循环审计的重要性。审计师通过实施控制测试和实质性程序，揭示了华盛公司在借款使用和投资管理上的重大失控问题。案例表明，企业在进行筹资与投资时，必须建立健全的内部控制机制，确保每一项决策都经过严格的审批和评估，以保证企业的财务稳定和可持续发展。

案例使用说明

案例目标

○ 关键问题
华盛公司在筹资与投资循环中存在哪些控制缺陷？审计师如何揭示这些风险，并提出有效的改进建议？

○ 教学目标
通过案例讨论，学生应理解筹资与投资循环审计的核心内容，掌握审计程序和方法，认识内部控制在企业管理中的重要性，并学会分析实际问题并提出解决方案。

案例背景

○ 理论背景
筹资与投资循环审计涉及企业资金管理、投资决策和内部控制等多个方面。学生应了解审计的基本流程、审计方法和内部控制原理，以及筹资与投资循环的基本概念和特点。

○ 行业背景
华盛公司主要从事房地产开发和金融投资业务，属于多元化投资企业。学生应了解房地产和金融投资行业的运营特点、风险管理和内部控制要求，以及行业相关的法规和政策。

○ 制度背景
企业应建立健全内部控制体系，确保筹资与投资活动的合法合规和有效性。学生应了解企业内部控制的基本框架、资金管理制度、投资决策流程等相关制度，以及这些制度在实际操作中的应用和挑战。

讨论问题

华盛公司筹资与投资失控的根源是什么？审计师如何有效揭示这些风险？

案例解析视频　　　　　　　　　　　开放式讨论区

案例38

中润资源筹资与投资循环审计：
审计程序、审计发现与要点解析

【摘要】本案例以中润资源投资股份有限公司2022年度筹资与投资循环的审计为例。案例详细分析了中润资源在筹资活动中的借款变动、股票质押风险，以及在投资活动中的项目合规性、融资方式合理性等问题。通过本案例的学习，学生能够加深对筹资与投资循环审计的理解，掌握有效的审计方法和技巧，从而提高审计工作的质量和效率，为识别和管理上市公司财务风险提供参考。

【关键词】筹资与投资循环审计　中润资源投资股份有限公司　审计程序审计重点

案例正文

一、案例背景

近年来，随着资本市场的不断发展，上市公司的筹资与投资活动日益频繁，筹资与投资循环审计作为财务报表审计的重要组成部分，对于揭示公司财务健康状况、评估潜在风险具有重要意义。本案例选取中润资源投资股份有限公司（以下简称"中润资源"）作为研究对象，通过对其2022年度筹资与投资循环审计的详细分析，探讨该公司在筹资与投资活动中存在的问题、审计师的审计程序及结论，以期提升学生对筹资与投资循环审计的理解与实际操作能力。

二、案例描述

1. 公司概况

中润资源是一家主要从事以黄金为主要品种的矿业开采与房地产开发建设、销售及自有房产的出租业务的上市公司。近年来，受全球经济形势及行业政策调整的影响，公司主营业务面临较大挑战，财务状况波动较大。

2. 中润资源筹资与投资活动概述

（1）筹资活动

短期借款大幅增加：2022年末，中润资源短期借款余额为2.80亿元，同比增加204.02%。

非金融机构借款及利息：报告期末，公司逾期未归还非金融机构借款本金1.165亿元，逾期利息合计1.11亿元。

股票质押与冻结：控股股东宁波冉盛盛远投资管理合伙企业（有限合伙）所持25.08%股权全部处于质押、冻结状态。

（2）投资活动

金属流融资：控股子公司瓦图科拉金矿与 SAND STORM GOLD LTD.（以下简称"沙暴黄金"）签署《黄金买卖协议》，进行金属流融资，协议预付款由3 000万美元调整为1 410万美元。

技改和扩产项目：瓦图科拉金矿推进技改和扩产项目，预计所需资金约4 000万美元，部分通过金属流融资筹集。

3. 审计师的审计程序及发现

（1）筹资活动审计

短期借款审计：审计师获取了公司报告期内主要的有息负债明细情况及相关借款合同，重新测算了利息计算的准确性，并检查了相关有息负债还本付息的银行回单、付款审批单记录。

非金融机构借款审计：审计师核实了其他应付款披露的准确性，检查了违约金及一年内到期的预计负债的确认依据是否符合企业会计准则的规定，并询问了公司针对非金融机构借款还本付息的安排。

股票质押与冻结审计：审计师访谈了公司管理层，了解了股权质押的具体进展，并检查了公司各项内部控制制度，执行了内部控制测试。

（2）投资活动审计

金属流融资审计：审计师获取了公司与沙暴黄金的相关协议，检查了瓦图科拉金矿匹配资金以及共管账户资金专款到账时间及使用情况，并函证了监管账户余额，同时，复核并检查了公司收到金属流融资款的会计处理是否符合企业会计准则的规定。

技改和扩产项目审计：审计师了解了瓦图科拉金矿技改和扩产的计划、项目建设周期、预计完工时间及目前进展情况，并评估了公司是否具备相应的资金实力。

（3）审计发现

流动性风险：公司短期借款大幅增加，而流动资产远低于流动负债，存在流动性风险。

内部控制缺陷：公司因信息披露内部控制失效被监管部门公开谴责，但审计师认为该事项发生在2022年之前，且公司已积极整改，因此未认定存在非财务报告内部控制重大缺陷。

金属流融资会计处理合规：公司收到金属流融资款的会计处理符合企业会计准则的规定。

三、案例分析

1.筹资活动审计要点

关注短期借款的变动：短期借款的大幅增加可能意味着公司面临较大的短期偿债压力，审计师需要关注借款的用途、还款来源及公司的偿债能力。

核实非金融机构借款的合法性及风险：非金融机构借款往往伴随着较高的利率和违约风险，审计师需要核实借款的合法性，评估违约风险，并检查公司是否具备相应的还款能力。

关注股票质押与冻结的风险：控股股东股票的质押与冻结可能影响公司的控制权稳定性，审计师需要关注相关股份是否存在被平仓或司法强制执行的风险，并评估其对公司生产经营、公司治理等方面的影响。

2.投资活动审计要点

审查投资项目的合规性及效益：审计师需要审查投资项目的合规性，包括是否符合国家产业政策、环保要求等，并评估项目的预期效益及风险。

关注融资方式的合理性及成本：对于采用特殊融资方式（如金属流融资）的项目，审计师需要关注融资方式的合理性、融资成本及对公司财务状况的影响。

核实投资项目的进展及资金使用情况：审计师需要核实投资项目的实际进展情况，包括项目建设周期、预计完工时间等，并检查项目资金的使用情况，确保资金专款专用。

四、案例总结

本案例通过对中润资源2022年度筹资与投资循环审计的详细分析，展示了审计师在筹资与投资活动审计中的关注要点和审计程序。在筹资活动审计中，审计师需要重点关注短期借款的变动、非金融机构借款的合法性及风险以及股票质押与冻结的风险；在投资活动审计中，审计师需要审查投资项目的合规性及效益、关注融资方式的合理性及成本，并核实投资项目的进展及资金使用情况。通过本案例的学习，学生可以更好地理解和掌握筹资与投资循环审计的方法和技巧，提升审计质量和效率。

参考信息来源

［1］深圳证券交易所. 关于对中润资源投资股份有限公司2022年年报的问询函［EB/OL］.［2023-05-26］. https：//reportdocs. static. szse. cn/UpFiles/fxklwxhj/LSD000506179053.pdf.

［2］中润资源投资股份有限公司. 中润资源投资股份有限公司关于深圳证券交易所2022年年报问询函回复的公告［EB/OL］.［2023-07-06］. https：//reportdocs. static.szse.cn/UpFiles/fxklwxhj/LSD000506179053103914HF.pdf.

案例使用说明

案例目标

○ 关键问题
如何通过筹资与投资循环审计，有效揭示公司财务健康状况，评估潜在风险？

○ 教学目标
通过案例讨论，学生应深入理解筹资与投资循环审计的要点和程序，掌握识别、评估和应对潜在风险的方法，提升审计实践能力和专业素养。

案例背景

○ 理论背景
学生应掌握财务报表审计的基本原理和方法，了解筹资与投资循环审计的概念、目标和程序，以及审计师在其中的职责和作用。

○ **行业背景**

了解矿业开采与房地产开发行业的业务特点、市场环境和政策法规，熟悉中润资源的业务范围、经营状况及财务特点，以便更好地分析其在筹资与投资活动中面临的问题和风险。

○ **制度背景**

熟悉企业会计准则、审计准则及相关法律法规，了解监管部门对上市公司筹资与投资活动的监管要求和信息披露规定。

讨论问题

中润资源在筹资与投资活动中存在哪些主要风险？审计师应如何有效识别和应对这些风险？

案例解析视频　　　　　　　　　　　开放式讨论区

案例39

新大洲控股筹资与投资循环审计：
审计关键程序与审计应对

【摘要】本案例以新大洲控股股份有限公司的筹资与投资循环审计为例，详细阐述了审计过程中的关键步骤、发现的问题及解决方案，旨在提升对筹资与投资循环审计的理解和应用能力。

【关键词】筹资与投资循环审计　新大洲控股股份有限公司　审计关键程序　审计应对

案例正文

一、案例背景

筹资与投资循环涉及企业资金的筹集、运用和回收，直接关系到企业的财务状况、经营成果和现金流量。筹资与投资循环审计旨在评估企业在这一循环中的内部控制有效性、交易的合法合规性以及财务报表的准确性。本案例以新大洲控股股份有限公司（以下简称"新大洲"）的2020年度筹资与投资循环审计为例，探讨审计过程中的关键步骤、发现的问题及解决方案。

二、案例描述

1.案例事实

新大洲在2020年披露了一系列与筹资与投资活动相关的公告，包括资产置换、股权质押、担保及仲裁事项等。深圳证券交易所对这些公告表示关注，并下发了关注函，要求新大洲就以下事项进行说明：

（1）筹资活动：新大洲的第一大股东大连和升控股集团有限公司（以下简称"大连和升"）通过其关联方桃源荣盛市场有限公司（以下简称"桃源荣盛"），以桃源商城股权及现金置换新大洲全资子公司上海瑞斐投资有限公司的应收账款。交易涉及大额资金流动和潜在的关联方交易，需要关注交易的商业合理性、资金安排及潜在风险。

（2）投资活动：桃源商城的资产评估增值率较高，且存在对外担保情况。需要关注资产评估的合理性、投资活动的内部控制有效性以及对外担保的风险。

（3）内部控制：新大洲在筹资与投资循环中的内部控制是否有效，特别是在关联方交易、资金管理和担保事项方面。

2.审计过程与发现

（1）筹资活动审计：审计师首先对大连和升与桃源荣盛之间的资产置换交易进行了详细审查。通过查阅交易合同、验资报告、银行流水等相关资料，审计师确认了交易的合法性和真实性。然而，审计师也注意到，交易对价中的现金部分拟在24个月内支付完毕，这引发了关于交易的商业合理性和新大洲是否存在财务资助或关联方资金占用的疑虑。此外，对大连和升的一系列承诺也需要进一步验证其真实性和可行性。

（2）投资活动审计：对于桃源商城的资产评估，审计师对比了评估报告与账面价值，发现增值率较高。通过实地勘察、市场调研和专家咨询，审计师对评估增值的合理性进行了评估，并关注了是否存在潜在的资产泡沫。同时，审计师还审查了桃源商城的对外担保情况，评估了被担保方的财务状况和偿债能力，以确定是否需要计提预计负债。

（3）内部控制测试：审计师对新大洲在筹资与投资循环中的内部控制进行了测试，重点关注了关联方交易审批、资金支付审批、担保事项审批等关键环节。通过询问、观察、检查等审计程序，审计师发现新大洲在内部控制方面存在一定缺陷，如关联方交易审批流程不够严格、资金支付审批权限设置不合理等。

三、案例分析

1.筹资活动的审计要点

（1）关注交易的商业合理性和资金安排，防止企业通过关联方交易进行财务造假或资金占用。

（2）验证大股东及关联方的承诺是否真实、准确、完整，并评估其可行性，以确保企业的财务稳定。

2.投资活动的审计要点

（1）对资产评估增值进行合理性评估，关注是否存在资产泡沫或虚假评估。

（2）审查企业的对外担保情况，评估被担保方的财务状况和偿债能力，以确定是否需要计提预计负债。

3.内部控制的测试要点

（1）关注企业筹资与投资循环中的关键控制点，如审批流程、权限设置等。

（2）通过询问、观察、检查等审计程序，评估内部控制的有效性和执行情况。

四、案例总结

本案例展示了筹资与投资循环审计中的关键步骤和审计要点。通过对新大洲筹资与投资活动的审计，审计师不仅关注了交易的合法性和真实性，还深入评估了潜在的风险和内部控制的有效性。这为企业财务报表的真实性和公允性提供了有力保障，同时也为投资者和其他利益相关者提供了可靠的决策依据。

参考信息来源

［1］深圳证券交易所. 关于对新大洲控股股份有限公司的关注函［EB/OL］.［2020-03-26］. https://reportdocs.static.szse.cn/UpFiles/fxklwxhj/CDD00057156816.pdf.

［2］新大洲控股股份有限公司. 新大洲控股股份有限公司关于关注函的回复的公告［EB/OL］.［2020-04-08］. https://reportdocs.static.szse.cn/UpFiles/fxklwxhj/

CDD0005715568161747HF.pdf.

案例使用说明

案例目标

○ 关键问题

如何通过筹资与投资循环审计，有效识别并应对企业在筹资与投资活动中的潜在风险？

○ 教学目标

通过案例讨论，学生应深入理解筹资与投资循环审计的核心内容和关键步骤，掌握识别、评估和应对潜在风险的方法，提升审计实践能力和专业素养。

案例背景

○ 理论背景

学生应掌握财务报表审计的基本原理和方法，了解筹资与投资循环审计的概念、目标、程序及关键审计要点。

○ 行业背景

了解新大洲控股股份有限公司所处的行业环境、业务特点、市场地位及财务状况，以便更好地分析其在筹资与投资活动中面临的问题和风险。

○ 制度背景

熟悉企业会计准则、审计准则及相关法律法规，了解监管部门对上市公司筹资与投资活动的监管要求和信息披露规定。

讨论问题

新大洲在筹资与投资循环审计中暴露了哪些内部控制缺陷？应如何改进？

案例解析视频   开放式讨论区

案例 40

世纪华通借款审计：关键步骤、问题及其解决方案

【摘要】本案例以浙江世纪华通集团股份有限公司的借款审计为例，详细阐述了借款审计的关键审计程序、审计发现及审计应对，旨在提升对借款审计的理解和应用能力。

【关键词】借款审计 世纪华通集团股份有限公司 关键审计程序 审计应对 合规性 安全性 关联方借款 借款担保

案例正文

一、案例背景

借款审计是财务报表审计中的重要组成部分，它关注企业借款活动的合规性、安全性以及对企业财务状况的影响。本案例以2022年度浙江世纪华通集团股份有限公司（以下简称"世纪华通"）的借款审计为例，探讨借款审计的关键审计程序、审计发现以及审计应对。通过对世纪华通借款活动的审计，我们可以深入了解企业在筹资过程中的风险控制和财务管理情况。

二、案例描述

1.案例事实

世纪华通在2022年年度报告中披露了多笔借款活动，包括银行借款、关联方借款以及为子公司提供的借款担保等。深圳证券交易所对这些借款活动表示关注，并下发了问询函，要求世纪华通就以下事项进行说明：

（1）借款的合规性与安全性：世纪华通需要说明借款活动的合规性，包括借款

用途、借款利率、还款期限等是否符合相关法律法规和公司内部规定。同时，审计师需要关注借款的安全性，评估企业的偿债能力和潜在风险。

（2）关联方借款：世纪华通存在与关联方的借款往来，需要说明这些借款的商业合理性、审批流程以及是否存在资金占用或财务资助的情况。

（3）借款担保：世纪华通为子公司提供了多笔借款担保，需要评估被担保子公司的财务状况和偿债能力，以确定担保风险。

2.审计程序与审计发现

（1）对借款合规性与安全性的审计：审计师首先核查了世纪华通的借款合同、借款凭证以及相关会议决议等资料，确认借款活动的合规性。同时，审计师通过分析企业的现金流量表、资产负债表和利润表等财务报表，评估企业的偿债能力和潜在风险。审计师发现，世纪华通的借款活动整体合规，但部分借款的利率较高，增加了企业的财务成本。此外，企业的短期借款占比较高，存在一定的流动性风险。

（2）对关联方借款的审计：对于关联方借款，审计师重点关注了借款的商业合理性、审批流程和资金往来情况。通过询问管理层、查阅相关会议记录和资金流水等资料，审计师确认了关联方借款的合规性和商业合理性。同时，审计师也关注了是否存在资金占用或财务资助的情况，并发现世纪华通与关联方的借款往来均按照市场化原则进行，未发现异常。

（3）对借款担保的审计：对于借款担保，审计师首先核查了担保合同和相关会议决议等资料，确认担保的合规性。随后，审计师对被担保子公司的财务状况进行了深入分析，包括评估其偿债能力、盈利能力和现金流状况等。审计师发现，部分被担保子公司的财务状况较弱，存在一定的担保风险。因此，审计师建议世纪华通加强对被担保子公司的财务管理和风险控制，以降低担保风险。

三、案例分析

1.借款合规性与安全性的审计要点

（1）核查借款合同、借款凭证以及相关会议决议等资料，确认借款活动的合规性。

（2）分析企业的财务报表，评估企业的偿债能力和潜在风险。特别关注短期借款占比、利率水平以及还款期限等关键指标。

2.关联方借款的审计要点

（1）关注关联方借款的商业合理性和审批流程，确保借款活动符合市场化原则和公司内部规定。

（2）核查资金往来情况，防止资金占用或财务资助等违规行为的发生。

3.借款担保的审计要点

（1）核查担保合同和相关会议决议等资料，确认担保的合规性。

（2）对被担保子公司的财务状况进行深入分析，评估担保风险。特别关注被担保子公司的偿债能力、盈利能力和现金流状况等关键指标。

四、案例总结

本案例展示了借款审计中的关键审计程序和审计要点。通过对世纪华通借款活动的审计，审计师不仅关注了借款的合规性和安全性，还深入评估了关联方借款和借款担保的风险。这为企业财务报表的真实性和公允性提供了有力保障，同时也为投资者和其他利益相关者提供了可靠的决策依据。在借款审计过程中，审计师应保持谨慎和客观的态度，充分获取审计证据，确保审计结论的准确性和可靠性。

参考信息来源

［1］深圳证券交易所. 关于对浙江世纪华通集团股份有限公司2022年年报的问询函［EB/OL］.［2023-05-10］. https：//reportdocs.static.szse.cn/UpFiles/fxklwxhj/LSD002602178751.pdf.

［2］浙江世纪华通集团股份有限公司. 浙江世纪华通集团股份有限公司关于2022年年报问询函回复的公告［EB/OL］.［2023-05-29］. https：//reportdocs.static.szse.cn/UpFiles/fxklwxhj/LSD002602178751103736HF.pdf.

案例使用说明

案例目标

○ 关键问题

如何通过借款审计，有效识别并应对企业在借款活动中的合规性、安全性及关联方交易风险？

○ 教学目标

通过案例讨论，学生应深入理解借款审计的核心内容和关键步骤，掌握识别、评估和应对借款活动中潜在风险的方法，提升审计实践能力和专业素养。

案例背景

○ 理论背景

学生应掌握财务报表审计的基本原理和方法，了解借款审计的概念、目标、程序及关键审计要点。

○ 行业背景

了解浙江世纪华通集团股份有限公司所处的行业环境、业务特点、市场地位及财务状况，以便更好地分析其在借款活动中面临的问题和风险。

○ 制度背景

熟悉企业会计准则、审计准则及相关法律法规，了解监管部门对上市公司借款活动的监管要求和信息披露规定。

讨论问题

世纪华通借款审计中发现的主要问题是什么？应如何改进？

案例解析视频

开放式讨论区

案例 41

中准所所有者权益审计失败：关键问题与深刻教训

【摘要】本案例以中准会计师事务所对天夏智慧城市科技股份有限公司的审计失败为例，探讨了所有者权益审计中的关键问题和失败教训，强调了审计师勤勉尽责和保持风险意识的重要性。

【关键词】所有者权益审计　中准会计师事务所　天夏智慧城市科技股份有限公司
审计失败　审计关键

案例正文

一、案例背景

所有者权益审计是财务报表审计中的重要环节，它关注企业所有者权益的真实性和完整性，确保企业资产、负债和所有者权益之间的平衡关系。本案例以中国证券监督管理委员会广西监管局对中准会计师事务所（以下简称"中准所"）的行政处罚决定书为基础，探讨所有者权益审计中的关键问题和失败教训。通过对中准所未能勤勉尽责导致审计失败的案例分析，我们可以深入理解所有者权益审计的重要性及其实施过程中的挑战。

二、案例描述

中准所作为天夏智慧城市科技股份有限公司（以下简称"天夏智慧"）2017年、2018年年报的审计机构，未能勤勉尽责，导致出具的审计报告存在虚假记载。天夏智慧通过虚构智慧城市建设项目完成情况的方式，虚增收入和利润，中准所却未能识别这些虚假记载，为天夏智慧出具了标准无保留意见或带强调事项段无保留意见的审计报告。

1.虚假记载的具体情况

2017年，天夏智慧虚增收入不少于10.75亿元，利润不少于2.83亿元，分别占当年营业收入的64.54%和利润总额的40.14%；对外开具的1.2亿元商业承兑汇票未入账，占当期披露的合并报表负债总额的7.76%。

2018年，天夏智慧虚增收入不少于8.74亿元，利润不少于3.35亿元，分别占当年营业收入的80.09%和利润总额的143.71%；对外开具的4.45亿元商业承兑汇票未入账，占当期披露的合并报表负债总额的39.07%。

2.中准所未勤勉尽责的表现

风险识别与评估阶段：中准所未恰当识别和评估舞弊导致的重大错报风险，未将收入确认作为舞弊导致的重大错报风险领域。

实质性审计程序执行阶段：中准所未有效执行实质性审计程序，对天夏智慧子公司纳税申报收入与账面收入确认金额的巨大差异、项目实施中的异常情况、账面收入确认的多处异常等未予关注，未保持合理的职业怀疑，未获取充分适当的审计证据。

三、案例分析

1.所有者权益审计的关键点

（1）关注股东权益变动：审计师应关注企业股东权益的变动情况，包括股本、资本公积、盈余公积、未分配利润等项目的增减变动，确保变动符合相关法律法规和会计准则的要求。

（2）核实资产和负债的真实性：所有者权益审计与资产和负债审计紧密相连。审计师应核实企业资产和负债的真实性、完整性和准确性，以确保所有者权益的计算基础可靠。

（3）评估企业盈利能力：审计师应评估企业的盈利能力，分析企业利润的来源和构成，判断企业是否存在通过虚构交易、提前确认收入等方式操纵利润的行为。

2.审计失败的原因分析

（1）风险意识不足：中准所在审计过程中未保持足够的风险意识，未能恰当识别和评估舞弊导致的重大错报风险。

（2）审计程序执行不到位：中准所未有效执行实质性审计程序，对审计证据中的异常情况未予关注，未保持合理的职业怀疑，未获取充分适当的审计证据。

（3）专业胜任能力不足：中准所在面对复杂的审计环境时，可能缺乏足够的专业胜任能力，无法准确识别和应对潜在的审计风险。

四、案例总结

本案例展示了所有者权益审计中的关键问题和失败教训。审计师在进行所有者权益审计时，应保持足够的风险意识，有效执行审计程序，确保审计证据充分适当。同时，审计师还应不断提升自身的专业胜任能力，以应对日益复杂的审计环境。中准所的审计失败案例提醒我们，审计师在执业过程中必须勤勉尽责，严格遵守审计准则和职业道德规范，确保审计报告的真实性和公允性。

参考信息来源

中国证券监督管理委员会. 中国证券监督管理委员会广西监管局行政处罚决定书〔2022〕3 号（中准所、谭旭明、何燕秋）[EB/OL].〔2022-09-30〕. http://www.csrc.gov.cn/guangxi/c104662/c5814076/content.shtm.

案例使用说明

案例目标

○ 关键问题

如何通过加强风险识别与评估、有效执行审计程序和提升专业胜任能力，避免所有者权益审计中的失败？

○ 教学目标

通过案例讨论，学生应深入理解所有者权益审计的重要性和挑战，掌握审计过程中的关键点和风险点，提升审计实践能力和风险防范意识。

案例背景

○ 理论背景

学生应掌握财务报表审计的基本原理和方法，了解所有者权益审计的概念、目标、程序及审计要点。

○ 行业背景

了解天夏智慧所处的行业环境、业务特点、市场地位及财务状况，以便更好地分析其在财务报表中可能存在的问题和风险。

○ 制度背景

熟悉企业会计准则、审计准则及相关法律法规，了解监管部门对上市公司财务报表审计的监管要求和信息披露规定。

讨论问题

中准所在天夏智慧审计中为何会失败？如何避免类似审计失败的发生？

案例解析视频

开放式讨论区

货币资金审计

案例42

银行账户余额不符事件

【摘要】本案例以A公司年终审计发现银行存款账户余额与账面不符，差额约500万元为基础，描述审计发现资金管理存在漏洞，如手工录入、缺乏对账程序等，提出加强内部控制、信息化等改进建议。

【关键词】货币资金审计　A公司　银行账户余额不符　资金管理

案例正文

一、案例背景

1.公司概况

A公司是一家成立十年的中型制造企业，主要从事家用电器的生产和销售。随着业务的扩展，公司在国内外设立了多个分支机构，资金流动量大。为了便于日常运营，公司在多家银行开立了若干个账户，以应对不同业务和区域的资金需求。然而，随着公司规模的不断扩大，资金管理的复杂性也逐渐增加。

2.问题导火索

在2023年年终财务审计时，A公司的审计团队发现其银行存款账户余额与账面记录之间存在较大差异，初步估计差额约为500万元。这一情况引起了公司的高度重视，随即展开了详细的审计调查。

二、案例描述

1.账实不符的具体表现

A公司的银行对账单显示，某主要账户的期末余额为3 000万元，但账面记录显示该账户的期末余额为 3 500 万元，存在 500 万元的缺口。此外，其他几个小型账户的余额也存在不同程度的差异，有些账户的账面余额高于实际银行存款账户余额，而另一些账户的账面余额则低于实际银行存款账户余额。这样的差异意味着公司在账目管理上存在严重问题，可能存在漏记或重记资金流动的情况。

2.初步调查的发现

公司内部的财务部门立即展开了初步调查，发现公司银行存款账户的记录主要依赖手工录入，并且缺乏系统化的对账程序。对部分资金往来没有及时进行登记，尤其是一些跨国交易，汇率变动和结算时间不同步，这导致了公司账面记录和银行存款账户实际余额不符。同时，财务人员对账户间的资金划转缺乏明确记录，导致了一些转账被漏记或误记。

三、案例分析

（一）审计过程

1.货币资金控制测试

为了查明问题根源，审计团队首先对 A 公司货币资金的内部控制制度进行了详细检查。他们发现，A 公司虽然设立了基本的资金管理制度，但在实际操作中缺乏有效执行。例如，虽然规定了定期对银行存款进行对账，但财务人员往往因日常事务繁忙，忽视了这一重要的内部控制环节。此外，公司对于库存现金的管理也存在松散的现象，出纳和财务部门之间的资金交接程序不够严格，增加了资金流动过程中的风险。

通过控制测试，审计团队评估了 A 公司在资金管理方面的内部控制风险，发现其整体资金控制环境较为薄弱，特别是在资金流动记录的准确性和及时性方面，存在较大隐患。这为后续的审计程序提供了指导，重点审计资金流动的关键环节。

2.库存现金审计

在货币资金审计过程中，库存现金的核对是一个重要环节。A 公司日常运营中的现金收支量并不大，但仍然保持了一定额度的库存现金。审计团队通过盘点库存现金，确认其账面记录与实际金额相符，未发现重大差异。然而，在盘点过程中，审计人员发现现金管理的流程较为随意，出纳员在日常操作中未严格遵循规定的交接和登记程序，存在一定的操作风险。

为了确保库存现金管理的合规性，审计团队建议公司在后续管理中加强对现金的监控，严格执行现金的使用审批和登记流程，并要求定期对库存现金进行内部审计，以防止可能的资金流失。

3.银行存款审计

（1）银行存款的核对

银行存款审计是此次审计的重点之一。为了查明银行存款余额不符的原因，审计团队详细核对了 A 公司所有银行账户的对账单。通过逐一核对银行对账单和公司账目记录，审计团队发现部分账目没有及时更新。例如，一些应收账款的入账时间被延迟记录，导致账面余额与银行实际存款数额出现差异。

此外，审计团队还发现了跨账户转账记录不完整的现象，部分资金从一个银行账户转至另一个账户后，相关记录未及时反映在账簿上。这进一步加剧了账目与银行余额的不一致性。

（2）调整分录与银行存款余额调节表

为了解决账面与银行存款余额的不符问题，审计团队通过编制银行存款余额调节表，逐项调整账簿记录与银行对账单之间的差异。银行存款余额调节表详细列明了所有未达账项、银行扣款、汇款中的汇率差异等，逐步缩小账面记录与银行实际存款之间的差距。

经过一系列调整分录的处理，审计团队最终确认，部分账目未及时记录的原因主要是资金往来记录的不及时和跨国交易中的汇率差异。这些问题暴露了公司在银行存款管理和跨境资金往来中的疏漏。

（二）审计结果与分析

1.资金管理的漏洞

通过此次货币资金审计，A 公司暴露出在资金管理上的多项漏洞。第一，内部控制不严，尤其是在银行存款和资金划转方面，缺乏系统化的管理和及时的账目核对。第二，财务人员的专业素质和责任意识不足，导致了一些资金记录不准确或未及时更新。

同时，跨国交易的复杂性也给公司带来了额外的管理难度。由于未能及时调整汇率差异，公司账目与银行实际余额出现了较大的差异。

这些问题都表明，A 公司在资金管理和审计过程中，缺乏对细节的关注和有效的风险控制。

2.改进建议

为避免类似问题再次发生，审计团队向 A 公司提出了以下改进建议：

加强货币资金内部控制，设立专门的对账岗位，确保资金流动的每一步都有详细记录并得到及时核对；

实行资金管理信息化，引入银行对账系统自动核对功能，减少人为错误；

定期进行内部审计，尤其是在跨国资金往来和复杂交易中，确保每笔资金流动都有记录可查；

提高财务人员的专业素质，进行定期培训，增强其风险意识和责任心，确保账务处理的准确性。

四、案例总结

通过此次对银行存款的审计，A公司充分认识到了货币资金管理中存在的风险和漏洞。货币资金作为企业的"血液"，其管理和审计的严谨性直接影响到企业的财务健康。通过加强货币资金的内部控制，及时核对资金流动情况，企业不仅可以有效规避财务风险，还能够提高资金运作的效率，为公司的长远发展打下坚实的基础。

本案例展示了货币资金审计在企业管理中的重要性，强调了对库存现金和银行存款的审计是确保资金安全和管理合规的核心环节。

案例使用说明

案例目标

○ 关键问题
A公司银行存款账户余额与账面记录不符，原因是什么？有哪些改进措施？
○ 教学目标
通过案例讨论，学生应了解货币资金审计流程，认识到内部控制在资金管理中的重要性，并学会如何识别和应对资金管理中的风险。

案例背景

○ 理论背景
学生应掌握货币资金审计的基本理论和方法，包括审计目标、程序、内部控制评价等。
○ 行业背景
了解制造企业的资金流动特点，以及银行账户管理、跨国交易结算等相关知识。
○ 制度背景
熟悉企业财务制度、会计准则，以及货币资金管理的相关法律法规。

讨论问题

A公司应如何改进货币资金管理，以避免类似银行账户余额不符事件再次发生？

案例解析视频　　　　　　　　　　开放式讨论区

案例43

摩登大道货币资金审计：审计重点探讨

【摘要】本案例以摩登大道时尚集团股份有限公司2019年半年报问询函及回复为基础，探讨了货币资金审计的重点内容，包括核实余额、关注使用受限、评估内部控制和流动性风险等，旨在加深对货币资金审计的理解。

【关键词】货币资金审计　摩登大道时尚集团股份有限公司　审计重点

案例正文

一、案例背景

货币资金是企业流动性最强的资产，对于维持企业的正常运营和满足短期偿债需求具有重要意义。货币资金审计是财务报表审计中的关键环节，旨在确保企业货币资金的真实性、完整性和安全性。本案例以摩登大道时尚集团股份有限公司（以下简称"摩登大道"）2019年半年报问询函及回复为基础，探讨货币资金审计中的重点问题和审计方法，通过案例分析加深对货币资金审计的理解。

二、案例描述

1.案例事实

摩登大道在2019年半年报中披露了货币资金的相关情况，引起了深圳证券交易所的关注，并下发了问询函。问询函主要关注以下几个方面：

（1）货币资金余额及结构：报告期末，摩登大道货币资金余额为2.50亿元，占总资产比率为7.88%，其中使用受限的资金为1.32亿元。

（2）控股股东资金占用情况：摩登大道披露了控股股东广州瑞丰集团股份有限公司（以下简称"瑞丰集团"）占用公司及部分子公司库存现金的情形，占用的资金余额合计为3 121 068.50元。

（3）货币资金存放情况：要求摩登大道以列表形式说明货币资金的存放地点、存放类型、利率水平及是否存在权力限制。

（4）流动性风险：要求摩登大道结合可动用货币资金、资产变现能力、未来现金流预测等说明公司是否存在流动性风险，以及拟采取的应对或防范风险的措施。

2.摩登大道的回复及审计重点

针对上述问询，摩登大道进行了详细的回复，并涉及了货币资金审计的多个重点方面：

（1）货币资金相关内部控制措施的执行情况：摩登大道介绍了其建立的资金相关内部控制制度，经自查除已披露的控股股东占用资金外，未发现其他未披露的控股股东、实际控制人及其关联方非经营性占用或变相占用上市公司资金的情形。

（2）货币资金存放情况：摩登大道以列表形式详细说明了货币资金的存放地点、存放类型、利率水平及是否存在权力限制，包括库存现金、银行存款、其他货币资金等，并说明了受限资金的原因。

（3）流动性风险评估：摩登大道结合可动用货币资金、资产变现能力、未来现金流预测等分析了公司的流动性风险，并提出了加强货款回流、提升盈利能力、提高流动性风险意识等应对措施。

三、案例分析

1.货币资金概述

货币资金是指企业拥有或控制的现金、银行存款和其他货币资金，是企业资产中流动性最强的部分。货币资金的主要作用包括满足日常交易需求、支付短期债务、应对突发事件等。在财务报表中，货币资金通常列示在资产负债表的流动资产部分，反映企业在某一特定时点的货币资金余额。

2.货币资金审计的重点

（1）核实货币资金余额的真实性和完整性：审计师应通过核对银行对账单、现金日记账等，确保货币资金余额的真实性和完整性，关注是否存在未达账项或账实不符的情况。

（2）关注货币资金的使用受限情况：审计师应关注货币资金的使用受限情况，如银行承兑汇票保证金、保函保证金等，确保在编制财务报表时进行了恰当的披露。

（3）评估货币资金的内部控制：审计师应评估企业货币资金的内部控制制度是

否健全有效，包括岗位分离、授权审批、资金划拨等方面的控制，以防范资金被挪用或侵占的风险。

（4）分析企业的流动性风险：审计师应结合企业的财务状况、经营成果和现金流量等因素，分析企业的流动性风险，并关注企业是否采取了有效的应对措施。

四、案例总结

本案例通过摩登大道时尚集团股份有限公司 2019 年半年报问询函及回复，展示了货币资金审计中的重点问题。货币资金审计对于确保企业财务报表的真实性和公允性具有重要意义，审计师应关注货币资金余额的真实性和完整性、使用受限情况、内部控制的有效性以及企业的流动性风险等方面。通过本案例的学习，学生可以加深对货币资金审计的理解，提升审计实践中的风险意识和专业能力。

参考信息来源

［1］深圳证券交易所．关于对摩登大道时尚集团股份有限公司 2019 年半年报的问询函［EB/OL］．［2019-09-30］．https：//reportdocs. static. szse. cn/UpFiles/fxklwxhj/LSD00265650946.pdf.

［2］摩登大道时尚集团股份有限公司．摩登大道时尚集团股份有限公司关于2019 年半年报问询函回复的公告［EB/OL］．［2019-10-14］．http：//reportdocs. static.szse.cn/UpFiles/fxklwxhj/LSD002656509462744HF.pdf.

案例使用说明

案例目标

○ 关键问题
货币资金审计中应关注哪些审计重点，以确保企业货币资金的真实、完整和安全？
○ 教学目标
通过案例讨论，学生应深入理解货币资金审计的重要性和复杂性，掌握货币资金审计的关键环节和审计方法，提升在审计实践中识别、评估和应对风险的能力。

案例背景

○ 理论背景
学生应掌握货币资金审计的基本概念、目标、程序和方法，了解审计师在货币资金审计中的职责和角色。
○ **行业背景**

了解摩登大道所处的时尚行业特点、业务模式和财务状况，以及该行业在货币资金管理和使用上可能存在的特殊性和风险点。
○ **制度背景**

熟悉企业会计准则、审计准则以及货币资金管理和披露的相关法律法规，了解监管部门对上市公司货币资金审计的监管要求和处罚案例。

讨论问题

在摩登大道案例中，货币资金审计中需要关注哪些审计重点？

案例解析视频　　　　　　　　　　　　开放式讨论区

案例44

科远智慧货币资金控制测试：重要性及实施策略

【摘要】本案例以南京科远智慧科技集团股份有限公司银行存款质押事件为背景，探讨货币资金控制测试的重要性及实施方法，包括内部控制环境评估、关键控制点识别、控制测试执行和结果分析等。

【关键词】货币资金审计　科远智慧科技集团股份有限公司　银行存款质押　关键控制点

案例正文

一、案例背景

货币资金内部控制的有效性直接关系到企业资产的安全与完整。有效的货币资金控制能够防范舞弊、错误和非法行为，确保货币资金的合理使用和高效运转。本案例以南京科远智慧科技集团股份有限公司（以下简称"科远智慧"）的银行存款质押事件为背景，探讨货币资金控制测试的重要性及其实施方法。

二、案例描述

1.案例事实

科远智慧于2021年11月15日晚间披露《关于银行定期存款到期未能赎回的风险提示性公告》，公告称其全资子公司南京科远智慧能源投资有限公司（以下简称"科远智慧能源公司"）在浦发银行南通分行购买的4 000万元定期存款到期后未能赎回，原因是该笔存款已被质押用于为南通瑞豪国际贸易有限公司（以下简称"瑞豪国际"）开具的银行承兑汇票提供担保。此外，还有2.55亿元的理财产品显示处于质押状态，但科远智慧表示在质押时并不知悉。这一事件引起了深圳证券交易所的高度关注，并下发了关注函要求科远智慧进行核查和说明。

2.货币资金控制测试的实施

针对上述事件，科远智慧及年审会计师进行了深入的核查，并特别关注了货币资金控制测试的实施情况。

（1）内部控制环境评估：审计师首先对科远智慧的内部控制环境进行了评估，包括了解公司的组织架构、职责分配、管理层对内部控制的重视程度等。这是控制测试的基础，有助于审计师判断内部控制的整体有效性。

（2）关键控制点识别：审计师识别了货币资金循环中的关键控制点，如资金调拨的申请审批流程、公章及营业执照的借出管理流程、银行存款的质押和解除质押流程等。这些关键控制点是确保货币资金安全的重要屏障。

（3）控制测试执行：针对识别出的关键控制点，审计师执行了相应的控制测试。例如，对于资金调拨的申请审批流程，审计师抽样检查了相关申请和审批文件，确认是否存在未经授权的资金调拨行为；对于公章及营业执照的借出管理流程，审计师检查了借出申请和审批记录，以及借出后的使用情况；对于银行存款的质押和解除质押流程，审计师核对了质押合同、解除质押通知书等文件，确认质押和解除质押操作是否合规。

（4）控制测试结果分析：根据控制测试的执行情况，审计师对科远智慧的货币资金内部控制进行了评价。在本案例中，审计师发现科远智慧的资金调拨申请审批流程、公章及营业执照的借出管理流程基本合规，但在银行存款质押和解除质押流程方面存在重大缺陷，导致公司未能及时发现并阻止未经授权的质押行为。

三、案例分析

1.货币资金控制测试的重要性

货币资金控制测试是审计过程中不可或缺的一部分，它有助于审计师评估企业货币资金内部控制的有效性，发现潜在的风险和漏洞，并提出改进建议。通过控制测试，审计师可以确保企业货币资金的安全与完整，防止舞弊和错误的发生。

2.货币资金控制测试的实施方法

（1）了解内部控制环境：审计师应首先了解企业的内部控制环境，包括企业的组织架构、职责分配、管理层对内部控制的重视程度等，以便对内部控制的整体有效性进行评估。

（2）识别关键控制点：审计师应识别货币资金循环中的关键控制点，如资金调拨的申请审批流程、公章及营业执照的借出管理流程、银行存款的质押和解除质押流程等，这些关键控制点是确保货币资金安全的重要屏障。

（3）执行控制测试：针对识别出的关键控制点，审计师应执行相应的控制测试，如抽样检查申请和审批文件、核对质押合同和解除质押通知书等，以验证内部控制的有效性。

（4）分析控制测试结果：根据控制测试的执行情况，审计师应对货币资金内部控制进行评价，并提出改进建议。对于存在的缺陷和不足，审计师应督促企业及时整改，以提高内部控制的有效性。

四、案例总结

本案例以科远智慧的银行存款质押事件为背景，展示了货币资金控制测试的重要性及其实施方法。通过本案例的学习，我们可以深刻认识到货币资金控制测试在审计过程中的重要作用，了解控制测试的实施步骤和方法，并掌握如何根据控制测试结果对货币资金内部控制进行评价和改进。这有助于我们提高审计质量，防范审计风险，确保企业货币资金的安全与完整。

参考信息来源

［1］深圳证券交易所．关于对南京科远智慧科技集团股份有限公司的关注函［EB/OL］．［2021-11-17］． https：//reportdocs. static. szse. cn/UpFiles/fxklwxhj/LSD002380166155.pdf．

［2］南京科远智慧科技集团股份有限公司．南京科远智慧科技集团股份有限公司关于对深圳证券交易所关注函回复的公告［EB/OL］．［2021-11-24］．https：//reportdocs.static.szse.cn/UpFiles/fxklwxhj/LSD002380166155102571HF.pdf.

案例使用说明

案例目标

○ 关键问题

如何通过货币资金控制测试有效检测企业货币资金内部控制的风险和漏洞？

○ 教学目标

通过案例讨论，学生应深刻理解货币资金控制测试的重要性和实施方法，掌握如何识别关键控制点、执行控制测试以及分析测试结果，从而提升企业货币资金内部控制的有效性。

案例背景

○ 理论背景

学生应掌握货币资金内部控制的基本理论，了解控制测试在审计过程中的作用和意义，熟悉货币资金控制测试的基本步骤和方法。

○ 行业背景

了解科技行业的资金运作特点，以及该行业在货币资金内部控制上可能存在的特殊风险和挑战。

○ 制度背景

熟悉企业会计准则、审计准则以及货币资金管理和披露的相关法律法规，了解监管部门对货币资金内部控制的监管要求。

讨论问题

科远智慧货币资金控制测试中发现了哪些关键控制点的缺陷？

案例解析视频

开放式讨论区

案例45

奥马电器库存现金审计：审计程序与审计重点

【摘要】本案例以广东奥马电器股份有限公司库存现金审计为例，探讨库存现金审计的审计程序与审计重点，以及审计结果分析，旨在确保企业财务报表的真实性和准确性。

【关键词】库存现金审计　广东奥马电器股份有限公司　审计程序　审计重点

案例正文

一、案例背景

库存现金作为企业流动资产的重要组成部分，其准确性和完整性对于企业的财务报表至关重要。库存现金审计是审计过程中的重要环节，旨在确保企业库存现金的真实性和合规性。本案例以广东奥马电器股份有限公司（以下简称"奥马电器"）的库存现金审计为例，探讨库存现金审计的审计程序、审计重点及审计结果的分析。

二、案例描述

1.案例事实

奥马电器是一家主要从事冰箱、冷柜的研发、制造与销售的企业。在2022年度的财务报表审计中，审计师对奥马电器的库存现金进行了详细的审计。审计过程中，审计师关注了库存现金的存放地点、保管措施、盘点程序以及相关的内部控制等方面。

2.库存现金审计的实施

（1）了解内部控制：审计师首先了解了奥马电器关于库存现金的内部控制制度，包括库存现金的存放、保管、使用以及盘点等流程。通过查阅相关文件和访谈相关人员，审计师对奥马电器的库存现金内部控制有了初步的了解。

（2）观察盘点程序：审计师观察了奥马电器的库存现金盘点程序，确保盘点过程的规范性和准确性。在盘点过程中，审计师关注了现金的存放地点、保管措施以及盘点人员的操作是否符合规范。

（3）执行抽盘程序：为了验证库存现金的真实性和完整性，审计师执行了抽盘程序。审计师随机选取了部分现金进行盘点，并将盘点结果与账面记录进行核对。通过抽盘，审计师发现奥马电器的库存现金账面记录与实际盘点结果相符，未发现差异。

（4）检查相关凭证：审计师还检查了与库存现金相关的凭证和记录，如现金日记账、银行存款日记账、收付款凭证等，以验证库存现金交易的真实性和合规性。

三、案例分析

1.库存现金审计的重要性

库存现金审计是确保企业财务报表真实性和准确性的重要环节。通过库存现金审计，可以揭示企业库存现金管理中存在的问题和风险，如现金短缺、挪用、盗窃等，从而保护企业的资产安全。此外，库存现金审计还有助于评估企业内部控制的有效性，为企业管理层提供改进建议。

2.库存现金审计的审计重点

（1）内部控制的有效性：审计师应关注企业库存现金内部控制的有效性，包括现金的存放、保管、使用以及盘点等流程是否规范、合理。有效的内部控制可以降低库存现金管理的风险，提高资产的安全性。

（2）盘点的规范性和准确性：库存现金盘点是验证现金真实性和完整性的重要手段。审计师应观察盘点过程，确保盘点程序的规范性和准确性。同时，审计师还应执行抽盘程序，以验证账面记录与实际库存的一致性。

（3）相关凭证和记录的完整性：审计师应检查与库存现金相关的凭证和记录，如现金日记账、银行存款日记账、收付款凭证等，以验证现金交易的真实性和合规性。通过检查凭证和记录，审计师可以发现潜在的错误和舞弊行为。

四、案例总结

本案例以广东奥马电器股份有限公司的库存现金审计为例，展示了库存现金审计的审计程序、审计重点及审计结果的分析。通过本案例的学习，我们可以了解到库存现金审计在财务报表审计中的重要性，掌握库存现金审计的关键审计事项和实施方法。这有助于我们提高审计质量，降低审计风险，确保企业财务报表的真实性和准确性。

参考信息来源

［1］深圳证券交易所. 关于对广东奥马电器股份有限公司 2022 年年报的问询函 ［EB/OL］. ［2023-03-27］. https：//reportdocs.static.szse.cn/UpFiles/fxklwxhj/LSD002668 178006.pdf.

［2］广东奥马电器股份有限公司. 广东奥马电器股份有限公司关于对深圳证券交易所 2022 年年报问询函的回复公告 ［EB/OL］. ［2023-04-04］. https：//report-docs.static.szse.cn/UpFiles/fxklwxhj/LSD0026681780061103613HF.pdf.

案例使用说明

案例目标

○ 关键问题
库存现金审计中有哪些审计重点？

○ 教学目标
通过案例讨论，学生应理解库存现金审计的重要性，掌握库存现金审计的实施方法和关键审计事项，提高审计质量，降低审计风险。

案例背景

○ 理论背景
学生应掌握审计基本理论，了解库存现金审计在财务报表审计中的地位和作用，熟悉审计程序和方法。

○ 行业背景
了解家电行业的经营特点、资金运作方式及可能存在的风险点，特别是库存现金管理方面的特殊性。

○ 制度背景
熟悉企业会计准则、审计准则及与库存现金管理相关的法律法规，了解监管部门对库存现金审计的要求。

讨论问题

奥马电器库存现金审计中，审计师应重点关注哪些重点审计事项？

案例解析视频　　　　　　　　　　　　　　　开放式讨论区

案例 46

新绿股份银行存款审计：核心要点、方法及问题揭示

【摘要】本案例以山东新绿食品股份有限公司的银行存款审计为例，探讨了银行存款审计的审计重点与难点，警示审计师在审计过程中需要保持谨慎，充分验证审计证据。

【关键词】银行存款审计　新绿食品股份有限公司　财务造假　审计方法　关键点

案例正文

一、案例背景

银行存款作为企业重要的流动资产，其真实性和完整性对于企业的财务报表至关重要。然而，在实际经营中，一些企业可能会通过虚构银行存款等方式进行财务造假，以粉饰经营业绩。因此，在审计过程中，对银行存款的审计显得尤为重要。本案例以山东新绿食品股份有限公司（以下简称"新绿股份"）的银行存款审计为例，探讨银行存款审计的关键点、审计方法以及审计中发现的问题。

二、案例描述

1.案例事实

新绿股份是一家主要从事肉制品加工与销售的企业。在申请股份公开挂牌转让过程中，新绿股份被曝出存在财务造假行为，其中包括虚构银行存款。根据中国证监会的行政处罚决定书，新绿股份在申请挂牌期间，通过伪造银行收款等方式，虚构了 77 952.28 万元的银行存款，占公开披露金额的53.03%。此外，新绿股份还存在虚增固定资产、隐瞒关联交易等违法违规行为。

2.银行存款审计的实施

（1）获取银行对账单和银行函证：审计师在审计新绿股份的银行存款时，首先获取了公司的银行对账单，并与账面记录进行了核对。同时，审计师还向银行发出了询证函，以确认银行存款的真实性和余额。然而，在新绿股份的案例中，由于公司存在虚构银行存款的行为，银行对账单和银行函证可能无法完全反映真实的银行存款情况。

（2）分析银行存款的变动情况：审计师对新绿股份银行存款的变动情况进行了详细分析，包括存款的增加、减少以及余额的变动等。通过对比不同时间点的银行存款余额，审计师可以发现潜在的异常变动，并进一步调查其原因。

（3）关注银行存款与其他科目的钩稽关系：审计师还关注了新绿股份银行存款与其他科目的钩稽关系，如销售收入、应收账款等。通过检查这些科目之间的钩稽关系，审计师可以发现银行存款是否存在被虚构或挪用的情况。

（4）实地查看银行存款的存放情况：为了验证银行存款的真实性，审计师还可以实地查看银行存款的存放情况。这包括前往银行核实存款余额、观察存款的存取过程等。然而，在新绿股份的案例中，由于公司存在虚构银行存款的行为，实地查看可能也无法完全揭示真相。

三、案例分析

银行存款审计是确保企业财务报表真实性和准确性的重要环节。通过银行存款审计，可以发现企业是否存在虚构银行存款、挪用资金等违法违规行为，从而保护投资者的利益。此外，银行存款审计还有助于评估企业内部控制的有效性，为企业管理层提供改进建议。具体审计重点内容如下：

1.银行对账单和银行函证的真实性

在审计过程中，审计师应关注银行对账单和银行函证的真实性。由于企业可能存在虚构银行存款的行为，因此审计师需要对这些证据进行谨慎验证。

2.银行存款的变动情况分析

审计师应对银行存款的变动情况进行详细分析，以发现潜在的异常变动。这包括存款的增加、减少以及余额的变动等方面。

3.银行存款与其他科目的钩稽关系

审计师还应关注银行存款与其他科目的钩稽关系，如销售收入、应收账款等。通过检查这些科目之间的钩稽关系，可以发现银行存款是否存在被虚构或挪用的情况。

4.实地查看银行存款的存放情况

在条件允许的情况下，审计师可以实地查看银行存款的存放情况，以验证银行存款的真实性。

四、案例总结

本案例以新绿股份的银行存款审计为例，展示了银行存款审计的重要性、关键点以及审计中发现的问题。通过本案例的学习，我们可以了解到在审计过程中应如何对银行存款进行审计，以发现潜在的财务造假行为。同时，本案例也提醒我们，在审计过程中应保持谨慎态度，对审计证据进行充分验证，以确保审计结论的准确性和可靠性。

参考信息来源

中国证券监督管理委员会. 中国证监会行政处罚决定书（山东新绿食品股份有限公司、陈思、陈星等14名责任人员）［EB/OL］.［2019-06-11］. http://www.csrc.gov.cn/csrc/c101928/c1042450/content.shtml.

案例使用说明

案例目标

○ **关键问题**

银行存款审计中的审计重点有哪些？

○ **教学目标**

通过案例讨论，学生应理解银行存款审计的重要性，掌握银行存款审计的关键点和审计方法，学会分析银行存款的变动情况、银行存款科目与其他科目的钩稽关系，提高识别财务造假的能力。

案例背景

○ 理论背景

学生应掌握审计学的基本原理，了解审计流程、审计证据和审计报告的编制，以及银行存款审计在财务报表审计中的地位和作用。

○ 行业背景

了解食品加工行业的经营特点、资金流转方式及可能存在的风险点，特别是银行存款管理方面可能存在的问题。

○ 制度背景

熟悉企业会计准则、审计准则及与银行存款审计相关的法律法规，了解中国证监会对上市公司财务信息披露的要求。

讨论问题

在新绿股份案例中，审计师应如何有效识别虚构银行存款的行为？

案例解析视频

开放式讨论区

第十四章

完成审计工作与审计报告

案例47

一家濒临破产企业的审计报告

【摘要】本案例重点展示审计师在面对企业可能破产的情况下，如何对其财务状况进行客观评价，并编写审计报告，特别是如何判断和披露企业的持续经营能力。

【关键词】年度审计报告　　Y公司　　审计意见　　带强调事项段无保留意见　持续经营能力

案例正文

一、案例背景

Y公司是一家生产消费电子产品的中型企业，成立于2005年，曾是行业内备受瞩目的企业之一。公司凭借早期的技术创新和快速扩展，一度在市场上占有较大份额。然而，随着竞争加剧，技术革新不足以及管理不善，公司逐渐陷入经营困境。近三年来，公司连续亏损，资金链极度紧张，经营状况岌岌可危，2023年年底甚至面临破产清算的风险。

Y公司因经营困难，急需引入外部融资和投资者以维持业务运作。为了提高透明度，并为潜在投资者提供真实可靠的财务信息，公司决定进行一次全面的财务审计。受托的会计师事务所负责对Y公司的财务报表进行审计，重点评估公司是否符合持续经营的前提，并最终出具审计报告，帮助相关利益方作出决策。

二、案例描述

1.审计意见形成依据

审计师面临的主要挑战是如何在审计中发现和评估 Y 公司所面临的财务风险，并根据审计结果提供恰当的审计意见。在开始审计之前，审计师首先需要评估 Y 公司的整体财务状况，并识别出可能影响审计结果的关键风险因素。在初步了解公司财务报表的过程中，审计师发现了以下问题：

资产负债比率过高：Y 公司负债累累，短期负债远高于其流动资产。尤其是银行贷款到期而无法偿还的情况，反映出公司财务压力巨大。

现金流枯竭：公司经营活动产生的现金流为负数，几乎没有可用资金来支持日常运作，甚至连员工工资和供应商款项都难以按时支付。

收入急剧下滑：公司近三年的销售收入大幅下降，特别是核心产品的市场需求萎缩，进一步加剧了公司的财务困境。

资产减值迹象明显：公司的部分固定资产，如生产设备和厂房，因产能利用率极低，出现了显著的减值迹象。

审计师根据这些初步发现，意识到 Y 公司面临严重的持续经营能力存在重大不确定性的问题。按照审计准则，审计师需要进一步评估公司是否有足够的资源维持运营一年以上，或是否需要在审计报告中披露企业持续经营能力的重大不确定性。

2.审计程序的实施

在评估 Y 公司整体财务健康状况的基础上，审计师开展了以下主要审计程序：

（1）资产负债表的详细审查

审计师对 Y 公司资产负债表的主要项目进行了详细审查，尤其是与公司生存和运营能力直接相关的项目。首先，审计师检查了公司流动资产的构成，发现应收账款账龄过长，部分账款可能无法收回，导致流动资金进一步紧张。此外，公司大部分存货因为技术落后和市场需求下降，面临滞销的风险，审计师据此建议计提存货跌价准备。

在负债方面，审计师发现公司大部分短期债务将于半年内到期，但公司目前无力偿还。这表明公司在短期内存在巨大的偿债压力。如果公司不能找到新的融资来源，其破产清算的风险将大幅增加。

（2）现金流量表的分析

现金流量表的分析是审计师判断公司持续经营能力的重要依据之一。通过详细分析公司经营、投资、融资活动的现金流量，审计师确认 Y 公司的经营活动已无法产生正向现金流，且由于市场萎缩，未来实现现金流扭转的可能性很低。与此同时，公司的投资活动几乎停滞，且融资渠道也因财务状况恶化而遭遇阻碍。

在这一背景下，审计师进一步评估公司管理层的应对措施。管理层曾计划通过出售部分资产和裁员来缓解财务压力，但审计师通过分析后发现，出售资产的收益无法弥补当前的资金缺口，而裁员也将进一步削弱公司已经薄弱的运营能力。

（3）资产减值测试

针对Y公司资产减值的风险，审计师实施了资产减值测试，重点关注公司的可回收金额。经过评估，审计师发现部分设备和厂房的使用率极低，而这些资产的账面价值远高于其公允价值。因此，审计师建议公司计提大额减值准备，以反映资产的真实价值，避免财务报表的虚增现象。

审计师还对无形资产进行了测试，发现公司之前投资的专利技术已经过时，并且没有产生任何经济效益，必须对无形资产进行减值处理。这一处理进一步加剧了公司的亏损。

3.审计意见的形成

根据对Y公司财务状况的详细分析，审计师需要对公司未来的持续经营能力作出判断。在审计过程中，审计师了解到Y公司虽然试图通过多种方式进行自救，但短期内很难找到有效的资金支持。管理层曾计划引入新的投资者或进行债务重组，但这些计划都存在高度不确定性。

在这种情况下，审计师面临两个选择：一是出具带有强调事项段的无保留意见，即在审计报告中强调公司的持续经营风险，但认为财务报表仍然在所有重大方面公允反映；二是出具保留意见或否定意见，即认为由于存在重大不确定性，财务报表不能反映公司的真实财务状况。

经过慎重考虑，审计师决定出具带有强调事项段的无保留意见。审计师在审计报告中明确指出，Y公司当前面临持续经营能力的重大不确定性，但公司财务报表中的披露已充分反映了这些风险，财务报表在重大方面仍能反映公司的财务状况。

4.审计报告的撰写

在审计意见形成后，审计师开始撰写正式的审计报告。该报告的主要内容包括以下几部分：

（1）审计结果的摘要

审计师在报告中对Y公司的财务状况进行了简要总结，特别强调了资产负债表、利润表和现金流量表中的关键问题，指出公司短期偿债压力大、资产减值严重以及现金流枯竭等问题。

（2）审计意见的说明

审计报告中详细阐述了审计师的意见，即公司财务报表在重大方面公允反映了公司的财务状况、经营成果和现金流量，但公司的持续经营能力存在重大不确定性。审计师在强调事项段中提醒报表使用者，Y公司可能无法继续作为持续经营企业，并建议使用者在决策时考虑这一风险。

（3）对管理层计划的评估

审计师还对Y公司管理层的自救计划进行了客观分析。虽然管理层提出了多项措施试图扭转困境，但审计师认为这些措施的效果尚未可知，特别是引入新投资者和债务重组计划尚处于初步谈判阶段，存在高度不确定性。

通过这些内容，审计师不仅向报表使用者传递了公司当前的财务状况，还揭示了公司未来可能面临的风险，为投资者和其他利益相关方提供了有价值的决策依据。

三、案例分析

1.审计结果评价的作用

此次审计通过详细的财务分析和资产评估，全面揭示了Y公司所面临的重大财务风险。在审计过程中，审计师不仅评价了公司当前的财务状况，还对未来的持续经营能力进行了评估。这表明，审计结果评价不仅是对过去财务活动的总结，还对企业未来的发展前景具有重要的指导意义。

在企业面临重大财务困境时，审计报告能够为投资者、债权人和其他利益相关方提供重要的决策依据。通过审计结果的客观评价，相关方可以更清楚地了解企业的实际状况，进而作出相应的投资或融资决策。

2.审计报告的影响力

审计报告不仅是对财务报表进行的评价，更是对企业经营能力和风险状况的综合评估工具。尤其像Y公司这样面临破产风险的情况下，审计报告的内容对企业的生存与发展至关重要。潜在的投资者、债权人等利益相关方通过审计报告可以全面了解企业的经营状况和未来的风险，从而决定是否继续投资或提供融资支持。

对于Y公司而言，此次审计报告的影响力不仅限于公司内部，也深刻影响到外部的商业合作伙伴、银行和监管机构等。这份审计报告将成为各方判断Y公司能否摆脱财务困境、是否有重组或注资潜力的重要参考依据。

3.审计师的关键作用

通过这个案例可以看出，审计师在企业经营过程中起到了至关重要的作用。尤其是对财务状况不佳甚至面临破产的企业，审计师不仅仅要评估财务报表的准确性，还要判断企业是否具备持续经营能力。审计师的意见和评价往往能对企业的生存和发展产生深远的影响，帮助企业和利益相关方作出科学决策。

4.审计报告的透明性与准确性

审计报告必须保持高度的透明性和准确性，特别是在企业面临重大经营危机时，任何过于乐观或模糊的陈述都有可能误导投资者或债权人。审计师应当基于客观的事实和合理的推断提出审计意见，并将发现的所有重大风险如实报告，帮助决策者理解企业的真实财务状况及其未来可能的走向。

5.企业的自救与审计结果的重要性

通过此次审计，Y公司清晰地认识到自身财务问题的严重性，也为公司管理层提供了重要的自我反思机会。审计报告不仅是外部决策者的参考，更是企业内部制定挽救策略的依据。通过审计师的评价，企业能够正视问题，找到改进和重组的方向，并在必要时采取更加严谨和合理的措施。

四、案例总结

本案例展示了审计结果评价和审计报告在企业危机中的核心作用，尤其是如何通过合理的审计程序和客观的审计意见，帮助企业和利益相关方应对复杂的财务困境并作出正确的决策。

案例使用说明

案例目标

○ 关键问题

如何评估Y公司的持续经营能力？如何据此编制恰当的审计报告和提出适当的审计意见？

○ 教学目标

通过案例讨论，学生应了解审计在面临企业可能破产情况下的特殊考虑，掌握如何评估企业的持续经营能力，以及如何编制反映这些评估的审计报告。

案例背景

○ 理论背景

学生应掌握审计的基本概念、审计过程、审计报告的类型和编制方法，以及持续经营能力的评估标准。

○ 行业背景

了解消费电子行业的市场竞争状况、技术发展趋势，以及企业可能面临的经营风险。

○ **制度背景**

熟悉企业财务报告制度、会计准则，以及审计相关的法律法规。

讨论问题

Y公司的审计报告中的审计意见是如何提出的？

<table>
<tr><td>案例解析视频</td><td>开放式讨论区</td></tr>
</table>

案例48

三峡旅游变更会计师事务所的背后：
审计报告的意义与影响

【摘要】本案例围绕湖北三峡旅游集团股份有限公司变更会计师事务所的公告，探讨了审计报告的意义、作用及种类，并分析了事务所变更对公司审计和市场信心的影响，强调了审计报告在对上市公司监管和投资者保护中的重要性。
【关键词】年度审计报告　湖北三峡旅游集团股份有限公司　会计师事务所变更
审计意义　市场信心

案例正文

一、案例背景

湖北三峡旅游集团股份有限公司（以下简称"三峡旅游"）作为一家上市公司，其财务报告的准确性和公正性对于投资者、债权人及监管机构等利益相关者至关重要。审计报告作为对上市公司财务报告的独立第三方审核结果，其意义和作用不言而喻。本案例围绕三峡旅游变更会计师事务所的公告，探讨审计报告的意义、作用及种类，并分析事务所变更审计的影响。

二、案例描述

1.变更会计师事务所的背景

三峡旅游于 2024 年 10 月 18 日召开的第六届董事会第十三次会议、第六届监事会第十一次会议通过了《关于变更会计师事务所的议案》，同意聘任立信会计师事务所（特殊普通合伙）为公司 2024 年度财务报告审计机构和内部控制审计机构。变更的主要原因是公司于 2023 年 12 月完成了重大资产出售，业务规模及合并报表范围发生了重大变化，因此需要重新聘请年审会计师事务所并重新确定审计相关费用。

2.事务所变更审计的影响

审计连续性与稳定性：会计师事务所的变更可能会对审计的连续性和稳定性产生一定影响。新的审计团队需要时间来熟悉公司的业务模式、财务状况和内部控制体系，这可能会影响审计工作的效率和效果。

审计质量：不同会计师事务所的审计方法、审计重点和审计质量可能存在差异。因此，变更事务所后，新的审计团队可能会从不同的角度和重点对公司进行审计，发现以前未被发现的问题或风险。

市场信心：会计师事务所的变更可能会引发市场对公司财务状况和经营成果真实性的担忧，尤其是当变更发生在公司面临重大经营变化或财务困境时。因此，公司需要积极与市场沟通，解释变更的原因和目的，以维护市场信心。

三、案例分析

1.审计报告的意义和作用

审计报告是注册会计师对财务报表是否按照适用的会计准则和相关会计制度的规定编制、是否在所有重大方面公允反映了被审计单位的财务状况、经营成果和现金流量发表的审计意见。它对于维护市场经济秩序、保护投资者和债权人的合法权益、促进企业改善经营管理等方面具有重要意义。

2.审计报告的种类

根据审计师对被审计单位财务报表的审计意见，审计报告可以分为以下几种类型：

无保留意见：审计师认为财务报表在所有重大方面均按照适用的会计准则和相关会计制度的规定编制，公允反映了被审计单位的财务状况、经营成果和现金流量。

保留意见：审计师认为财务报表整体上是公允的，但存在某些事项或情况可能对财务报表产生重大影响，需要提醒报表使用者注意。

否定意见：审计师认为财务报表没有在所有重大方面按照适用的会计准则和相关会计制度的规定编制，未能公允反映被审计单位的财务状况、经营成果和现金流量。

无法表示意见：审计师由于无法获取充分、适当的审计证据，无法对财务报表是否公允反映被审计单位的财务状况、经营成果和现金流量发表意见。

本案例展示了审计报告在对上市公司监管和投资者保护中的重要作用，以及会计师事务所变更对公司审计和市场信心的影响。通过分析三峡旅游变更会计师事务所的公告，我们可以看到公司在面临重大经营变化时，需要重新考虑和选择最适合自身需求的审计服务提供者。同时，我们也应认识到审计报告的种类和意见对于反映公司财务状况和经营成果的真实性和公允性具有重要意义。

四、案例总结

审计报告作为上市公司财务报告的重要组成部分，其意义和作用不容忽视。它不仅是衡量公司财务报告公允性和可靠性的重要依据，还是保护投资者和债权人利益、维护市场信心的重要工具。当公司面临重大经营变化或财务困境时，重新考虑和选择会计师事务所可能是必要的。然而，事务所的变更可能会对审计的连续性和稳定性、审计质量以及市场信心产生一定影响。因此，公司需要谨慎决策，并积极与市场沟通，以确保变更的顺利进行和市场的稳定。

参考信息来源

湖北三峡旅游集团股份有限公司. 三峡旅游关于变更会计师事务所的公告 [EB/OL]. [2024-10-18]. http://www.cninfo.com.cn/new/announcement/download?bulletinId=1221432377&announceTime=2024-10-21.

案例使用说明

案例目标

○ 关键问题

三峡旅游为何变更会计师事务所？这一变更对审计质量、连续性和市场信心有何影响？

○ 教学目标

通过案例讨论，学生应理解审计报告的意义、作用和种类，掌握会计师事务所变更的原因和影响，培养分析上市公司财务报告和审计报告的能力，以及评估变更对公司和市场的影响。

案例背景

○ 理论背景

学生应掌握审计学的基本原理，了解审计报告的定义、作用、种类和编制过程，以及注册会计师的审计责任和审计意见的形成。

○ 行业背景

了解中国旅游行业的发展现状、上市公司的财务报告要求和监管环境，以及会计师事务所的行业特点和竞争格局。

○ 制度背景

熟悉中国会计准则、审计准则及与财务报告相关的法律法规，了解上市公司变更会计师事务所的程序和披露要求。

讨论问题

三峡旅游变更会计师事务所后，如何确保审计质量和市场信心？

案例解析视频

开放式讨论区

案例49

广宇集团审计案例：房地产开发企业关键审计事项与应对策略分析

【摘要】本案例以广宇集团2023年度审计报告及财务报表为基础，深入分析了房地产开发企业在审计过程中面临的关键审计事项，包括收入确认、长期股权投资和存货跌价准备。通过对审计策略与方法、挑战与应对、要点与注意事项的探讨，本案例总结了审计实务操作的经验和技巧，为提高审计水平和应对复杂经济环境下的审计风险提供了借鉴。

【关键词】标准无保留审计意见　关键审计事项　广宇集团　审计应对策略

案例正文

一、案例背景

在审计教学中，对具体案例进行分析，有助于学生深入理解审计理论、掌握审计实务操作技巧，并培养其在复杂经济环境中识别、评估和应对审计风险的能力。本案例选取广宇集团股份有限公司2023年度的审计报告及相关财务报表作为分析对象，旨在深入探讨在对房地产开发企业进行审计的过程中可能遇到的关键审计事项、审计策略及应对方法。

二、案例描述

1.公司概况与业务特点

广宇集团股份有限公司（以下简称"广宇集团"）是一家在浙江省注册成立的综合性房地产开发企业，主营业务涵盖房地产投资、房地产开发经营、商品房销售及出租、实业投资等多个领域。自成立以来，广宇集团凭借其强大的资金实力、丰富的项目经验和专业的开发团队，在房地产市场上取得了显著的成就。截至2023年12月31日，广宇集团累计发行股本总数为77 414.4175万股，注册资本为人民币77 414.4175万元，实际控制人为王轶磊。

广宇集团作为一家房地产开发企业，其业务特点主要表现为：项目周期长、资金投入大、收益受政策影响显著等。这些特点使得广宇集团在财务管理和审计方面面临着较高的风险和挑战。

2.审计报告概述

立信会计师事务所作为广宇集团2023年度的审计机构，对其财务报表进行了全面审计，并出具了无保留意见的审计报告（信会师报字〔2024〕第ZF10707号）。审计报告指出，广宇集团2023年度的财务报表在所有重大方面按照企业会计准则的规定编制，公允反映了公司的财务状况、经营成果和现金流量。

3.关键审计事项

（1）收入确认

广宇集团2023年度营业收入为9 228 505 839.61元，其中房地产开发项目收入为6 338 394 835.69元。由于房地产开发项目的收入对公司利润具有重大影响，且单个项目销售收入确认上的细小错误可能汇总成重大错报，因此审计师将房地产项目的收入确认识别为关键审计事项。审计师通过评价内部控制、检查合同条款、选取样本检查买卖合同及交付条件支持性文件等程序，确保收入确认符合会计准则要求。

（2）长期股权投资

截至2023年末，广宇集团对合营联营企业股权投资余额为320 018 043.65元，本期按照权益法确认投资收益63 342 768.60元。由于被投资单位所处区域政策环境、后续开发投入和未来盈利情况直接影响股权投资及应收款项的减值，审计师将长期股权投资项目的核算与减值识别为关键审计事项。审计师通过获取合作协议、公司章程、组织架构及管理人员任命等文件，与管理层讨论，重新计算投资收益金额，评估债权安全性及减值风险，以及派出有经验的审计人员对重要合营、联营企业财务报表实施审计或审阅等程序，确保长期股权投资核算的准确性。

（3）存货跌价准备

2023年12月31日，广宇集团存货净值约为8 633 919 803.02元，约占公司总资产的61.42%。存货的可变现净值评估涉及管理层对未来售价、建造成本及销售税金等的估计和判断。审计师已识别存货可变现净值的评估为关键审计事项，并通过评价内部控制、实地观察存货项目、评价管理层估值方法、比较估计建造成本与最新预算等程序，确保存货跌价准备计提的合理性。

三、案例分析

1.收入确认的审计策略与方法

针对房地产开发企业收入确认的复杂性和高风险性，审计师采取了以下策略和方法：

评价内部控制的有效性：通过了解和分析广宇集团内部控制制度的建立和运行情况，评估其在收入确认方面的控制效果。

检查合同条款：仔细审阅房地产销售合同中的交付条件、付款方式等关键条款，确保收入确认符合会计准则的要求。

选取样本进行实地核查：通过选取一定数量的房地产项目进行实地核查，验证销售收入确认的准确性和完整性。

2.长期股权投资的审计挑战与应对

在对长期股权投资进行审计的过程中，审计师面临着以下挑战：

信息获取难度大：合营联营企业往往分布在不同地区、涉及不同行业，审计师需要花费大量时间和精力收集相关资料和信息。

估值方法复杂：长期股权投资的估值方法涉及多个因素，如被投资企业的财务状况、市场前景等，审计师需要评估管理层估值方法的合理性和准确性。

为了应对这些挑战，审计师采取了以下措施：

加强与被投资企业的沟通：通过与管理层深入讨论、获取合作协议等文件资料，了解被投资企业的基本情况和发展前景。

重新计算投资收益金额：根据被投资企业的财务报表和相关信息，重新计算投资收益金额，并与广宇集团账面确认金额进行比较。

派出有经验的审计人员进行审计或审阅：对于重要的合营联营企业，接受委托的会计师事务所派出具有丰富经验和专业知识的审计人员进行审计或审阅，确保审计质量。

3.存货跌价准备的审计要点与注意事项

在对存货跌价准备进行审计的过程中，审计师需要关注以下要点和注意事项：

评价内部控制的有效性：了解广宇集团存货管理制度的建立和运行情况，评估其在存货跌价准备计提方面的控制效果。

实地观察存货项目：通过实地观察存货项目的数量、质量等情况，了解存货的实际状况和市场价值。

评估管理层估值方法的合理性：分析管理层采用的估值方法是否符合行业惯例和会计准则的要求，并比较市场可获取数据和广宇集团的销售预算计划。

比较估计建造成本与最新预算：将各存货项目的估计建造成本与广宇集团的最新预算进行比较，以评价管理层预测的准确性和预算过程的合理性。

四、案例总结

通过对广宇集团股份有限公司2023年度审计报告及财务报表的深入分析，我们可以得出以下结论：

在对房地产开发企业进行审计的过程中，审计师面临着较高的风险和挑战，特别是在收入确认、长期股权投资及存货跌价准备等方面，审计师需要采取有针对性的审计策略和方法，确保审计质量和效果。

审计师在审计过程中应重点关注内部控制的有效性、合同条款的约定、管理层估值方法的合理性以及估计和判断的准确性等方面，通过综合运用审计技巧和方法，识别、评估和应对审计风险。

本案例的分析不仅有助于我们更深入地理解审计理论在实务中的应用，还为我们提供了宝贵的审计实务操作经验和技巧。在未来的审计工作中，学生可以借鉴本案例的经验和做法，不断提高自己的审计水平和能力。

参考信息来源

广宇集团股份有限公司. 广宇集团2023年年度审计报告［EB/OL］. ［2024-04-29］. http://www.cninfo.com.cn/new/announcement/download？bulletinId=1219911841&announceTime=2024-04-30.

案例使用说明

案例目标

○ 关键问题

如何针对房地产开发企业的特点，有效识别和应对审计过程中的关键审计事项？

○ 教学目标

通过案例讨论，学生应深入理解对房地产开发企业进行的审计的特点，掌握关键审计事项的识别方法，学会制定并实施有效的审计策略，以提升审计实务操作能力。

案例背景

○ 理论背景

学生应掌握审计基本理论，包括审计目标、审计程序、审计方法等，以及房地产开发企业的财务管理特点。

○ 行业背景

了解房地产开发行业的业务流程、项目周期、资金运作方式等，以及该行业面临的政策风险、市场风险等。

○ 制度背景

熟悉企业会计准则、审计准则等相关法规，以及房地产开发企业审计的相关制度要求。

讨论问题

如何针对广宇集团的业务特点，制定有效的审计策略来应对关键审计事项？

案例解析视频

开放式讨论区

案例50

持续经营不确定性与关键审计事项：
青海春天药用资源科技股份有限公司审计案例分析

【摘要】 本案例以青海春天药用资源科技股份有限公司2023年度审计报告为研究对象，分析了带持续经营事项段无保留意见的审计报告的背景、内容及其对投资者和债权人的意义。在案例中，审计师针对公司的收入确认、存货期末计价等关键审计事项进行了详细审查，并指出公司面临持续经营能力的重大不确定性。本案例探讨了持续经营挑战、存货管理、收入确认规范性等问题，强调了审计在揭示企业经营风险和提升财务信息透明度中的作用。

【关键词】 无保留意见 持续经营事项段 青海春天药用资源科技股份有限公司 持续经营能力 关键审计事项 存货管理 收入确认 审计意见

案例正文

一、案例背景

随着市场经济的深入发展，对企业财务报表的审计成为确保财务信息真实、公允的重要手段。在复杂多变的经济环境中，企业的持续经营能力成为投资者、债权人及监管机构关注的焦点。青海春天药用资源科技股份有限公司（以下简称"青海春天"）作为一家经营冬虫夏草及酒水销售的企业，其2023年度的财务状况和经营成果备受瞩目。大信会计师事务所对其进行了审计，并出具了带持续经营事项段无保留意见的审计报告。本案例深入分析了该审计报告的背景、内容、意义及启示。

二、案例描述

1.公司概况

青海春天药用资源科技股份有限公司，原名为青海贤成矿业股份有限公司，成立于1998年，总部位于青海省西宁市。公司主营业务包括以酒水产品销售为主的酒水快消品业务板块和以冬虫夏草类产品研发、生产和销售为主的大健康业务板块。近年来，公司因连续亏损和主营业务不振而备受关注。

2.审计意见与关键审计事项

根据大信会计师事务所出具的审计报告（大信审字〔2024〕第36-00004号），青海春天2023年度财务报表在所有重大方面按照企业会计准则的规定编制，公允反映了公司2023年12月31日的合并及母公司财务状况以及2023年度的合并及母公司经营成果和现金流量。然而，审计报告中也指出了公司在持续经营能力方面存在重大不确定性。

关键审计事项主要包括：

收入确认：青海春天主要从事冬虫夏草、酒水及其他产品销售业务，营业收入作为关键业绩指标之一，存在管理层为了达到特定目标而操纵收入确认时点的固有风险。审计师通过了解内部控制、执行实质性分析程序、核对交易单据等方式，对收入确认的真实性和准确性进行了验证。

存货期末计价：由于存货账面价值较高，并且存货跌价准备的计量对财务报表影响重大，审计师通过审查存货跌价准备相关的内部控制、对存货实施监盘、取得检测机构报告、走访交易市场等方式，对存货期末计价进行了详细审计。

3.财务状况与经营成果

根据审计报告附注，青海春天2023年度实现营业收入21 387.67万元，其中酒水业务实现营业收入8 383.16万元，占总收入的39.20%。然而，公司连续多年发生大额亏损，最近四年累计亏损11.23亿元，经营活动产生的净现金流累计为−14 978.92万元。此外，公司还因"听花酒"销售宣传违规被市场监管部门处罚，罚款180万元，并对公司声誉和酒水业务销售产生了负面影响。

4.审计发现的问题

持续经营能力的不确定性：由于公司连续多年亏损，且酒水业务因违规宣传受到处罚，审计师提醒财务报表使用者关注公司持续经营能力的重大不确定性。

存货跌价准备：审计发现存货账面价值较高，且部分存货存在跌价风险。审计师通过监盘、获取检测报告等方式，对存货跌价准备的计提进行了详细审计，并确认了存货跌价准备的合理性。

收入确认的复杂性：由于公司业务涉及多个领域，收入确认的时点和方法较为复杂。审计师通过执行多项审计程序，确保了收入确认的真实性和准确性。

三、案例分析

1.持续经营能力的挑战

青海春天连续多年亏损和主营业务不振导致其持续经营能力面临重大挑战。审计师在审计报告中明确提醒了这一点，有助于投资者和债权人更全面地了解公司的财务状况和风险。同时，这也提醒公司管理层需要采取有效措施改善经营状况，增强持续经营能力。

2.存货管理与跌价准备

存货作为公司资产的重要组成部分，其管理和计价直接关系到公司财务报表的准确性和公允性。审计师对存货的详细审计，不仅确保了存货账面价值的真实性，也提醒公司管理层需要加强对存货的管理和控制，避免存货积压和跌价损失。

3.收入确认的规范性与透明度

收入确认是公司财务报表中的关键环节，也是审计师关注的重点。通过执行多项审计程序，审计师确保了公司收入确认的规范性和透明度，有助于维护资本市场的公平和公正。

4.带持续经营事项段无保留意见的含义

带持续经营事项段无保留意见的审计报告意味着公司在持续经营能力方面存在重大不确定性，但财务报表在其他方面仍然符合会计准则的要求。这种意见类型有助于投资者和债权人更准确地评估公司的财务状况和风险水平，并作出相应的投资决策。

四、案例总结

本案例以青海春天2023年年度审计报告为核心，深入分析了公司在持续经营、关键审计事项等方面的问题和审计师的应对措施。通过本案例的学习，我们可以深刻认识到财务报表审计的重要性以及审计师在维护资本市场秩序中的关键作用。同时，本案例也提醒我们关注企业的财务状况和经营风险，为投资决策提供有力支持。对于青海春天而言，公司需要积极应对持续经营能力的挑战，采取有效措施改善经营状况，以恢复市场信心和稳定投资者预期。

参考信息来源

青海春天药用资源科技股份有限公司. 青海春天2023年年度审计报告［EB/OL］.［2024-04-29］. http://www.cninfo.com.cn/new/announcement/download? bulletinId=1219922239&announceTime=2024-04-30.

案例使用说明

案例目标

○ **关键问题**

青海春天持续经营能力的不确定性对投资者和债权人有何影响？如何通过审计报告识别并评估这种风险？

○ **教学目标**

通过案例讨论，学生应理解财务报表审计的重要性，掌握识别企业持续经营能力风险的方法，学会分析审计报告中的关键审计事项，并评估其对投资者和债权人决策的影响。

案例背景

○ **理论背景**

学生应掌握财务报表审计的基本理论，包括审计目标、审计程序、审计意见类型等，以及持续经营能力评估的相关概念和方法。

○ **行业背景**

了解酒水销售行业和冬虫夏草市场的竞争状况、监管环境及行业发展趋势，特别是与青海春天主营业务相关的市场动态。

○ **制度背景**

熟悉企业会计准则中关于收入确认、存货计价及跌价准备计提等相关规定，以及审计报告中持续经营事项段的披露要求。

讨论问题

青海春天持续经营能力的不确定性对投资者决策有何具体影响？

案例解析视频

开放式讨论区

案例 51

企业风险揭示与审计意见：青岛鼎信通讯审计报告中的强调事项段分析

【摘要】本案例以青岛鼎信通讯股份有限公司 2023 年度审计报告为研究对象，分析了带强调事项段无保留意见审计报告的特点、影响及其背后的原因。在案例中，青岛鼎信通讯股份有限公司因国家电网采购熔断机制和证监会立案调查而面临重大不确定性和潜在风险，审计报告通过强调事项段向报表使用者揭示了这些风险，同时维持了对财务报表公允性的无保留意见。本案例指出，此类审计报告为投资者提供了全面、客观的财务信息，有助于投资者作出更为谨慎、理性的投资决策，并强调了投资者在分析审计报告时应充分关注强调事项段的重要性。

【关键词】年度审计报告　青岛鼎信通讯股份有限公司　审计意见　强调事项段

案例正文

一、案例背景

在现代企业治理结构中，财务报表的审计是确保企业财务信息透明度和可信度的重要环节。审计报告的类型及所附带的意见段，不仅反映了企业财务状况的真实情况，也向报表使用者提供了关于企业潜在风险和未来展望的重要信息。本案例以青岛鼎信通讯股份有限公司 2023 年度审计报告为例，探讨带强调事项段无保留意见的财务报表审计报告的特点、影响及背后原因。

二、案例描述

1.鼎信通讯公司概况

青岛鼎信通讯股份有限公司（以下简称"鼎信通讯"）是一家在低压电力线载波通信产品及消防产品的研发、生产、销售和服务领域具有显著市场地位的企业。公司成立于2008年，并于2016年在上海证券交易所上市。鼎信通讯的主要产品包括低压电力线载波通信模块、采集设备以及消防产品等，广泛应用于国家智能电网的用电信息采集系统。

2.2023年度审计报告概述

鼎信通讯2023年度审计报告由安永华明会计师事务所出具，报告类型为带强调事项段的无保留意见审计报告。审计报告在肯定鼎信通讯财务报表整体公允反映了其财务状况、经营成果和现金流量的同时，也通过强调事项段提醒报表使用者关注公司面临的特定风险和不确定性。

关键强调事项：

国家电网采购熔断机制：鼎信通讯于2024年2月27日收到国家电网有限公司的通知，决定自2024年2月18日起对公司全部采购品类启动招标采购"熔断机制"，并对公司涉嫌违规事项启动调查。此期间，公司全部产品、服务的中标资格被暂停。

证监会立案调查：鼎信通讯于2024年3月29日收到中国证券监督管理委员会的《立案告知书》，因公司涉嫌未及时履行信息披露义务，被立案调查。截至审计报告日，公司尚未收到最终结论，但已在财务报表中考虑了相关影响。

三、案例分析

1.强调事项段的意义

强调事项段是审计报告中用于提醒报表使用者关注除审计意见外，可能对企业财务状况、经营成果和现金流量产生重大影响的特定事项的段落。在鼎信通讯的案例中，强调事项段突出了公司因国家电网采购熔断机制和证监会立案调查所面临的重大不确定性和潜在风险。这些事项虽然不影响财务报表的公允性，但可能对投资者的决策产生重大影响。

2.风险分析与影响

采购熔断机制的影响：国家电网作为鼎信通讯的重要客户，其采购熔断机制的实施可能导致公司短期内销售收入大幅下降，进而影响公司的现金流和盈利能力。此外，调查期间的不确定性也可能加剧市场对公司未来前景的担忧。

证监会立案调查的影响：证监会的立案调查可能引发市场对鼎信通讯信息披露合规性的质疑，进而影响公司的市场信誉和融资能力。若最终调查结果不利，公司还可能面临罚款、高管责任追究等严重后果。

3.审计报告的决策价值

带强调事项段的无保留意见审计报告为报表使用者提供了更为全面、客观的企业财务信息。一方面，无保留意见肯定了财务报表的公允性，增强了投资者对企业财务状况的信心；另一方面，强调事项段的存在则提醒投资者关注企业面临的特定风险和不确定性，有助于投资者作出更为谨慎、理性的投资决策。

四、案例总结

青岛鼎信通讯股份有限公司2023年度审计报告通过带强调事项段的无保留意见，既肯定了公司财务报表的公允性，又客观揭示了公司面临的重大不确定性和潜在风险。这一做法不仅体现了审计工作的严谨性和独立性，也为报表使用者提供了更为全面、准确的企业财务信息。对于投资者而言，他们应充分关注审计报告中的强调事项段，结合企业实际情况进行综合分析，以作出更为明智的投资决策。

参考信息来源

青岛鼎信通讯股份有限公司. 鼎信通讯2023年度审计报告［EB/OL］.［2024-04-29］. http://www.cninfo.com.cn/new/announcement/download？bulletinId=1219918014&announceTime=2024-04-30.

案例使用说明

案例目标

○ **关键问题**
如何理解带强调事项段无保留意见审计报告的含义及其对企业和投资者的影响？
○ **教学目标**
通过案例讨论，学生应理解审计报告的类型及其意义，掌握带强调事项段无保留意见审计报告的特点和解读方法，学会分析审计报告中的关键信息和潜在风险，提高财务分析和投资决策能力。

案例背景

○ **理论背景**
学生应掌握财务报表审计的基本理论，包括审计目标、审计程序、审计意见类型等，以及强调事项段在审计报告中的作用和意义。

○ **行业背景**

了解低压电力线载波通信产品及消防产品的研发、生产、销售和服务行业的竞争状况、市场趋势及监管环境，特别是与鼎信通讯主营业务相关的市场动态。

○ **制度背景**

熟悉我国财务报表审计的相关法规、准则和制度，以及上市公司信息披露的要求和规定，特别是关于带强调事项段无保留意见审计报告的相关规定。

讨论问题

鼎信通讯带强调事项段无保留意见审计报告对投资者决策有何影响？

案例解析视频   开放式讨论区

案例52

审计范围受限下的保留意见：
亿利洁能股份有限公司审计案例分析

【摘要】本案例以亿利洁能股份有限公司2023年度审计报告为例，分析了在审计范围受限情况下出具保留意见的背景、事实描述及其对企业的影响。在案例中，审计师因无法获取充分、适当的审计证据，对亿利洁能股份有限公司存放于关联方财务公司的款项、对亿利财务公司的股权投资以及预付购房定金的商业实质和合理性等事项出具了保留意见。本案例探讨了审计范围受限的原因、企业内部控制和风险管理的问题，以及保留意见对利益相关者的影响，旨在提高对企业审计报告保留意见的认识和重视。

【关键词】保留意见　审计范围受限　亿利洁能股份有限公司　内部控制　风险管理
对利益相关者的影响

案例正文

一、案例背景

在资本市场中，财务报表审计报告是投资者、债权人及其他利益相关者了解企业财务状况、经营成果和现金流量的重要途径。审计意见的类型，尤其是保留意见，往往能揭示企业财务报表中可能存在的问题或不确定性，对财务报表使用者的决策产生重大影响。本案例以亿利洁能股份有限公司 2023 年度审计报告为例，探讨出具保留意见的财务报表审计报告（审计范围受限）的背景、事实描述、分析及总结。

二、案例描述

1. 案例事实

亿利洁能股份有限公司（以下简称"亿利洁能公司"）是一家主要从事聚氯乙烯树脂（PVC）、乙二醇、复混肥等化工产品及清洁热力的生产和销售的企业。2024 年，致同会计师事务所对亿利洁能公司 2023 年度财务报表进行了审计，并出具了保留意见的审计报告（致同审字（2024）第 110A017505 号）。在审计报告中，审计师指出了以下导致保留意见的事项：

大额资金存放在亿利集团财务有限公司：亿利洁能公司 2023 年 12 月 31 日存放于亿利集团财务有限公司（以下简称"亿利财务公司"）的款项金额为 390 609.99 万元，占期末货币资金总额的 90.24%。由于亿利财务公司及其控股股东未来降低亿利洁能公司存放的存款规模的措施存在重大不确定性，审计师无法获取充分、适当的审计证据判断该存放款项的可收回性及减值准备计提的充分性、准确性。

对亿利财务公司投资的后续计量：亿利洁能公司持有亿利财务公司 11% 的股权，并采用权益法核算。由于亿利财务公司存在资产分类不实等违法违规事实，并且审计范围受限，审计师无法确定是否需要对该长期股权投资账面价值及本期投资收益进行调整。

预付购房定金：亿利洁能公司之孙公司珠海亿绿星辉科技有限公司向珠海市豪逸实业有限公司支付 15 000.00 万元定金用于购买别墅项目，但该交易尚未签订商品房买卖合同，并且亿利洁能公司未能提供充分恰当的支持性文件证明交易的商业实质和合理性。

2.审计意见

审计师在审计报告中表示，除上述保留意见所述事项外，亿利洁能公司的财务报表在所有重大方面均按照企业会计准则的规定编制，公允反映了公司2023年12月31日的合并及公司财务状况以及2023年度的合并及公司的经营成果和现金流量。然而，由于审计范围受限，审计师无法就上述事项获取充分、适当的审计证据，因此出具了保留意见的审计报告。

三、案例分析

1.审计范围受限的影响

审计范围受限是导致出具保留意见审计报告的重要原因之一。在本案例中，审计师因无法获取亿利洁能公司存放在亿利财务公司的款项的可收回性、对亿利财务公司投资的后续计量的准确性以及预付购房定金交易的商业实质和合理性等方面的充分、适当的审计证据，而不得不出具保留意见。这反映了审计师在面临审计障碍时，需要保持审慎态度，并客观、公正地反映审计结果。

2.企业内部控制与风险管理

本案例也暴露出亿利洁能公司在内部控制和风险管理方面存在的问题。大额资金存放于关联方财务公司、对关联方投资的后续计量不准确以及预付购房定金交易缺乏充分支持性文件等，均表明亿利洁能公司在资金管理、关联交易管理和内部控制方面存在薄弱环节。这些问题不仅增加了企业的财务风险，也影响了审计师对企业财务报表的审计判断。

3.对利益相关者的影响

保留意见的审计报告对亿利洁能公司的利益相关者产生了重大影响。对于投资者而言，保留意见可能引发对企业财务状况和经营成果的担忧，进而影响投资决策。对于债权人而言，保留意见可能加深其对企业偿债能力的疑虑，导致融资成本上升或融资难度加大。此外，保留意见还可能影响企业的声誉和信誉，对企业未来的经营和发展产生不利影响。

四、案例总结

本案例以亿利洁能公司2023年度审计报告为例，探讨了出具保留意见的财务报表审计报告（审计范围受限）的背景、事实描述、分析及总结。通过本案例的学习，我们可以深刻认识到审计范围受限对审计报告意见类型的影响，以及企业内部控制和风险管理的重要性。同时，本案例也提醒我们，企业的管理者和利益相关者，应高度重视审计报告中的保留意见，及时采取措施加强内部控制和风险管理，以维护企业的财务健康和可持续发展。

参考信息来源

亿利洁能股份有限公司. 2023 年度审计报告 [EB/OL]. [2024-04-29]. http://www.cninfo.com.cn/new/announcement/download? bulletinId=1219927550&announceTime=2024-04-30.

案例使用说明

案例目标

○ 关键问题

审计范围受限对审计报告意见类型的影响有哪些？审计范围受限对企业内部控制和风险管理的重要性表现在哪些方面？

○ 教学目标

通过案例讨论，学生应理解保留意见审计报告的含义、出具原因及其对企业和利益相关者的潜在影响；认识企业内部控制和风险管理的重要性，并学会分析相关案例。

案例背景

○ 理论背景

学生应掌握财务报表审计的基本概念、审计报告的类型及其意义，特别是保留意见审计报告的定义、出具条件和影响。

○ 行业背景

了解化工行业的特点、市场竞争状况及行业监管政策，特别是与亿利洁能公司主营业务相关的市场动态和政策变化。

○ 制度背景

熟悉我国财务报表审计的相关法规、准则和制度，了解审计师在出具审计报告时应遵循的规范和标准，以及企业内部控制和风险管理的基本要求。

讨论问题

亿利洁能公司的内部控制与风险管理存在哪些问题，应如何改进？

案例解析视频

开放式讨论区

案例53

保留意见审计报告的影响与应对：
以湖南景峰医药股份有限公司为例

【摘要】本案例以湖南景峰医药股份有限公司2023年度审计报告为基础，分析了出具保留意见的财务报表审计报告背后的原因及其对企业的影响。审计报告指出固定资产账面价值的准确性、预计负债计提的恰当性和持续经营能力存在重大不确定性等问题，这些保留意见对投资者、债权人和企业自身产生了深远影响。本案例提出了加强内部控制、合理估计预计负债和改善持续经营能力等应对措施，以降低重大错报风险，为企业可持续发展提供参考。

【关键词】保留意见审计报告　重大错报风险　湖南景峰医药股份有限公司　内部控制　预计负债　持续经营能力

案例正文

一、案例背景

在资本市场日益成熟的今天，财务报表审计作为企业外部监督的重要手段，对于维护市场秩序、保护投资者利益具有重要意义。审计报告的类型及意见段，不仅反映了审计师对被审计单位财务报表公允性的评价，也揭示了企业潜在的风险和问题。本案例以湖南景峰医药股份有限公司（以下简称"景峰医药"）2023年度审计报告为例，深入探讨出具保留意见的财务报表审计报告背后的原因及其对企业的影响。

二、案例描述

1. 审计报告概况

景峰医药2023年度审计报告由大信会计师事务所出具，报告编号为大信审字〔2024〕第39-00016号。审计意见类型为保留意见，意味着审计师在审计过程中发现了一些可能对财务报表公允性产生重大影响的事项，但这些问题并未严重到使审计师对整个财务报表的公允性产生怀疑。

2. 保留意见的基础

审计报告中明确指出了出具保留意见的三个主要原因：

（1）固定资产账面价值的准确性

审计师发现，景峰医药全资子公司上海景峰制药有限公司拥有的"太湖之星"房产账面原值存在疑虑。该房产于2015年购置，购置成本较低，但后续改扩建及装修等累计支出较大，并统一按45年计提折旧。审计师虽然实施了现场监盘、检查相关凭证等审计程序，但未能获取后续支出的充分证据，因此无法判断账面原值的准确性，也无法确定折旧计提与减值准备计提的合理性。

（2）预计负债计提的恰当性

景峰医药因发行债券而承担了相应的债务偿还义务。截至2023年12月31日，部分债券已逾期未兑付，且公司未能提供展期到期日偿还本息的资金来源证据。审计师因此无法判断公司是否已足额计提了因债券违约而产生的违约金等预计负债。

（3）持续经营能力重大不确定性

审计师注意到，景峰医药未分配利润为负，资产负债率高达114.49%，且存在流动性困难，导致部分债务展期或逾期。同时，公司重要子公司大连德泽药业有限公司因经营期限届满已进入清算程序，主营业务萎缩。这些情况表明，景峰医药的持续经营能力存在重大不确定性。尽管公司在财务报表附注中披露了部分保障持续经营能力的措施，但审计师认为这些披露不够充分，无法完全消除对持续经营能力的疑虑。

三、案例分析

1. 保留意见的影响

出具保留意见的审计报告，对景峰医药及其利益相关者产生了多方面的影响：

（1）对投资者的影响

保留意见的审计报告向投资者传递了一个明确的信号：景峰医药的财务报表在

某些方面存在不确定性或潜在问题。这可能导致投资者对公司未来的发展前景产生担忧，进而影响其投资决策。

（2）对债权人的影响

债权人通常更加关注企业的偿债能力和持续经营能力。保留意见的审计报告可能使债权人对景峰医药的偿债能力产生怀疑，进而影响其贷款决策或要求更高的风险溢价。

（3）对企业自身的影响

保留意见的审计报告可能损害景峰医药的市场声誉和信誉，影响其与供应商、客户等合作伙伴的关系。同时，企业也可能面临监管机构的进一步调查和问询，增加其合规成本和运营风险。

2.重大错报的风险与应对

审计报告中提到的固定资产账面价值准确性、预计负债计提恰当性以及持续经营能力不确定性等问题，均属于重大错报风险较高的领域。为了降低这些风险，景峰医药需要采取以下措施：

（1）加强内部控制

企业应建立健全内部控制体系，确保财务报表编制过程中各项数据的准确性和完整性。特别是对于固定资产的购置、改扩建及装修等支出，应建立严格的审批和记录流程，确保相关凭证的完整性和可追溯性。

（2）合理估计预计负债

企业应根据债务合同的具体条款和实际情况，合理估计并计提预计负债。对于债券违约等可能产生的违约金等费用，应充分考虑各种风险因素，确保预计负债的计提充分且合理。

（3）改善持续经营能力

针对持续经营能力的不确定性，企业应积极采取措施改善经营状况，如优化资产结构、提高盈利能力、加强现金流管理等。同时，企业还应加强与债权人、投资者等利益相关者的沟通，增强其对企业未来发展的信心。

四、案例总结

本案例通过对湖南景峰医药股份有限公司2023年度审计报告的分析，展示了出具保留意见的财务报表审计报告对企业及其利益相关者的影响。保留意见的审计报告揭示了企业在财务报表编制过程中存在的不确定性和潜在问题，提醒投资者、债权人等利益相关者关注企业的风险状况。同时，本案例也强调了加强内部控制、合理估计预计负债以及改善持续经营能力等企业应对重大错报风险的重要措施。

参考信息来源

湖南景峰医药股份有限公司. 景峰医药2023年年度审计报告［EB/OL］. ［2024-04-28］. http://www.cninfo.com.cn/new/announcement/download? bulletinId= 1219924788&announceTime=2024-04-30.

案例使用说明

案例目标

○ 关键问题

如何理解保留意见的审计报告的含义及其对企业和利益相关者的潜在影响?

○ 教学目标

通过案例讨论,学生应深入理解保留意见审计报告的含义、出具原因及其对企业、投资者、债权人等利益相关者的潜在影响,同时掌握企业应对重大错报风险的关键措施。

案例背景

○ 理论背景

学生应掌握财务报表审计的基本概念和流程,了解审计报告的类型及其意义,特别是保留意见审计报告的定义和出具条件。

○ 行业背景

了解医药行业的经营特点、市场竞争状况以及行业监管政策,特别是与景峰医药主营业务相关的市场动态和政策变化。

○ 制度背景

熟悉我国财务报表审计的相关法规、准则和制度,了解审计师在出具审计报告时应遵循的规范和标准。

讨论问题

保留意见的审计报告对景峰医药及其利益相关者有哪些具体影响?

案例解析视频

开放式讨论区

案例54

圣莱达审计案例分析：
否定意见报告下的财务风险与市场影响

【摘要】本案例深入分析了宁波圣莱达电器股份有限公司2021年年度审计报告的背景、内容、意义及其对企业和投资者的影响。报告由北京兴昌华会计师事务所出具，并给出了否定意见，揭示了公司存在的财务问题。

【关键词】年度审计报告　宁波圣莱达电器股份有限公司　审计意见　否定意见

案例正文

一、案例背景

宁波圣莱达电器股份有限公司（以下简称"圣莱达"）是一家主要从事家用电热电器研发、生产和销售的上市公司。2021年，圣莱达发布了其年度审计报告，该报告由北京兴昌华会计师事务所（普通合伙）出具，并给出了否定意见。本案例深入分析这份否定意见审计报告的背景、内容、意义及其对企业和投资者产生的影响。

二、案例描述

1.审计报告的意义和作用

审计报告是注册会计师根据审计准则的要求，对被审计单位的财务报表进行审计后出具的书面报告。它不仅是注册会计师完成审计任务的标志，也是对被审计单位财务报表公允性、合法性和一贯性发表意见的重要文件。审计报告的主要作用包括：

信息鉴证：确认被审计单位财务报表的真实性、公允性和合规性。

保护投资者利益：为投资者、债权人等利益相关者提供决策依据。

促进市场公平：维护资本市场的公平、公正和透明。

审计报告根据审计结果的不同，可以分为无保留意见、保留意见、否定意见和无法表示意见四种类型。其中，否定意见是最为严重的一种，表明被审计单位的财务报表存在重大错报，且这些错报无法被合理确信。

2.圣莱达2021年年度审计报告详情

圣莱达2021年年度审计报告由北京兴昌华会计师事务所出具，报告文号为〔2022〕京会兴昌华审字第010214号。该报告对圣莱达2021年12月31日的合并及母公司资产负债表、2021年度的合并及母公司利润表、2021年度的合并及母公司现金流量表、2021年度的合并及母公司股东权益变动表以及相关财务报表附注进行了审计，并给出了否定意见。

否定意见的主要依据包括：

持续经营能力存在重大不确定性：圣莱达2021年度归属于母公司的合并净利润为3 698.45万元，但截至2021年12月31日，公司累计亏损37 098.37万元，归属于母公司股东的期末净资产仅为2 342.15万元。此外，公司子公司宁波圣莱达电气设备有限公司电力配电行业成套设备制造未取得行业相关生产资质，以及公司面临的投资者索赔事项，均使审计师对圣莱达的持续经营能力产生了重大疑虑。

其他应收款审计证据不足：审计机构无法就圣莱达其他应收款是否按协议约定执行获取充分、适当的审计证据，也无法确定这些其他应收款能否收回。

收入确认和成本结转的真实性、完整性存疑：圣莱达2021年度财务报表收入主要来源于电力配电行业成套设备的销售，共有项目88个。审计机构走访了其中28个项目现场，但无法进一步获取充分适当的审计证据以证明收入、成本的真实性、完整性。

三、案例分析

1.否定意见的影响

对圣莱达的影响：否定意见审计报告对圣莱达的信誉和声誉造成了严重损害，可能导致投资者信心下降，股价波动，甚至引发退市风险。同时，公司需要积极应对审计报告中提出的问题，加强内部控制，改善财务状况，以恢复市场信心。

对投资者的影响：否定意见审计报告提醒投资者关注圣莱达的财务风险和经营不确定性，促使投资者更加谨慎地评估公司的投资价值。对于已经持有圣莱达股票的投资者而言，他们可能需要重新考虑其投资策略，避免潜在的投资损失。

2.审计报告种类选择的合理性

在圣莱达案例中，审计机构选择出具否定意见审计报告是合理的，因为圣莱达的财务报表存在重大错报，且这些错报无法被合理确信。否定意见的出具有助于保护投资者的利益，维护资本市场的公平、公正和透明。同时，它也对圣莱达管理层敲响了警钟，促使其正视公司存在的财务问题，并采取积极措施加以改进。

四、案例总结

圣莱达 2021年年度审计报告的否定意见案例，深刻揭示了审计报告在资本市场中的重要性和作用。否定意见审计报告的出具，不仅是对被审计单位财务报表公允性、合法性和一贯性的客观评价，更是对投资者利益的有效保护。对于上市公司而言，它们应高度重视审计报告的意见类型，积极应对审计报告中提出的问题，加强内部控制和财务管理，以维护公司的信誉和声誉。对于投资者而言，他们应密切关注审计报告的意见类型和内容，谨慎评估被投资公司的财务状况和投资价值，以降低投资风险。

参考信息来源

宁波圣莱达电器股份有限公司．*ST圣莱 2021年年度审计报告〔EB/OL〕．〔2022-04-28〕．http://www.cninfo.com.cn/new/announcement/download?bulletinId=1213256797 & announceTime=2022-04-30.

案例使用说明

案例目标

○ **关键问题**

圣莱达为何会收到否定意见的审计报告？这对公司和投资者分别有何影响？

○ **教学目标**

通过案例讨论，学生应理解审计报告的意义和作用，掌握审计报告的种类及其对企业和投资者的影响，并学会分析企业财务报告中的潜在风险。

案例背景

○ **理论背景**

学生应掌握审计学的基本原理，了解审计报告的种类、意义和作用，以及否定意见的含义和影响。

○ **行业背景**

了解家用电热电器行业的经营特点、财务状况和可能存在的风险点，以及该行业上市公司的财务报告特点。

○ **制度背景**

熟悉企业会计准则、审计准则及与财务报告相关的法律法规，了解注册会计师对财务报表的审计意见类型及其出具条件。

讨论问题

圣莱达收到否定意见审计报告的主要原因是什么？

案例解析视频

开放式讨论区

案例55

银江技术2023年审计报告：无法表示意见的原因与影响

【摘要】本案例以银江技术股份有限公司2023年年度审计报告为核心，深入探讨了审计报告的意义、作用、种类及"无法表示意见"的具体含义和影响，提醒企业加强内部控制，确保财务信息真实准确。

【关键词】审计报告　无法表示意见　银江技术股份有限公司

案例正文

一、案例背景

银江技术股份有限公司（以下简称"银江技术"）作为一家在智慧城市、智慧交通和智慧医疗等领域有着丰富经验的企业，其财务健康状况对于投资者、债权人及其他利益相关者来说至关重要。年度审计报告作为公司财务状况的真实反映，对于评估公司的经营成果、财务状况及现金流量具有重要意义。本案例以银江技术2023年年度审计报告为核心，深入探讨审计报告的意义、作用、种类以及"无法表示意见"的具体含义和影响。

二、案例描述

1.审计报告的基本信息

银江技术2023年年度审计报告由中兴华会计师事务所（特殊普通合伙）出具，报告编号为中兴华审字（2024）第510023号。报告涵盖了银江技术2023年12月31日的合并及母公司资产负债表、2023年度的合并及母公司利润表、2023年度的合并及母公司现金流量表、2023年度的合并及母公司股东权益变动表以及相关财务报表附注。

2.审计报告的意见类型

值得注意的是，中兴华会计师事务所在本次审计中发表了"无法表示意见"的审计报告。这一意见类型表明，由于审计过程中存在某些重要事项或限制，审计师无法获取充分、适当的审计证据，以支持对银江技术财务报表发表正确的审计意见。

3."无法表示意见"的具体原因

审计报告中详细列出了导致"无法表示意见"的具体原因，主要包括：

大额资金往来事项：银江技术2023年度向杭州翎投科技有限公司转出资金累计51 823.66万元，且部分资金由募投专户转出至第三方，再由第三方转入翎投科技有限公司。审计师无法判断这些资金往来的真实目的和性质，以及是否对财务报表产生影响。

成本费用的准确性和完整性：银江技术涉及的部分诉讼判决书显示，公司确认的应付款与供应商诉请的工程款、服务费金额存在较大差异。审计师无法确定这些差异的原因，也无法判断工程项目成本费用的准确性和完整性。

其他重要事项：审计师还提到了银江技术存在的其他重要事项，例如部分合同资产和应收账款的质押情况、存货跌价准备的计提等，但由于缺乏充分、适当的审计证据，审计师无法对这些事项发表明确意见。

4.审计报告的影响

"无法表示意见"的审计报告对银江技术及其利益相关者产生了重大影响。首先，该意见类型降低了公司财务报表的可靠性，使得投资者和债权人难以准确评估公司的财务状况和经营成果。其次，该意见可能导致银江技术在资本市场上的信誉受损，进而影响其融资能力和业务拓展。最后，公司管理层需要认真对待审计报告中提出的问题，采取有效措施加以改进，以避免未来再次出现类似情况。

三、案例分析

1.审计报告的意义和作用

审计报告是注册会计师对财务报表是否按照适用的会计准则和相关会计制度的规定编制，是否在所有重大方面公允反映了被审计单位的财务状况、经营成果和现金流量发表的审计意见。它对于维护市场经济秩序、保护投资者和债权人的合法权益、促进企业改善经营管理等方面具有重要意义。

2.审计报告的种类

根据审计师对被审计单位财务报表的审计意见，审计报告可以分为以下几种类型：

无保留意见的审计报告：审计师认为财务报表在所有重大方面均按照适用的会计准则和相关会计制度的规定编制，公允反映了被审计单位的财务状况、经营成果和现金流量。

保留意见的审计报告：审计师认为财务报表整体上是公允的，但存在某些事项或情况可能对财务报表产生重大影响，需要提醒报表使用者注意。

否定意见的审计报告：审计师认为财务报表没有在所有重大方面按照适用的会计准则和相关会计制度的规定编制，未能公允反映被审计单位的财务状况、经营成果和现金流量。

无法表示意见的审计报告：审计师由于无法获取充分、适当的审计证据，无法对财务报表是否公允反映被审计单位的财务状况、经营成果和现金流量发表意见。

3."无法表示意见"的深入分析

"无法表示意见"是审计报告中最为严重的一种意见类型。它通常意味着审计师在审计过程中遇到了重大障碍或限制，导致无法对被审计单位的财务报表发表明确意见。这种意见类型可能由多种原因引起，如被审计单位内部控制存在重大缺陷、审计范围受到限制、重要事项存在不确定性等。在本案例中，银江技术的大额资金往来事项、成本费用的准确性和完整性等问题是导致审计师发表"无法表示意见"的主要原因。

四、案例总结

银江技术 2023 年年度审计报告中的"无法表示意见"为我们提供了一个深刻的教训。它提醒我们，财务报表的可靠性和透明度对于企业的长远发展至关重要。企业应当加强内部控制建设，确保财务信息的真实、准确和完整；同时，审计师在审计过程中应当保持独立性和客观性，严格遵循审计准则和相关法律法规的要求，确保审计报告的质量和公信力。对于投资者和债权人来说，他们需要谨慎对待审计报告中的意见类型，充分了解企业的财务状况和经营成果，以便作出明智的投资和信贷决策。

参考信息来源

银江技术股份有限公司. 银江技术 2023 年年度审计报告［EB/OL］.［2024-04-29］. http://www. cninfo. com. cn/new/announcement/download？ bulletinId=12199278 13&announceTime=2024-04-30.

案例使用说明

案例目标

○ 关键问题

银江技术为何会收到"无法表示意见"的审计报告？这对企业和利益相关者有何影响？

○ 教学目标

通过案例讨论，学生应理解审计报告的意义、作用及种类，掌握"无法表示意见"的具体含义和影响，并认识到企业内部控制的重要性。

案例背景

○ 理论背景

学生应掌握审计学的基本原理，了解审计报告的种类、意义和作用，以及"无法表示意见"的含义和影响。

○ **行业背景**

了解智慧城市、智慧交通和智慧医疗等行业的经营特点、资金流转方式及可能存在的风险点。

○ **制度背景**

熟悉企业会计准则、审计准则及与财务报告相关的法律法规，了解注册会计师对财务报表审计的意见类型及其含义。

讨论问题

银江技术收到"无法表示意见"的审计报告，主要原因有哪些？

案例解析视频　　　　　　　　　　　　　　　　　开放式讨论区

第
十五
章

会计咨询、会计服务业务

案例 56

会计咨询服务在企业重组中的应用与价值：
X公司财务困境挽救

【摘要】本案例以X公司为例，探讨了会计咨询服务在企业重组过程中的重要作用和价值。面对市场环境变化和管理层决策失误导致的财务危机，X公司引入会计咨询团队进行全面财务评估和重组规划。案例详细描述了会计咨询服务在财务分析、成本优化、资产重组、融资谈判和对管理层进行的财务培训等方面的应用，并展示了如何通过这些服务帮助企业恢复财务健康、优化资本结构并制定长期发展战略。最终，X公司成功实现了从财务危机到稳健运营的转变，证明了会计咨询服务在企业重组中的关键作用和对未来持续发展的深远影响。

【关键词】会计咨询　X公司　企业重组　财务评估　成本优化　融资谈判　财务规划

案例正文

一、案例背景

1.企业重组的必要性

本案例中的主体X公司是一家成立已超过20年的老牌制造企业，过去的经营状况良好，但由于市场环境的变化、技术创新的滞后以及管理层决策失误，公司近年来的财务状况急转直下。市场份额的萎缩和长期积累的内部管理问题使得X公司陷入了严重的现金流危机，面临即将破产的风险。为了避免清算，企业决定进行全面重组，借助专业的会计咨询服务，重新梳理其财务结构并制订挽救计划。

2.会计咨询的介入

在这一关键时刻，X公司引入了外部的会计咨询团队，希望通过他们的专业服务，寻找到解决公司财务困境的出路。会计咨询团队的主要任务是帮助公司评估现有财务问题、制订重组计划，并在公司与债权人和潜在投资者的谈判中提供财务支持。这次咨询项目不仅涉及财务数据的审计和分析，还包括对企业业务模式、资产配置以及未来盈利能力的深入研究。

二、案例描述

1.会计咨询服务的特点

会计咨询的核心在于提供客观、专业的建议，帮助企业在复杂的财务问题中找到解决方案。与传统审计不同，咨询服务不单纯局限于对财务报表的准确性进行审核，而是深入企业的运营，帮助企业在财务和管理层面作出战略性决策。在X公司的重组过程中，会计咨询团队的职责主要包括：评估公司现有资产和负债、帮助公司制订削减成本的计划、提供潜在融资方案、设计一个可行的重组框架，以帮助公司重新获得竞争力。

2.会计服务的范围

在企业重组过程中，会计服务的范围广泛，包括但不限于以下几个方面：

财务评估与分析：咨询团队首先对X公司的财务状况进行全面评估，包括资产负债表、利润表和现金流量表等。通过详细的数据分析，他们发现了公司财务状况恶化的根本原因，不仅是外部市场环境变化，公司内部的管理效率低下、资源分配不合理也是导致现金流断裂的重要因素。

成本优化与资产重组：为了改善公司的现金流，咨询团队提出了一系列成本优化建议，包括削减冗余部门、调整生产线、优化供应链等。此外，咨询团队还协助公司对非核心资产进行处置，重组公司的债务结构，以减轻短期偿债压力。

融资与资本结构优化：咨询团队在帮助公司制定成本控制方案的同时，也为X公司寻找外部融资渠道。通过会计咨询团队的帮助，X公司与银行和投资机构展开了谈判，最终成功获取了一笔新的贷款，并吸引了几家战略投资者的兴趣。会计咨询团队不仅参与了财务模型的构建，还为投资者提供了详尽的重组计划和未来盈利预测。

对管理层进行的财务培训：为了确保重组计划的顺利实施，咨询团队为公司管理层提供了财务管理的培训课程，帮助管理层更好地理解公司当前的财务状况及未来的管理挑战。这一培训提高了管理层的财务意识，使他们能够在未来作出更加理性和高效的决策。

三、案例分析

1.企业重组计划的制订

在 X 公司重组的初期，会计咨询团队通过对公司现有资源的分析，协助管理层制订了详细的重组计划。该计划包括企业的运营重组、资产出售、债务重组及股东权益调整等内容。为了确保计划的可行性，会计咨询团队对重组后的公司盈利前景进行了深入的财务分析，制定了分阶段实施的具体步骤。

例如，咨询团队提出，对公司非核心业务进行剥离，以将资源集中于核心业务领域；同时，建议对公司现有的固定资产进行重新评估，通过出售部分闲置资产获取现金流。这些措施不仅减轻了公司的短期债务压力，还为后续的业务重组提供了资金保障。

2.债务重组与融资谈判

在 X 公司与债权人谈判的过程中，会计咨询团队发挥了关键作用。会计咨询团队不仅帮助 X 公司梳理了现有的债务结构，还通过专业的财务模型向债权人展示了公司重组后的盈利能力，增强了债权人对公司的信心。

此外，会计咨询团队还协助 X 公司与银行进行贷款谈判，并帮助 X 公司设计了新的债务偿还计划。这种专业的财务咨询服务，不仅为 X 公司争取到了更长的偿债期限，还降低了部分债务的利率，为 X 公司重组后的运营提供了缓冲期。

3.财务健康的恢复

通过一系列会计咨询服务，X 公司逐渐恢复了财务健康。咨询团队所提供的专业建议，帮助 X 公司优化了成本结构、改善了现金流状况，并成功吸引了新的投资者。在会计咨询的帮助下，X 公司实现了从财务危机到稳健运营的转变。

尤其值得注意的是，通过咨询团队对 X 公司财务数据的深入分析，X 公司的管理层重新认识到了成本控制和财务管理的重要性。X 公司的运营效率得到了显著提高，管理层也开始更加注重对财务报表的分析和预算控制，逐渐建立起了更加严谨的财务管理体系。这不仅为 X 公司度过当前的财务危机提供了保障，还为 X 公司未来的可持续发展奠定了坚实的基础。

4.战略性财务规划的重要性

会计咨询团队在 X 公司重组中的贡献，不仅仅是解决短期的财务问题，更重要的是为企业制定了中长期的财务战略规划，包括公司如何优化资金运作、如何进行风险控制，以及未来如何在市场竞争中保持盈利能力。

通过会计咨询，X 公司逐步认识到财务规划不仅是应对危机的工具，更是公司长期发展的重要支柱。咨询团队帮助 X 公司建立了完善的预算管理制度、定期财务报表分析机制，并通过现金流监控系统，确保 X 公司能够及时发现并应对潜在的财务问题。

四、案例总结

1.会计咨询的关键作用

通过本案例可以看出，会计咨询在企业重组中的作用不仅限于对财务报表进行的分析与评估，更重要的是帮助企业在战略层面作出重大决策。会计咨询师具备专业的财务知识与管理经验，能够从全局出发，结合企业的实际情况，提供切实可行的建议，帮助企业化解财务危机并重回正轨。

2.会计服务的多样性与灵活性

会计服务的范围远不止传统的审计和税务咨询，它能够根据企业的实际需求提供灵活多样的服务。在本案例中，会计咨询不仅涉及财务数据的分析和重组方案的设计，还涵盖了对企业与外部投资者和债权人的谈判的支持、企业内部财务管理体系的优化等多方面内容。

这表明，会计服务不仅仅是一个被动的财务监督角色，更是企业经营中的重要支持力量，能够在关键时刻为企业提供专业的建议，帮助企业在复杂的商业环境中找到生存与发展的路径。

3.财务透明性与管理层责任

在X公司重组的过程中，会计咨询团队特别强调了财务透明性的重要性。通过严格的数据分析和财务预测，咨询团队帮助X公司管理层、债权人和潜在投资者了解了公司的真实财务状况，这为所有决策的合理性和可行性提供了基础。

同时，咨询团队的介入也让X公司的管理层意识到，他们在企业财务健康中的责任。通过专业的培训和指导，管理层逐渐掌握了更加科学的财务管理方法，并承担起了确保企业财务健康和可持续发展的责任。

4.未来的持续发展与风险控制

本案例的另一个重要启示是，企业在重组成功后，必须注重未来的持续发展与风险控制。会计咨询不仅仅是一次性的救助措施，它还可以为企业提供长期的财务规划建议，帮助企业避免再次陷入类似的危机。

在X公司重组成功之后，咨询团队建议公司定期进行财务健康评估，并设立内部审计部门，以确保未来的经营活动始终保持在健康的财务轨道上。通过这种持续的财务监控与规划，企业能够更好地应对未来的市场波动，确保在激烈的竞争中保持稳健发展。

通过企业重组咨询案例，我们可以清晰地看到会计咨询在企业重大决策中的核心作用。对于审计学课程的学习者来说，本案例不仅展示了对会计咨询理论的应用，还展示了在实际商业环境中企业如何利用会计服务解决复杂的财务问题。

在审计学课程中，本案例可以作为会计咨询和会计服务业务的重要导入案例，通过企业的实际经历，帮助学生理解会计咨询的特点、范围以及其在企业重组中的关键作用，以使学生能够更好地将理论与实践相结合，学会如何运用专业的审计和财务知识为企业提供咨询服务，解决复杂的财务挑战。

通过这个案例的讲解，学生可以学习到如何从财务数据中发现企业问题、如何与利益相关者进行有效沟通，以及如何在企业面临财务危机时提供解决方案，更重要的是，学生可以体会到会计咨询不仅仅是对财务问题提出解决方案，它还涉及企业管理的方方面面，并为企业的长期发展提供战略支持。

这对于未来从事审计或会计咨询的学生来说，是一次极为宝贵的学习体验。

案例使用说明

案例目标

○ 关键问题
如何有效利用会计咨询服务帮助企业重组并恢复财务健康？

○ 教学目标
通过案例讨论，学生应理解会计咨询在企业重组中的作用，掌握会计咨询服务的范围和实施步骤，以及如何通过会计咨询解决企业复杂的财务问题。

案例背景

○ 理论背景
学生应掌握会计咨询的基本概念、服务范围和实施流程，了解企业重组的财务和战略考虑。

○ 行业背景
了解制造业的市场环境、竞争态势和面临的挑战，以及企业重组在该行业中的常见做法。

○ 制度背景
熟悉企业重组相关的法律法规、会计准则和财务报告要求。

讨论问题

会计咨询团队如何帮助 X 公司解决财务危机并实现长期发展？

案例解析视频

开放式讨论区

案例57

全球视野下的专业服务典范：
普华永道会计师事务所的会计咨询与审计实践

【摘要】本案例介绍了普华永道会计师事务所的会计咨询和会计服务业务，包括其专业性强、范围广泛、服务质量高等特点，以及严格遵守审计执业准则体系的情况。
【关键词】会计咨询　普华永道会计师事务所　会计服务　业务特点

案例正文

一、案例背景

普华永道会计师事务所（PricewaterhouseCoopers，PwC，以下简称"普华永道"）是全球知名的专业服务机构之一，由普华（Price Waterhouse）和永道（Coopers & Lybrand）两家大型会计师事务所于1998年合并而成。普华永道在全球150多个国家和地区设有分支机构，拥有超过36.4万名员工，为众多跨国公司和政府机构提供会计、审计、税务和咨询服务。普华永道以其卓越的专业服务和广泛的业务范围在行业内享有盛誉，是四大国际会计师事务所之一。

二、案例描述

1.会计咨询业务

普华永道的会计咨询业务涵盖了多个领域，包括对中国企业会计准则（CAS）、国际财务报告准则（IFRS）、美国公认会计原则（US GAAP）和其他准则的深入了解，以及各行业会计准则的应用知识。其专业团队能够为客户提供量身定制的解决方案，以应对会计和财务报告的挑战。例如，在复杂会计准则的实施、并购或私募股权投资的会计咨询、财务报告准则转换等方面，普华永道都拥有丰富的经验和专业知识。

普华永道在会计咨询过程中，不仅能够提供会计准则解读和符合市场惯例的解决方案，还能协助客户评估新发布的会计准则对企业的影响，并规划及实施相关的业务流程和系统变更。此外，普华永道还能为客户提供项目管理服务，与咨询、估值、税务和法务团队一起协助客户解决潜在的业务、估值、法律和税务相关问题。

2.会计服务业务

普华永道的会计服务业务范围广泛，包括但不限于审计服务、税务服务和咨询服务。

审计服务：普华永道为企业提供财务报表审计、内部控制审计等服务，确保企业财务报表的准确性和合规性。其审计方法根据客户的规模和性质进行调整，以应对复杂的财务账户问题，如估值、退休金、股份计划等。

税务服务：普华永道为企业提供税务计划、税务咨询、税务合规等服务，帮助企业降低税务风险，提高税务效率。其税务服务包括国际税收结构、合并和收购、转移价格、全球协调服务等多个方面。

咨询服务：普华永道为企业提供战略咨询、并购咨询、风险管理咨询等服务，帮助企业实现可持续发展。其咨询服务团队由高素质、专业化的成员组成，具备丰富的行业经验和专业知识。

以天津普华永道会计师事务所为例，作为普华永道全球网络的一部分，该事务所在天津地区提供广泛的会计、审计、税务和咨询服务。其客户基础广泛，涵盖了众多知名企业、上市公司和政府机构等。事务所凭借其卓越的服务质量和专业精神，赢得了客户的广泛赞誉和信任。

3.对照审计执业准则体系

普华永道在提供会计和审计服务时，严格遵守相关的审计执业准则体系。例如，在审计过程中，普华永道会遵循国际审计准则（ISA）和中国注册会计师审计准则，确保审计工作的独立性和客观性。其审计报告会包含明确的声明，限制对第三者的责任，以维护审计报告的公信力和准确性。

此外，普华永道还注重对本公司员工的培训和员工发展，不断提升团队的整体素质和服务水平。其员工具备丰富的行业经验和专业知识，能够为客户提供高质量的会计和审计服务。普华永道还通过制定解决方案及提供实用性意见，不断为客户及股东提升价值。

三、案例分析

普华永道会计师事务所的会计咨询和会计服务业务具有以下特点：

1. 专业性强

普华永道的专业团队对各类会计准则和法规有深入的了解，能够为客户提供专业的会计咨询和审计服务。

2. 范围广泛

普华永道的业务范围涵盖审计、税务、人力资源、交易、危机管理等多个领域，能够满足客户多样化的需求。

3. 服务质量高

普华永道凭借其卓越的服务质量和专业精神，赢得了客户的广泛赞誉和信任。

对照审计执业准则体系，普华永道在提供会计和审计服务时，严格遵守相关的准则和法规，确保审计工作的独立性和客观性。其审计报告具有公信力，能够为客户提供可靠的财务信息。

四、案例总结

普华永道会计师事务所作为全球知名的专业服务机构，其会计咨询和会计服务业务具有专业性强、范围广泛和服务质量高等特点。普华永道通过制定解决方案及提供实用性意见，不断为客户及股东提升价值。同时，普华永道在提供会计和审计服务时，严格遵守相关的审计执业准则体系，确保审计工作的独立性和客观性。其成功案例和广泛的客户基础充分证明了其在会计咨询和会计服务领域的领先地位。

参考信息来源

［1］普华永道. 行业［EB/OL］.［2024-12-31］. https：//www.pwccn.com/zh/industries.html.

［2］中国人民银行国际司. 普华永道会计师事务所［EB/OL］.［2008-04-24］. http://www.pbc.gov.cn/goujisi/144449/144490/144544/144652/2834517/index.html.

［3］普华永道. 会计咨询服务［EB/OL］.［2024-12-31］. https：//www.pwccn.com/zh/services/audit-and-assurance/capabilities/capital-markets-and-accounting-advisory/accounting-advisory.html.

［4］百度百科. 普华永道［EB/OL］.［2024-12-31］. https：//baike.baidu.com/item/%E6%99%AE%E5%8D%8E%E6%B0%B8%E9%81%93/2676691.

案例使用说明

案例目标

○ **关键问题**

普华永道如何保持其在会计咨询和会计服务领域的领先地位?

○ **教学目标**

通过案例讨论,学生应了解会计咨询和会计服务的主要内容及特点,理解审计执业准则的重要性,并探讨会计师事务所如何保持领先地位。

案例背景

○ **理论背景**

学生应掌握会计学、审计学的基本原理,了解会计咨询和会计服务的定义、内容及特点,以及审计执业准则的基本要求和作用。

○ **行业背景**

了解全球会计师事务所的行业格局、市场竞争情况,以及普华永道等四大国际会计师事务所的地位和影响力。

○ **制度背景**

熟悉中国及国际上的会计准则、审计准则,以及会计师事务所的监管要求和法律责任。

讨论问题

普华永道如何确保其会计咨询和会计服务的高质量?

案例解析视频

开放式讨论区

案例58

信永中和会计师事务所：
专业服务与合规实践在会计咨询与审计领域的应用

【摘要】本案例介绍了信永中和会计师事务所的会计咨询和会计服务业务，包括其专业性、全面性、合规性特点，以及严格遵守审计执业准则体系的情况，展现了其在行业中的重要地位。

【关键词】会计咨询　信永中和会计师事务所　会计服务　业务特色

案例正文

一、案例背景

信永中和会计师事务所（以下简称"信永中和"）是中国领先的专业服务机构之一，总部位于北京，拥有19家境内分所，并在新加坡、日本、澳大利亚设有3家境外成员所。信永中和拥有超过11 000名专业人士，其中包括530多位合伙人，为客户提供包括审计鉴证、税务服务、管理咨询、工程管理以及为跨境企业提供专项服务的国际业务。信永中和以其卓越的专业能力和广泛的服务范围在行业内享有高度声誉，是中国会计和审计服务领域的重要力量。

二、案例描述

1.会计咨询业务的特点和范围

信永中和的会计咨询业务以其专业性和全面性著称。该事务所的会计咨询团队由经验丰富的会计师和财务专家组成，能够为客户提供涵盖会计准则应用、财务报表编制、内部控制设计、税务计划等多个方面的咨询服务。信永中和的会计咨询业务特点如下：

专业性：团队成员具备深厚的会计和财务知识，能够为客户提供准确、专业的咨询建议。

全面性：服务范围广泛，从基础的会计准则应用到复杂的财务规划，都能提供全面的解决方案。

定制化：根据客户的特定需求和业务特点，提供量身定制的咨询服务。

在会计咨询业务中，信永中和经常协助客户进行财务报表编制，确保报表符合相关会计准则和法规要求。同时，该事务所还擅长帮助客户设计和实施内部控制系统，以提高企业的财务管理水平和风险防范能力。

2.会计服务业务的特点和范围

信永中和的会计服务业务同样具有显著的特点和广泛的服务范围。该事务所的会计服务团队致力于为客户提供高质量的审计、税务和咨询服务，以满足客户在不同业务场景下的需求。信永中和的会计服务业务特点如下：

审计服务：信永中和的审计团队具备丰富的审计经验和专业知识，能够为客户提供财务报表审计、内部控制审计等多种审计服务。在审计过程中，该事务所严格遵守审计执业准则体系，确保审计工作的独立性和客观性。

税务服务：信永中和的税务团队擅长为企业提供税务计划、税务咨询、税务合规等服务。他们熟悉国内外税法规定，能够为客户提供有效的税务解决方案，降低企业的税务风险。

咨询服务：信永中和的咨询团队在多个领域具备深厚的专业知识和丰富的实践经验，能够为客户提供战略咨询、并购咨询、风险管理咨询等全方位的服务。这些咨询服务旨在帮助客户解决业务发展中遇到的各种挑战，提升企业的竞争力和盈利能力。

3.对照审计执业准则体系，分析事务所的业务范围

信永中和会计师事务所在提供会计和审计服务时，始终严格遵守审计执业准则体系。审计执业准则体系是一套规范审计行为、确保审计质量的准则和规定，对于会计师事务所的业务具有重要的指导意义。

财务报表审计：信永中和的财务报表审计业务严格遵循国际审计准则（ISA）和中国注册会计师审计准则，确保审计工作的独立性和客观性。通过财务报表审计，信永中和能够为客户提供关于财务报表真实性和公允性的专业意见。

内部控制审计：在内部控制审计方面，信永中和关注企业的内部控制设计和运行情况，评估企业是否存在内部控制缺陷，并提出改进建议。这有助于企业完善内部控制体系，提高财务管理水平和风险防范能力。

税务服务：在税务服务领域，信永中和的税务团队熟悉国内外税法规定，能够为客户提供有效的税务解决方案。他们注重税务计划的合法性和合理性，确保客户的税务合规性，并帮助客户降低税务风险。

咨询服务：信永中和的咨询服务业务同样遵循相关准则和规定，确保咨询服务的专业性和有效性。该事务所的咨询团队在多个领域具备深厚的专业知识和丰富的实践经验，能够为客户提供高质量的战略咨询、并购咨询、风险管理咨询等服务。

三、案例分析

通过对信永中和会计师事务所的案例描述，我们可以看到该事务所在会计咨询和会计服务业务方面具有以下特点：

专业性：信永中和的团队成员具备深厚的会计和财务知识，能够为客户提供准确、专业的咨询建议和服务。

全面性：服务范围广泛，涵盖了审计、税务、咨询等多个领域，能够满足客户在不同业务场景下的需求。

合规性：在提供服务的过程中，信永中和始终严格遵守审计执业准则体系和相关法规要求，确保服务质量和合规性。

同时，信永中和在业务发展过程中也面临着一些挑战，如市场竞争激烈、客户需求多样化等。为了应对这些挑战，信永中和不断提升自身的专业能力和服务水平，积极拓展业务范围，加强与其他专业机构的合作与交流，以更好地满足客户需求。

四、案例总结

信永中和作为中国领先的专业服务机构之一，在会计咨询和会计服务业务方面取得了显著的成绩。该事务所以其专业性、全面性和合规性赢得了广大客户的信任和赞誉。通过不断提升自身的专业能力和服务水平，信永中和将继续为客户提供高质量的会计和审计服务，为中国会计和审计服务领域的发展作出更大的贡献。

参考信息来源

信永中和官方网站．https：//www.shinewing.com/audit/about_compony_survey/list.

案例使用说明

案例目标

○ 关键问题
信永中和如何保持其在会计和审计服务领域的领先地位？

○ 教学目标
通过案例讨论，学生应了解会计咨询和会计服务的主要内容及特点，理解审计执业准则的重要性,并探讨会计师事务所如何保持领先地位和应对行业挑战。

案例背景

○ 理论背景

学生应掌握会计学、审计学的基本原理,了解会计咨询和会计服务的定义、内容及特点,以及审计执业准则的基本要求和作用。

○ 行业背景

了解中国会计师事务所的行业格局、市场竞争情况,以及信永中和等国内知名会计师事务所的地位和影响力。

○ 制度背景

熟悉中国及国际上的会计准则、审计准则,以及会计师事务所的监管要求和法律责任。

讨论问题

信永中和如何确保会计和审计服务的高质量?

案例解析视频   开放式讨论区

案例59

中光华会计师事务所的专业服务实践:
从审计到会计咨询的业务拓展与质量提升

【摘要】本案例介绍了北京中光华会计师事务所有限责任公司的发展历程、

业务范围及服务特点，重点分析了其会计咨询与会计服务业务的专业性、全面性和合规性，并总结了其面临的挑战与未来发展方向。

【关键词】 会计咨询　北京中光华会计师事务所有限责任公司　会计服务　业务实践

案例正文

一、案例背景

北京中光华会计师事务所有限责任公司（以下简称"中光华会计师事务所"）成立于1997年，总部位于北京市丰台区，是一家具有企业法人资格、依法独立从事审计、验资等业务的会计中介机构。经过多年的发展，中光华会计师事务所已逐渐成长为一家业务范围广泛、服务质量优良的专业服务机构。其业务涵盖审计、验资、会计业务咨询等多个领域，为电力、煤炭、教育、医学、金融等行业的企业和投资者提供全方位的服务。

二、案例描述

1. 会计咨询、会计服务业务的特点和范围

中光华会计师事务所的会计咨询和会计服务业务具有以下特点：

专业性：中光华会计师事务所拥有一支由经验丰富的会计师和财务专家组成的团队，他们具备深厚的会计和财务知识，能够为客户提供准确、专业的咨询建议和服务。

全面性：中光华会计师事务所的服务范围广泛，不仅限于传统的审计和验资业务，还包括会计业务咨询、税务代理、财务筹划等多个领域。这种全面的服务能够满足客户在不同发展阶段和业务场景下的多元化需求。

定制化：中光华会计师事务所注重与客户的沟通与合作，根据客户的具体需求和业务特点，提供定制化的解决方案。这种个性化的服务方式有助于更好地满足客户的实际需求，提升客户的满意度。

在会计咨询方面，中光华会计师事务所主要为客户提供以下服务：

会计准则应用咨询：帮助客户理解和应用最新的会计准则，确保财务报表的准确性和合规性。

财务报表编制咨询：协助客户编制财务报表，提供关于报表结构、内容、格式等方面的专业建议。

内部控制设计咨询：帮助客户设计和实施内部控制系统，提高企业财务管理水平和风险防范能力。

在会计服务方面，中光华会计师事务所主要提供以下服务：

审计服务：包括财务报表审计、内部控制审计、专项审计等，确保客户财务信息的真实性和公允性。

验资服务：为客户提供验资报告，验证企业注册资本的真实性和合法性。

税务代理服务：协助客户处理税务申报、税务计划等事务，降低税务风险。

会计业务咨询服务：为客户提供会计政策选择、会计估计判断等方面的专业建议。

2.对照审计执业准则体系，分析事务所的业务范围

中光华会计师事务所的业务严格遵循审计执业准则体系，确保审计工作的独立性和客观性。审计执业准则体系包括一系列规范审计行为、确保审计质量的准则和规定，例如《中国注册会计师审计准则》《中国注册会计师职业道德守则》等。

在审计服务方面，中光华会计师事务所严格按照审计准则的要求执行审计程序，包括了解被审计单位及其环境、评估重大错报风险、实施控制测试和实质性程序等。通过这些程序，中光华会计师事务所能够获取充分、适当的审计证据，对财务报表的真实性和公允性发表审计意见。

在验资服务方面，中光华会计师事务所同样遵循相关准则和规定，对客户的注册资本进行验证。在验资过程中，中光华会计师事务所注重收集和分析相关证据，确保验资报告的准确性和合法性。

此外，中光华会计师事务所还积极开展会计业务咨询服务，为客户提供关于会计准则应用、财务报表编制、内部控制设计等方面的专业建议。这些咨询服务有助于帮助客户提高财务管理水平，降低财务风险。

三、案例分析

中光华会计师事务所的会计咨询和会计服务业务具有以下显著优势：

专业性：中光华会计师事务所的团队成员具备深厚的会计和财务知识，能够为客户提供准确、专业的咨询建议和服务。

全面性：中光华会计师事务所的服务范围广泛，涵盖了审计、验资、会计业务咨询等多个领域，能够满足客户在不同发展阶段和业务场景下的多元化需求。

合规性：中光华会计师事务所在提供服务的过程中，始终严格遵守审计执业准则体系和相关法规要求，确保服务质量和合规性。

同时，中光华会计师事务所在业务发展过程中也面临一些挑战，如市场竞争加剧、客户需求变化等。为了应对这些挑战，中光华会计师事务所需要不断提升自身

的专业能力和服务水平，加强与客户的沟通与合作，以更好地满足客户的实际需求。

四、案例总结

北京中光华会计师事务所有限责任公司作为一家具有深厚底蕴和广泛业务范围的专业服务机构，在会计咨询和会计服务领域取得了显著的成绩。其专业性、全面性和合规性得到了广大客户的认可和赞誉。未来，随着市场环境的不断变化和客户需求的日益多样化，中光华会计师事务所将继续秉承"专业服务至上"的工作精神，不断提升自身的专业能力和服务水平，为客户提供更加优质、高效的服务。

参考信息来源

［1］中光华会计师事务所官方网站．https：//www.zhongguanghua.com/f.

［2］职友集．北京中光华会计师事务所［EB/OL］．［2024-12-31］．https：//www.jobui.com/company/852401/.

［3］maigoo.北京中光华会计师事务所［EB/OL］．［2024-12-31］．https：//www.maigoo.com/citiao/378042.html.

案例使用说明

案例目标

○ 关键问题
中光华会计师事务所如何保持和提升其在会计咨询和会计服务领域的竞争力？

○ 教学目标
通过案例讨论，学生应了解会计咨询和会计服务的主要内容及特点，理解专业性、全面性和合规性对于会计师事务所的重要性，并探讨会计师事务所在面对市场竞争和客户需求变化时的应对策略。

案例背景

○ 理论背景
学生应掌握会计学、审计学的基本原理，了解会计咨询和会计服务的定义、内容及特点，以及会计师事务所的运营模式。

○ **行业背景**

了解中国会计师事务所的行业格局、市场竞争情况，以及中光华会计师事务所在行业中的地位和影响力。

○ **制度背景**

熟悉中国及国际上的会计准则、审计准则，以及会计师事务所的监管要求和法律责任。

讨论问题

中光华会计师事务所如何应对市场竞争加剧和客户需求变化的挑战？

案例解析视频　　　　　　　　　　　　　　　　　　开放式讨论区

案例60

世纪创美会计咨询：
代理记账与纳税服务助力中小企业成长

【摘要】本案例介绍了沈阳世纪创美会计咨询有限公司的代理记账与代理纳税业务，详细分析了其业务操作、优势及面临的挑战，展现了代理记账服务在中小企业财务管理中的重要性。

【关键词】会计咨询　沈阳世纪创美会计咨询有限公司　中小企业　代理记账　代理纳税

案例正文

一、案例背景

随着市场经济的深入发展，中小企业在国民经济中扮演着越来越重要的角色。然而，由于规模较小、资金有限，中小企业往往难以承担独立的会计机构和全职会计人员的成本。因此，代理记账服务应运而生，成为中小企业财务管理的重要组成部分。沈阳世纪创美会计咨询有限公司（以下简称"世纪创美"）作为一家专业的代理记账公司，为众多中小企业提供了优质的代理记账与代理纳税服务。本案例以世纪创美为对象，详细分析其代理记账与代理纳税业务的具体操作、优势以及面临的挑战。

二、案例描述

1.公司概况

世纪创美成立于2019年，是一家位于辽宁沈阳的私营企业。公司主营业务包括代理记账、工商注册等，致力于为中小微企业提供全方位的财税服务。世纪创美拥有一支专业的会计团队和丰富的行业经验，能够为客户提供高质量的服务。

2.代理记账业务

代理记账业务是世纪创美的核心业务之一。公司接受客户的委托，对其日常的经济业务进行会计处理，包括原始凭证的审核、记账凭证的编制、账簿的登记、财务报表的编制等。世纪创美运用先进的财务管理系统和工具，确保财务数据的准确性和及时性。

例如，某中小型科技企业成立于2015年，主要从事软件开发和技术服务，由于企业规模较小，缺乏专业的会计人员，因此它选择委托世纪创美进行日常的会计处理和财务报告编制。世纪创美根据企业提供的资料，进行账务处理、编制财务报表，并定期向企业提供财务报告。通过购买代理记账服务，企业能够减轻自身的财务负担，更加专注于核心业务的发展。

3.代理纳税业务

除了代理记账服务外，世纪创美还提供代理纳税服务。公司根据国家税收政策和会计准则，为客户进行纳税申报、税款缴纳等工作。代理纳税服务不仅能够帮助客户降低税务风险，还能够通过合理的税收计划，为客户节约税务成本。

在实际操作中，世纪创美首先了解客户的经营状况和财务状况，分析客户的税务需求。然后，根据客户的实际情况，制定个性化的税务计划方案。例如，针对某企业在经营过程中面临的税负较重问题，世纪创美通过优化该企业的财务管理模式，减少了税务成本，提高了企业的利润水平。

三、案例分析

1.代理记账业务的优势

（1）成本节约：中小企业通过委托代理记账公司，可以避免招聘专职会计人员的固定成本，降低企业的财务管理成本。

（2）专业性强：代理记账公司具备专业的会计团队和丰富的行业经验，能够为客户提供高质量的服务，确保财务数据的准确性和及时性。

（3）风险规避：代理记账公司能够规范财务核算流程，建立真实、完整和准确的财务会计档案和报表，降低企业的财务风险。

2.代理纳税业务的重要性

（1）降低税务风险：代理记账公司能够根据国家税收政策和会计准则，为客户进行纳税申报、税款缴纳等工作，帮助客户降低税务风险。

（2）节约税务成本：通过合法合理的税务计划，代理记账公司能够为客户节约税务成本，提高企业的利润水平。

（3）提升财务管理水平：代理记账公司在代理纳税服务过程中，能够为客户提供专业的财务交流和建议，帮助企业完善相关的内部控制制度，提升财务管理的透明度和规范性。

四、案例总结

世纪创美作为一家专业的代理记账公司，通过提供优质的代理记账与代理纳税服务，为众多中小企业提供了有力的支持。通过本案例的分析，我们可以看出代理记账与代理纳税服务在中小企业财务管理中的重要性。未来，随着市场经济的深入发展和税收政策的不断完善，代理记账与代理纳税服务将发挥更加重要的作用。

参考信息来源

爱企查. 沈阳世纪创美会计咨询有限公司［EB/OL］.（2024-12-31）. https://aiqicha.baidu.com/detail/compinfo？pid=xlTM-TogKuTwg1InEiVuF94Gwh9ySNuMQgmd&pd=aen&from=ps&query= % E6%B2%88%E9%98%B3%E4%B8%96%E7%BA% AA%E5%88%9B% E7%BE% 8E% E4%BC% 9A% E8%AE% A1%E5%92%A8%E8%AF% A2%E6%9C%89%E9%99%90%E5%85%AC%E5%8F%B8.

案例使用说明

案例目标

○ 关键问题

如何通过代理记账与代理纳税服务帮助中小企业提升财务管理水平？

○ 教学目标

通过案例讨论，学生应理解代理记账与代理纳税服务的核心内容和优势，掌握其操作流程和关键点，并探讨如何为中小企业提供更加高效、专业的财务管理支持。

案例背景

○ 理论背景

学生应掌握会计学原理、财务管理基础、税法等相关理论知识，了解代理记账与代理纳税的基本概念、操作流程和法律法规。

○ 行业背景

了解中小企业在国民经济中的地位和作用，以及其在财务管理方面面临的挑战和需求。同时，了解代理记账行业的市场状况、竞争格局和发展趋势。

○ 制度背景

熟悉国家税收政策和会计准则，了解代理记账与代理纳税服务的法律规范和监管要求。

讨论问题

代理记账公司如何帮助中小企业降低财务管理成本并提升财务管理水平？

案例解析视频

开放式讨论区